中国书院
文化建设丛书
邓洪波　主编

千年弦歌
书院简史

邓洪波　著

海天出版社
·深圳·

图书在版编目（CIP）数据

千年弦歌：书院简史 / 邓洪波著. — 深圳：海天
出版社，2021.3

（中国书院文化建设丛书 / 邓洪波主编）

ISBN 978-7-5507-3065-6

Ⅰ.①千… Ⅱ.①邓… Ⅲ.①书院 – 教育史 – 中国

Ⅳ.①G649.299

中国版本图书馆CIP数据核字(2020)第225650号

千年弦歌：书院简史
QIANNIAN XIANGE：SHUYUAN JIANSHI

出 品 人	聂雄前
项目负责人	孙 艳
责 任 编 辑	何旭升
	孙 艳
责 任 技 编	梁立新
责 任 校 对	果凤双
封 面 设 计	蒙丹广告

出 版 发 行	海天出版社
地 　 址	深圳市彩田南路海天综合大厦（518033）
网 　 址	www.htph.com.cn
订 购 电 话	0755-83460239（邮购、团购）
设 计 制 作	深圳市龙墨文化传播有限公司（电话：0755-83461000）
印 　 刷	深圳市希望印务有限公司
开 　 本	787mm×1092mm　1/16
印 　 张	18.75
字 　 数	412千
版 　 次	2021年3月第1版
印 　 次	2021年3月第1次
定 　 价	58.00元

目录

第三章
南宋：书院制度的确立

第四章
元代：书院的推广与官学化

第五章
明代：书院的繁荣与辉煌

第六章

清代：书院的普及与流变

第七章

书院制度的移植海外

第八章
晚清：书院的改革与改制

第一章
唐五代：书院的起源与初期形态

　　书院出现于唐代，这是一个不争的事实。但究竟出现于唐代何时，却是一个有争议的问题。论者多引清人袁枚《随园随笔》卷十四所记之"书院之名，起唐玄宗时丽正书院、集贤书院，皆建于朝省，为修书之地，非士子肄业之所也"一段文字，并不深察，径自断言。玄宗时代的丽正、集贤书院，最先使用书院的名称，而这称名之始的书院并不是士子肄业的学校性质的书院，二者虽然同有书院之名，但性质不同，亦无直接的承继关系，各不相干。其实以强调"性灵"而著称的清代诗人的"随笔"之言，作为史学研究的铁证材料是靠不住的，将使史家自陷于迷途，不足为训。我们认为：第一，最先使用书院之名的不是唐玄宗时代的官府书院，而是开元以前的民间书院；第二，学校性质的书院虽然是后世书院的主体，但教育与教学不能涵盖书院的所有功能，更不能无限度地强调这种功能，仅仅将书院定义为某种程度和某种性质的学校。因为，历朝历代曾经实实在在地存在过的不具有学校性质的那部分书院就会被人为地排斥到我们的研究范围之外。顺此逻辑推广，甚至会出现后来的研究者要将上千年前的先人们创建并实际营运过的一些书院置于假货之列，而以时髦的"打假"口号粗暴相向的局面。硬性地将古人创建并真实地服务于当时社会的书院说成是假书院，实有称霸古人之嫌，有违史学研究的常理，此为本书所不取。凡一切真实存在的书院，都将成为我们恭敬以待的研究对象，丽正、集贤，概莫例外。

我们认为，书院是新生于唐代的中国士人的文化教育组织，它源自民间和官府，是书籍大量流通于社会之后，数量不断增长的读书人围绕着书，开展的藏书、校书、修书、著书、刻书、读书、教书等活动，实现文化积累、研究、创造、传播的必然结果。以下我们将分民间和官府两途，分别讨论书院的起源，以及尚处在初始阶段的唐五代时期的书院形态。

第一节　官民两途：书院的起源

书院产生于唐代，它源出于私人治学的书斋与官府整理典籍的衙门，即书院有官府与民间两大源头。民间书院源自读书人的个人书斋，唐诗所描述的书院，大多都是这一类书院。与个人书斋不同的是，民间书院向社会开放，成为公众活动的场所，儒生、道士、和尚等皆可出入其间。由私密而公众，这是书斋与书院的分野。从私家专有走向服务公众，是书院从书斋中脱颖而出并走上独立发展的关键一步，书斋也因此成为书院根植于民间的源头之一，这也是早期书院以读书为主要功能的原因所在。民间最早的书院当属攸县的光石山书院，它在唐玄宗时代就"故基尚存"了。关于民间书院最可靠也最生动具体的记录，见于当年文人骚客的诗作之中。唐诗中涉及书院的诗作至少有以下 22 首[1]，兹将其作者、诗题与出处等开列如下：

---

[1] 先前学者认为唐诗中有11首书院诗，此予匡正。

唐玄宗：《集贤书院成送张说上集贤学士赐宴得珍字》，《全唐诗》卷三。

张说：《恩制赐食于丽正殿书院宴赋得林字》，《全唐诗》卷八七。

韩翃：《题玉真观李秘书院》，《全唐诗》卷二四五。

卢纶：《同耿拾遗春中题第四郎新修书院》（一作《同钱员外春中题薛载少府新书院》），《全唐诗》卷二七八。

卢纶：《宴赵氏昆季书院因与会文并率尔投赠》，《全唐诗》卷二七九。

李益：《书院无历日以诗代书问路侍御六月大小》，《全唐诗》卷二八三。

王建：《杜中丞书院新移小竹》，《全唐诗》卷二九九。

于鹄：《题宇文裔（一作裔）山寺读书院》，《全唐诗》卷三一〇。

于鹄：《赠李太守》，《全唐诗》卷三一〇。

杨巨源：《题五老峰下费君书院》，《全唐诗》卷三三三。

刘禹锡：《罢郡归洛途次山阳留辞郭中丞使君》，《全唐诗》卷三六〇。

吕温：《同恭夏日题寻真观李宽中秀才书院》，《全唐诗》卷三七〇。

姚合：《题田将军宅》，《全唐诗》卷四九九。

顾非熊：《夏日会修行段将军宅》，《全唐诗》卷五〇九。

杨发：《南溪书院》，《全唐诗》卷五一七。

许浑：《疾（一作病）后与郡中群公宴李秀才》，《全唐诗》卷五三五。

李群玉：《书院二小松》，《全唐诗》卷五七〇。

贾岛：《田将军书院》，《全唐诗》卷五七四。

曹唐：《题子侄书院双松》，《全唐诗》卷六四〇。

李中：《石棋局献时宰》，《全唐诗》卷七四八。

齐己：《宿沈彬进士书院》，《全唐诗》卷八四四。

樊铸：《及第后读书院咏物十首上礼部李侍郎诗》，《补全唐诗》。

以上除 3 首涉及丽正、集贤等官府书院之外，有 19 首诗歌称咏民间书院，有兴趣的读者可以检索、解读、分享千余年前那奇妙的充满诗情画意的书院世界。

书院的另一个源头在官府的丽正、集贤书院，由朝廷整理图书典籍的机构脱胎而来，设有学士、直学士、侍讲学士、修撰、校理、知书、书直、写御书、拓书手、装书直、造笔直等职，集藏书、校书、刊书、讲书等功能于一体。关于书院学士的主要职责，《唐六典》有明确记载："刊缉古今之经籍，以辨明邦国之大典，而备顾问应对，凡天下图书之遗逸，贤才之隐滞，则承旨而征求焉。"以发展学术文化事业为主，而无具体的政务，这就是官府书院与一般政府职能部门的区别所在。官府书院起到将千百年国家藏书、校书、修书及由此而辨彰学术的经验传输给新生的桥梁作用。

书院起源于官民二途，使自己同时拥有了官办和民办的传统。官办书院拥有官府的强大力量，可以获取合法甚至正统的社会身份，克服官本位社会大环境对其造成的生存困难，从而发展壮大，形成正规化、制度化特色。民办书院则赢得民间广大士绅留意斯文的热情与世世代代的支持，其力较之官府书院的强大，虽显单薄，但它绵长、持久而深厚，众志成城，可以化解因官力式微或消失而带来的困境，形成自由讲学、为己求学、注重师承等气质与特色。官办和民办两种形式的长期并存，也即官私两种势力的长期并存，使书院可以长期保持某种官学与私学成分共存的结构态势，形成一种似官学而非官学，似私学而非私学的整体生存特色，并进而以这种特色与传统的官学和私学完全区别开来，成长为独立于官学与私学之外的全新的教育体制。从此以后，书院就在这两大力量体系的交相影响之下，开始了更加辉煌的发展历程。

对初始阶段书院进行实态分析，可以帮助我们理解书院的起源问题。在唐五代 72 所书院中，除 7 所书院不明创建人之外，其他 65 所可以确知其出身情况。65 所书院中，9 所为中央政府所建，3 所为地方官员所建，合计官建书院 12 所，约占总数的 18.46%，另有 1 所书院得到过皇帝的赐额；民建书院 53 所，约占总数的 81.54%。统计数字表明，民间社会是书院的主要源头，官府处于次要的地位。但要指出的是，我们不能因此而轻视官府作为书院源头的存在，中国传统社会是一个官本位社会，皇帝、中央政府、地方官员三者之中任何一方都可能实质性地改变官民力量的对比，更何况官办的实际比例已经超过 18%。因此，在书院的起源问题上，对于官民两大源头，我们必须同样重视。

总之，官民两个源头的汇合，加以社会上书籍增加、读书人大量出现这一先决条件，使中国社会产生了一种崭新的拥有较多书籍的文化教育组织，这一组织的公众性与社会性决定了它的规模比私人书斋要大，得由垣墙围绕一些房舍组成，所谓"院者，取名于周垣也"。历来讲究名实相副的中国士人，就将这种全新的组织称为书院了。"书"表现的是特色，"院"显示的是规模。

第二节　初期书院的时空分布与建设特点

书院作为中国士人新创的文化教育组织，经历自唐初至五代末年的磨炼、成长，已然扎根社会，初具规模。但唐五代 342 年（618—960）时间里，见诸文献记载的书院除去重复的只有 72 所，年平均创办的数量仅 0.2 所多一点。因此，在中国书院的发展史上，这一段漫长的时期，还只能算作起始阶段。这是一个总的评价。

尽管如此，分别从民间读书人的书斋和朝廷整理经史典籍的官衙中脱胎出来的书院，带着官民两种传统，并在两者的关爱和影响下，已然发育成长起来，具有作为文化教育组织的初期形态。后世书院几乎所有的活动都能在这里找到源头。读书人在其中藏书读书，校勘典籍，问学讲书，游宴会友，吟诗作文，交流学术，教学授受，讨论政治，关心时局，探究经史，研究著述等，承担起继承、更新、传递中华文明的重担。从此，中国社会就多了一种崭新而重要的文化教育组织。

书院近350年的初期历史，大体上可以分成三个阶段。以唐玄宗登基为分野，唐代可以分成前后两个发展阶段，五代十国自成一阶段。第一阶段，自唐初至唐代中叶近100年（618—712），书院在民间处于自生自长的状态，总共只有5所，数量极少，其特点是由士人个人的读书、治学、藏修之所，发展成聚徒教授、开引士民的教学机构，形成了服务公众并为今日很多研究者所津津乐道的具有学校性质的书院。

第二阶段，自唐中叶开始至唐末，近200年（713—907），中央政府已开始注意在民间发展近一个世纪的书院，并结合政府的功能和需要，在东西二都前后创办了3所丽正书院、5所集贤书院、1所蓬莱书院，君臣一起开展各种政治、文化、学术乃至教学活动，并进而在民间传统之外，又开辟了一个来自官府的传统，对书院这种新生的起于民间的文教组织在给予实际肯定的同时，又赋予其新的功能。这一时期，民间创建书院数达到45所，而官民合计创建书院总数为54所。

第三阶段，为整个五代十国时期（907—960），前后半个多世纪。其间，虽然天下大乱，斯文受辱，但不甘泯没的人们让庙堂之威与民间之力联合一体，开创了民办官助的发展方向，使13所新书院散布南北各地。这13所书院，犹如黑色天幕中的闪耀之星，让乱世中的读书人看到了希望，也终

于托斯文于不坠，历经磨难而不灭。真所谓潜德幽光，宜乎书院必大兴于两宋之世。

书院在各个阶段的发展速度，在比较中我们也可以看出一个大概。整个唐五代时期共有 72 所书院，年平均创办书院数为 0.2105 所，可以视作比较的基数。第一阶段 94 年，共 5 所新书院，年平均创办数约为 0.0526 所，大大低于基数。第二阶段 194 年，共 54 所新书院，年平均创办数约为 0.2769 所，已略高于基数。第三阶段 54 年，共有 13 所新书院，年平均创办数约为 0.2407 所，亦高于平均数，但略低于第二阶段的平均数。由此可知，初期书院的发展速度虽然不是很快，但总的趋势是增长的，此其一。其二，比较而言，在唐代中期，书院有过一个超速发展期，这与玄宗的肯定与提倡是有关系的，更与上有所好、下必行焉的执行力有关。其三，比之唐代中期，书院在五代的发展速度虽然稍有回落，但其年平均创办数仍然高于平均数，如果考虑盛唐太平和五代战乱的诸多社会因素，则第三阶段的发展意义尤大，可以说，书院已然经受考验，得到人们的认同，在社会上立定了脚跟。

关于唐代书院的记载，见于地方志的有 41 所，见于唐诗的有 14 所，再加上官府 3 所丽正书院、5 所集贤书院、1 所蓬莱书院，去掉重复的，总共有 59 所，其中 50 所书院可以确定其院址。这 50 所书院散布在今日全国的 12 个省市，其中陕西 8 所、山西 1 所、河北 2 所、河南 2 所、山东 1 所、浙江 5 所、江西 8 所、湖南 8 所、广东 2 所、福建 6 所、贵州 1 所、四川（含重庆）6 所。

五代官府书院无法统计，民间书院共有 13 所，其中新建 12 所、兴复唐代书院 1 所。其地域分布，北及幽燕，南达珠江流域，基本上仍在唐代书院的分布范围之内，其中今北京 1 所、河南 2 所、江西 8 所、福建 1 所、广东 1 所。

纵观书院初期分布的状态，我们可以发现几个特点：其一，确知院址的63 所书院散布在今全国的13 个省市，其分布呈星星点点之状，这是书院发展处于初始阶段的明显特征；其二，以长江为线，南方的书院明显多于北方，可以视作文化南移的征兆；其三，其中江西、湖南、福建、浙江四省书院较多，初显以江西为中心的书院集结区，预示着这个地区正在积聚力量，成为后世书院发展的发动机。

初期书院的建设有两个特点。其一，作为儒者之区的书院往往与僧院、道观并立而又强调其与佛道的区别。如攸县光石山书院与朱阳观、惠光寺为邻，李宽中、李秘书院分建于寻真观、玉真观中。见于唐诗的13 所书院中，有3 所与僧院有关，2 所与道教有关，合计占总数的38.5％。它反映了儒与释道两家争势夺地相互抗衡的情形。但儒生、和尚、道士又和平共处，切磋学术，甚至对国家的前途命运"寒宵未卧共思量"，又体现出一种文化的交融之势。事实上，士人"读书林下寺"，在虚坛、疏钟、丹炉间吟诗、攻文字，对佛的极乐世界，对神仙家的道气、丹术必有一定程度的感知或体认。儒释道三者是相互沟通和影响的，这正是书院产生的文化背景。

其二，书院大多建于风景优美的形胜之地。如田将军书院的"满庭花木"、邻家竹笋，四川南溪书院的"风景似桃源"等。即便择址欠佳，也必设法补救，栽花、植木、移竹、运湖石以改善环境，如李群玉书院就曾栽种二小松，以求"细韵"长伴读书声。这说明早期书院的建设者们已经体认到自然对人的陶冶之功，特别重视人与周围环境的协调。这里既有丛林精舍、道家宫观的影响，更有"天人合一"的儒者追求，还受一种对现实生活失望心态的支配。杨巨源《题五老峰下费君书院》所说的"解向花间栽碧松，门前不负老人峰。已将心事随身隐，认得溪云第几重"，正是这种心态的反映。对唐代后期以来政治的失望，那些求"外王"而不能的知识分子，最终走向"内圣"之路。作为儒家士人，他们不想坠入西天极乐世界，也不想挤入神

仙之列，于是就择胜而居，潜心读书，寄情山水，修炼身心。这正是唐代中后期书院大量出现的一个重要原因。

第三节　初期书院的功能形态

与书院发展的初级阶段相适应，这个时期书院的功能呈现多样性和不确定性，变化、发展成为其主要特征。

唐代官府书院功能的多样性主要体现在文化学术活动，我们可以列举征求图书、刊辑经籍，收藏典籍、类分甲乙，讲论儒道、申表学术，燕饮诗酒、撰集文章，招贤论典、顾问应对五条，实际上涉及出书、藏书、讲学、赋诗、顾问五种功能，呈现多样性。这种多样性，曾任集贤书院副知院事的张九龄作为当事人在《集贤殿书院奉敕送学士张说上赐燕序》中有过记载。这是十分难得的原始材料，亦从未见研究者所引用，兹将全文移录如下：

集贤殿者，本集仙殿也。上不以惟睿作圣，而犹垂意好学。用相必本于经术，图王亦始于师臣，及乎鸿生硕儒，博闻多识之士。自开元肇建以迄于今，大用征集，焕乎广内，而听政余暇，式燕在兹。忠臣嘉宾，得尽心之所，聪明文思，有光被之德。故下以道亲，上亦欢甚。即于御座，爰发德音，以为候彼神人。事虽前载，传于方士，言固不经。遂改仙为贤，去华务实，且有后命，增其学秩。是以集贤之廷，更为论思之室矣。中书令燕国公，外弼庶绩，以奉沃心之谋，内讲六经，以成润色之业。故得出入华殿，师表翰林。惟帝用臧，固天所赖，拜命之日，荷宠有加，降圣酒之罍，下御府之膳。食以乐侑，人斯饱德。时则有侍中安阳公等承恩预焉，学士右散骑常侍东海公等摄职在焉，或高稷大贤，或渊云诸彦，文王多士，周室以宁，武帝得人，汉家为盛，而高视前古，独不在于今乎？咸可赋诗，以光鸿烈。①

在张九龄看来，他和张说等为之服务的集贤书院，既可以是"征集""鸿生硕儒、博闻多识之士"的集贤之庭，又可以是满足皇帝"好学"愿望的"论思之室"，皇帝可以"师臣"而图王业，还可以是大臣"师表翰林"，"内讲六经，以成润色之业"的讲堂，"忠臣嘉宾，得尽心之所，聪明文思，有光被之德"，更可以"听政余暇，式燕在兹"，君臣一起燕饮唱和，吟诗作赋，可谓功能多多。

至于民间书院的功能，据唐诗所记，涉及藏书读书、游宴会友、吟诗作文、学术交流、教学授受、讨论政治、研究著述七条。若论及唐诗和地方志所载唐五代书院的"特色"，内容就更为丰富了。据地方志统计，凡有特色可言者，扣除重复，共计有49所书院，其中标为读书之所的（包括读书备考、读书治学、读书藏书、隐居读书、肄业之所、栖遁读书）有22所，比例最大，约占总数的44.90%，可见个人读书治学成为民间书院的主要功能；明确记载为教学、讲学的（包括开馆授业、招生讲学、教授生徒、聘师招生等）有12所书院，约占总数的24.49%，仅次于读书治学，是民间书院另一主要功能；明确提到藏书的有4所书院，约占总数的8.16%，而记为纪念处所或有祭祀功能的书院有4所，约占总数的8.16%，二者相加，约占16%，可见藏书、祭祀也是当年的读书人所关注的重点。其他如把酒题诗、文会品诗、研究著述、定期会文、相期讲会、交流学术、讨论政治、联系僧院、交接道观、聚处士人、修身养性、隐居藏修，等等，不一而足，实无定格。这说明，初期阶段的书院还处在变化发展之中，在满足不同时代、不同

① 张九龄. 曲江集: 卷十六[O]. 文渊阁四库全书本.

地点、不同层次的读书人的不同的文化教育需求中，书院在展现着自己丰富多彩的文化功能。①

第四节　初期书院的教学功能

初期书院的功能形态多种多样。在49所有文献记载其特色的民间书院中，有12所书院具有教育教学功能，约占总数的1/4，引人注目。尤其是唐代近300年只有4所这样的书院，而五代十国50多年就新出现8所，其显著增长的情形表明，教学式教育日渐受到人们的重视，已然成为一种发展趋势，预示着学校性质的书院将取代读书治学的书院，变为下一个发展时期的主流。

如果说唐代福建龙溪松洲书院对诸生、士民的教学授受活动还只是事因偶然而兴起的话，那么江西高安桂岩书院长达55年的办学，则出于幸氏家族长盛不衰的自觉追求。正是这种"自觉"的增长，才有了五代十国时期13所书院中的8所书院具有了教育职能，其比例高达61.53%。这说明，教学已经成为书院的发展趋向。之所以出现这种趋向，除了士民教育需求的"自觉"之外，还与官府的提倡有很大关系。如果说唐玄宗、张说等一代君臣在丽正、集贤书院的诵《诗》、讲《易》等活动对书院教育的产生，还只是"有着明显的诱发作用"②的话，那么后唐明宗皇帝李嗣源于长兴年间褒奖

---

① 关于书院的初期功能，1995年笔者曾撰文《中国书院的起源及其初期形态》，内列藏书、读书，开展教学活动，开展研究著述活动，出现会讲和讲会等学术活动端倪，讨论时政，刊辑图书等七条。此文刊于《湖南大学社会科学学报》1995年第9卷第1期，可以参考。
② 李才栋.唐代书院的创建与功能[J].江西教育学院学报（社会科学），2000,21（1）.

匡山书院的敕令以及为之颁赐院额的举措，则全然肯定了书院教育的功能。这说明，书院自唐代松洲书院开始的教学职能，经过200余年的漫漫征程，至此始得最高当局的正式肯定。这一点特别重要，因为官本位的意识在中国古代社会十分突出，任何新生事物，一经皇帝的认可，即可获得合法的身份，并随之得到正式且较高的地位，宜乎宋初而有四大书院的扬名天下。所以从这种意义上讲，在书院教育发展史上，唐开元年间创立丽正、集贤书院之"广学""讲论"，与后唐长兴年间赐额褒扬匡山书院就成了两个里程碑式的标志性事件，而值得特别提出，应引起研究者必要的重视。

需要进一步指出的是，即使在书院发展的初期，具有学校性质的书院就已开始作制度化建设的努力，其典型的例证是今江西德安的东佳书院。该书院始名书堂，是当年江州陈氏设立的家族性教育机构。在唐大顺元年（890），陈氏七世掌门人陈崇所订立的《陈氏家法三十三条》中，有两条涉及此事，兹引录如下：

其一：立书堂一所于东佳庄，弟侄子姓有赋性聪敏者，令修学，稍有学成应举者。除现置书籍处，须令添置。于书生中立一人掌书籍，出入令照管，不得遗失。

其二：立书屋一所于住宅之西，训教童蒙。每年正月择吉日起馆，至冬月解散。童子年七岁令入学，至十五岁出学。有能者，令入东佳。逐年于书堂内次第抽二人归训，一人为先生，一人为副。其纸笔墨砚并出宅库，管事收买应付。① ②

---

① 阮志高，孙家骅，凌凤章. 江州陈氏东佳书堂研究 [J]. 江西教育学院学报，1989: 2–3.
② 按：江州陈氏自宋嘉祐年间因有人口数千，而奉诏令分拆为291庄，散居全国。时代久远，各地陈氏家谱所载《家法》文字稍异，但内容基本相同。

　　书堂、书屋的并立，二者的等级差别，学生升级，师资选择，图书的置备与管理，经费的来源与分配，凡此等等，都有比较明确的区划与规定。由此可见，义门陈氏作为一个受到朝廷表彰的大家族，其教育组织比较完善，由"书屋"而"书堂"构成一个高低有别而又相互联系的体系，并立"家法"进行制度化管理，这表明其发展已脱离初始的粗放阶段。更为可贵的是，我们可以借以将古代所谓"大学""小学"之间的关系形象化，并从中体味唐代家族对于教育普及的追求。

　　诚然，在强调书院教育功能的同时，我们不能不特别指出，书院是中国士人的文化教育组织。读书人在其中开展藏书、读书、校书、修书、著书、刻书等各种活动，进行着文化积累、研究、创造与传播的事业，因此，不能以教育、教学概括书院所有的功能，而只能视作其最主要的功能之一。从整体上讲，其教育功能源于文化传播，服务于文化积累、研究与创造。或者说，书院教学是在文化积累、研究、创造基础之上形成的文化知识的传播形式之一，是文化发展链的一个环节。这种功能的重要性，以及其他功能的难于表现，都使我们有可能只看到展现的教学活动，而忽视其他功能的存在。那种认为书院只是教育机构，而将历史上很多不具学校性质的书院排除在书院研究之外，甚至将其作为假书院并开除书院之列的歧见，即源出于此。这种褊狭的观点，将是本书一再提醒读者应予以纠正的。

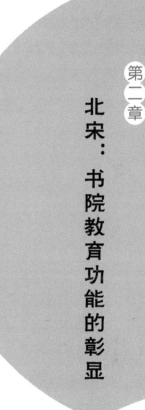

第二章

北宋：书院教育功能的彰显

两宋时代，从门阀制度下解放出来的读书人挟开拓万古心胸之豪气，凭借经济发展带来的社会繁荣，依靠印刷技术进步带来的丰富藏书，纵谈古今，横论百家，将我国古代的学术文化事业推进到一个空前发达的黄金时期。其间，书院受到大家重视，统计总数最多达到720所[1][2]，是唐五代书院总和的10倍以上，可谓多矣。两宋书院的发展各有特点，北宋以"天下四大书院"为代表，强化的是教育教学功能。书院作为学校的一种，得到社会的认同；张栻、朱熹、吕祖谦、陆九渊在"南宋四大书院"的讲学，带来了学术的繁荣昌盛，使学术研究与书院教学的一体化得以完成，朱熹的《白鹿洞书院揭示》通行天下，更有典范作用。从此，书院与教育、学术结合，形成魅力无限的文化人格特征，影响着中国一代又一代的读书人。有鉴于两宋书院的不同特点与贡献，本书将两宋书院发展分列，自为章节叙述，以凸

---

[1] 陈谷嘉，邓洪波. 中国书院制度研究 [M]. 杭州：浙江教育出版社，1997: 355.

[2] 按：20世纪30年代初，曹松叶《宋元明清书院概况》，统计为397所；1995年，白新良《中国古代书院发展史》统计为515所；1963年，宋彦民在台湾出版《宋代书院制度之研究》，统计为379所；台湾吴万居《宋代书院与宋代学术之关系》，列表统计为467所。随着新材料的发现，统计数字将扩大。事实上，当年书院的实际数要大于统计数。

显其在书院发展史上所起的独特作用。

第一节 北宋书院发展概况

一、北宋书院基本情况统计

据白新良先生统计，宋代共有书院 515 所，其中 73 所可以确考为北宋书院，317 所为南宋书院，125 所书院则分不出南北宋而只能笼统称为宋代书院。北宋 73 所书院中，新建书院 71 所，修复前朝旧书院 2 所。北宋时期，历太祖、太宗、真宗、仁宗、英宗、神宗、哲宗、徽宗、钦宗，凡九帝共 167 年（960—1127）。是期书院总数在 73 所以上，略微超过唐五代十国共计近 350 年所有书院数量的总和，而实际存在的书院当在百所左右。①增长速度的加快，标志着中国书院历史已经进入一个初步而重要的发展时期。

值得注意的是，与北宋大体同时的辽代，虽然是少数民族政权，但也有创建书院的记录。雍正年间《山西通志》记载，辽翰林学士邢抱朴曾在其家乡应州（今山西应县）龙首山创建龙首书院。按：邢抱朴，景宗保宁元年（969）官政事舍人，知制诰，累迁至翰林学士，加礼部侍郎。统和四年（986），加户部尚书，迁翰林学士承旨。这一年，辽宋雁北大战，宋军南撤，他曾赴应州处理善后。统和十二年（994），拜参知政事。后赴燕京（今北京），任南院枢密使，卒于任所。因此，龙首书院的创建当在公元 969—

① 白新良. 中国古代书院发展史 [M]. 天津：天津大学出版社，1995：5-6.

994 年间，时当辽景宗、圣宗之际，与宋太祖、太宗朝相当。可见辽代书院的出现时间较早，若当于北宋初年。惜乎史志所载仅有龙首一院。尽管如此，我们还是要肯定其积极的文化意义。辽代书院虽为汉族大臣所建，但它开少数民族政权建立书院之先河，无疑会对日后金、元、清等政权制定书院政策产生重要的影响。而且，龙首书院还是山西历史上第一所书院，对于区域文化建设有开创之功，后人也给予了相当高的评价。①②

二、北宋书院的区域分布与特点

北宋 73 所书院，分布在直隶、河南、陕西、山西、山东、安徽、江苏、浙江、江西、福建、湖北、湖南、广东、四川等 14 个省区③，每省区平均5.2 所。结合每省区的平均数值，我们可以将北宋各地书院分布作三级区划：

一级：5 所以下，低于平均数，有直隶、陕西、山西、山东、安徽、江苏、浙江、福建、湖北、广东、四川 11 个省区，占绝大多数，皆属于书院不发达地区。

二级：5—10 所，略高于平均数，有河南、湖南 2 个省区，属于书院相对发达地区。

三级：10 所以上，只有江西一省，计有 23 所书院，远远高于其他省区，是北宋时期的书院发达地区。数十年前，曹松叶先生评价江西对整个宋代的贡献时，曾称"江西省是宋代书院发生原动力的所在"，以此评价其在

---

① 王志超. 山西书院文化的历史流变［J］. 山西师范大学学报, 2000, 3.
② 王欣欣. 山西书院［M］. 太原: 三晋出版社, 2009: 2.
③ 白先生和曹先生的统计主要是利用清代地方志，故其政区皆用清代行省为准，且不论宋元明清，标准恒定。虽然与现代政区不一致，多有遗憾，但本书统计数据绝大多数取值于此，不致影响大势判断与结论。以下历代同类统计皆以清代行省为主，不再说明。

北宋时期的地位，亦很相宜。

考察北宋时期书院的区域分布情况，我们认为有如下几个特点。

第一，与前代比较，书院的设立范围有所扩大，江苏、安徽是新辟地区，这样华东地区就连为一片，不再有空白。

第二，南北比较，北方各地书院数要明显少于南方，而这时全国的政治中心在北方。这说明，政治与文化教育是可以剥离而各自发展的。当然，这种分布特点在书院发展的初始阶段就存在，在以后的历朝历代将更为明显，应该作为一种普遍现象而加以注意。还应该注意的是，书院发展虽然可以与政治剥离，但却与经济的发展联系在一起，因为江南自唐代以来即逐渐开发而成为全国的经济重心，经济的发展可以为书院提供可靠的物质保证。

第三，南北各省以赣、湘、豫三地书院最多，可以视作三个中心。河南以东京开封府、西京洛阳府与南京应天府成东西一线，书院依凭政治、经济等综合因素而得到发展。江西、湖南两省书院则相对集中在赣江、湘江沿岸经济较为发达地区。由此可知，书院的分布出现线状的苗头与趋势，这比之唐五代的点状分布已有明显的进步，是书院获得发展的一种标志。

三、北宋书院的时间分布特点与两个发展阶段

在北宋 73 所书院中，能考定创建或兴复年代的有 57 所，约占总数的78.08%，分布在太祖至钦宗 9 朝中，另有 16 所只知道创建于北宋，而不能确定具体朝代。各朝代书院数量，以仁宗、神宗朝最多，各 11 所，并列第一。真宗、徽宗朝各 8 所，并列第二。以下依次是哲宗朝 7 所、太宗朝 6所、太祖朝 4 所、钦宗朝 2 所。英宗朝的情况有点特殊，前后 4 年，白先生计为空白，而曹先生则计为 2 所。这种统计差别，基本不会影响我们对大势的判断，正好还可以作为分隔点来考察书院在时间维度上的总体分布

特点。英宗以前四朝（960—1063），有书院 29 所，约占书院总数 57 所的 50.88%。英宗以后也是四朝（1068—1127），书院数则为 28 所，约占到总数的 49.12%。可见，北宋前后两个阶段的书院数只有 1 所之差，几乎一样，反映不出区别。据此，我们甚至可以认为，北宋前后期书院的发展处在同一条水平线上。

但必须指出的是，这只是事物的一个方面，具有很大的片面性。如果考虑到前期四朝有 104 年，而后期四朝只有 58 年这一事实，那我们就不能贸然说两个阶段的书院发展旗鼓相当了。也就是说，一组数字，不考虑其他因素和考虑其他因素，会得出很不相同甚至截然不同的结论。统计、分析方法必须运用得当，才能客观反映事物的发展状况。这就提出了一个十分严肃的问题，那就是如何避免统计数据的误导，以求客观全面地展示书院发展的固有轨迹。科学而严谨的方法，应该是从发现问题之处着手，设计一种均衡一致的处理模式，使所有的数据皆能纳入恒定不变的标准之中。因此，本书不同于过往的同类著作，将引入以年为单位和以朝代为单位的两组平均数，以期化解这一引起偏差的问题，克服因朝代时限长短不一而对整个书院发展过程评估所带来的误差。原则上，所取时间单位越小越能达到恒定标准所追求的"平等"的目标，而在平等条件之下的比较与分析，其结论将会更加接近客观与中肯。当然，也有例外，应该具体问题具体分析。

根据各朝书院数量，我们可以作成一个柱状图，并加上以虚线表示的"朝平均数"，这样，北宋书院在时间上的分布就形成了如下一个效果图。见图 2.1。

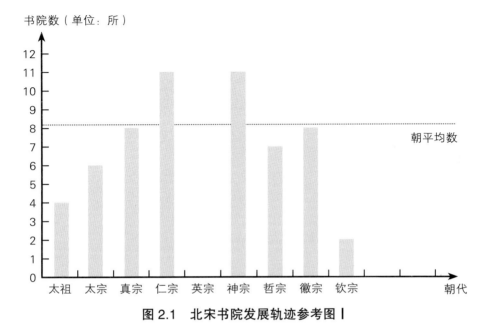

图2.1 北宋书院发展轨迹参考图Ⅰ

图 2.1 有一个双峰并峙的图像，据图可知：

第一，以朝代平均数为水平线，北宋书院的发展有三个梯次。最高层是仁宗、神宗二朝，书院数量最多，是书院发展的高峰期，而细察图 2.1，可以得出书院在庆历兴办官学以后才得到较大发展的结论。那种认为北宋后期书院发展归于沉寂的观点①是站不住脚的。中间层是略低于水平线的真宗、徽宗、哲宗、太宗四朝，分处双峰之侧，表明在较长的时间内，书院发展还是维持了相当的水平。第三层则居首尾两端，一则表示上升之势，一则体现下滑之象。

---

① 代表研究如20世纪30年代刘伯骥《广东书院制度沿革》，其称："北宋末可说没有什么书院了。"20世纪80年代陈元晖等《中国古代的书院制度》称："总观北宋之世，书院短期兴盛之后，又沉寂了一百多年。"其实二者皆失于数据统计，并同受王祎《白鹿洞记》"书院至崇宁末乃尽废"之误导。

第二，北宋书院的发展经历了两个大的发展阶段。双峰之间英宗朝是一条天然分界线。其前，书院数是一个稳健爬升势态，到仁宗朝达到顶峰。其后，以神宗朝为顶点，书院数又是曲折下降之势。爬升—登顶—陡落—陡升至顶—下降，这样一个曲折过程大体上就是北宋书院的发展轨迹。

根据各朝书院的年平均数，我们可以绘制另一幅北宋书院发展柱状图，见图2.2。

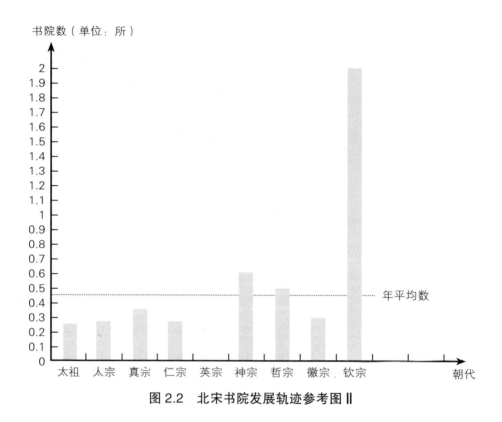

书院数（单位：所）

图2.2 北宋书院发展轨迹参考图 Ⅱ

图2.2是一个虽有曲折，但却总体一路攀升的图像，其所反映的趋势是积极向上的，表明北宋书院的发展整体呈上升之势，其结论仍然不支持北宋后期书院陷于沉寂的观点，此其一。

其二，以北宋年平均书院数 0.437 所为基点，我们可以将书院的时间分布由低至高划分为三级。

一级：在基点以下。太祖、太宗、真宗、仁宗、徽宗各朝皆属于此，这表明大多数朝代的发展速度不是很高，尤其是北宋前期近百年间，其发展速度皆在水平线之下。

二级：略高于基点。神宗、哲宗朝属于此列。其时皆在北宋后期，表明书院发展开始加速。

三级：高于基点数倍。仅钦宗一朝，它表明书院在北宋末期形成了一个发展的最高潮。需要注意的是，在此时段上，图 2.2 的图像和结论与图 2.1 很不一致，甚至相反，这就需要进行前述原则下的具体问题具体分析了。考其原因，还是时间单位长短不一所致，其他各朝是积数年至数十年后的平均数，而钦宗朝仅仅一年，其书院数量本身就是平均数。这样，在平均的背后实际上就出现不均不平。因此，上述结论并不十分可信，更不能无限制地予以夸大，而必须加以修正。比较平实的结论，应该如是说：北宋后期书院的发展速度高于前期，而且其势头保持到末年也不见减。

根据书院发展的内在逻辑，并综合以上的数据分析，我们以仁宗庆历新政为界，将北宋书院的历史划分为两个发展阶段。第一阶段，自宋太祖建隆元年至宋仁宗庆历三年（960—1043），凡 84 年，兴复创建书院 21 所，约占已知确切年代 57 所的 36.84%，与第二阶段相比，数量上没有优势，但凭着朝廷和地方官府的努力，这个时期的书院营造出了显赫声势，以后世所谓"四书院""三书院"之名称闻天下，获得了社会的广泛承认。除了声名显赫之外，这个时期书院的最大特色就是强化教育教学功能，替代官学为国家培养人才。

第二阶段，自庆历四年至北宋末（1044—1127），创建兴复书院 36 所，约占已知确切年代 57 所的 63.16%，书院建设进入了一个实质性的发展期。

虽受三兴官学运动的影响，书院因此失去官府的热情支持而没有了前期的夺目声名，但深入扎根民间，使它获得了更多的发展养分，这是一个最大的发展特点。此外，脱离官府强化教学的关照之后，书院的其他文化功能也在满足民间文化需要的诉求中得到了相应的发展。两个阶段的有关情况，我们将在下文的讨论中详述，此则只作简要的说明。

第二节　书院替代官学的角色

宋初，久乱初平，长期被战祸压抑的教育诉求开始喷发，而这时的政府却无力兴复唐代旧有的官学系统。于是，历史赋予书院替代官学角色的重任，而官府和民间都把握了难得的历史机遇，在满足教育需求之时，强化书院的教学功能，并获得了称闻天下的盛名。

公元 960 年，赵匡胤陈桥兵变，建立起宋政权。新政权建立之后，本应重视历代统治者视为执政之本的文化教育事业，但当时的政治、经济形势使得宋初的统治者无暇也无力顾及此事。宋政权建立后，用了 20 年时间才征服荆南、后蜀、南汉、南唐、吴越、北汉等割据政权，为宋之繁盛打下了坚实的基础。但比之大唐之盛，宋的建立并没有使海内真正归于统一，北方强辽压境，燕云十六州尚未收复，西南大理、吐蕃也各自为政，不来臣服，1038 年西夏政权又崛起大漠，兵迫西北。为了巩固时时受到威胁的政权，统治者无心于文教，而连年用兵又耗费了有限的财力，统治者更无力于文教。因此，宋初 80 余年间，官学没有任何新的发展，中央已无二馆六学之盛，只勉强维持国子监与太学，大唐时代建立的州县乡党之学等一整套地方学校教育制度始终难以兴复。

中央官学的不振，地方文化教育的低迷，极不适应海内承平、文风日起的社会形势。对于政府来讲，无以养士也不利于政权的维系与建设。面对这种形势，有责任感的中国士人自觉地分担起培养人才、发展教育的职责了。他们沿袭前代的做法，聚书山林，建院讲学。这正是朱熹在《衡州石鼓书院记》中所描述的情形，所谓"予惟前代庠序之教不修，士病无所于学，往往相与择胜地，立精舍，以为群居讲习之所"。兹举数例如下，以见当初民间尽力于书院之概况。

　　莲溪书院，在江西丰城县筱塘，淳化元年（990）乡人李琮创建。"书院即家塾也，古无是名，至宋始盛。……当是时，延周子谔以讲学，肖圣哲像以展礼，且资给四方来学者，人咸以义馆称之。文风大振，我李踵甲第者奕世，而他名公巨卿亦往往出其中，是皆书屋教养之效也。"[1]这是一所满足家人教育需求的私塾性书院，讲学展礼，习业科举，且为四方来学者提供资助。

　　华林书院，在南昌奉新县，本为五代胡氏旧院。到宋初胡仲尧时，"力田岁取千箱稻，好事家藏万卷书"，进一步扩建，广延四方游学之士，声名鹊起，杨亿将其与雷湖、东佳并列为江东三书院。宋太宗于雍熙二年（985）降诏令，旌表其族。华林书院遂随胡氏大族而"声闻于天，风化于下"。淳化五年（994），太宗皇帝又"颁御书以光私第"。如此殊荣，朝中王公大臣自旧相、司空而下三十余人，皆作诗题词，"夸大其事"。这些诗作"诠次缉纪、烂然成编"，王禹偁因作《诸朝贤寄题洪州义门胡氏华林书斋序》，以纪其盛，内有"华林山斋，聚书万卷，大设厨廪以延生徒，树石林泉，豫章之

_____

①　明·李南素：《重修莲溪书院记》，转引自邹友兴：《丰城书院研究》（江西丰城，1998），第162页。又莲溪书院创建时间，邹友兴同书第115页《丰城书院创置一览表》作淳化元年，而李才栋《江西古代书院研究》（南昌：江西教育出版社，1993年，第56页）则作太平兴国年间（976—983）。今依邹说。

甲也"的字句。①《宋史·胡仲尧传》也记有其事。是胡氏华林书院，以广延学者而得皇帝嘉赏，朝廷大臣赞誉，风光无限，名垂青史。

笙竹书院，在湖南湘阴县城南笙竹驿，天禧年间（1017—1021），县人邓咸创建，以训族中子弟及四方游学之士。远在湖北江夏与安州的冯京、郑獬皆曾负笈其中，可谓兴盛。皇祐二年（1050）、五年（1053），冯、郑二人先后高中状元，书院之名随状元之声而远播天下。其时，湘阴县学还没有建立，全县"肄业之士惟归书院"，直到元祐六年（1091），王定民知湘阴事，才改笙竹书院为湘阴县学。是以，70年间，私家书院实际上替代了官府县学的位置，维持着对士民施行教育的使命。

凡此种种，正如吕祖谦《白鹿洞书院记》中所说："国初斯民，新脱五季锋镝之厄，学者尚寡，海内向平，文风日起，儒先往往依山林，即闲旷以讲授，大率多至数十百人。"②正是在这种背景之下，书院便渐渐兴盛于民间。据白新良先生统计，宋初84年全国新建和兴复书院21所，而实际的数字还远不止这些，如江西在庆历之前就建复庐山白鹿洞，南昌秀溪、香溪，宜黄慈竹、鹿冈，建昌雷塘，丰城莲溪，分宁樱桃洞、芝台、景濂，龙泉新兴，南城盱江12所书院，以及南丰曾氏书舍、华林书屋，玉山怀玉精舍，③合计有15处教学机构。

与民间兴学的同时，北宋政府也采取了因势利导的文教政策，一方面大力提倡科举，成倍地增加取士名额，试图收尽天下遗逸；另一方面又大力支持渐兴的书院。在太宗太平兴国二年（977）至仁宗宝元元年（1038）60余年的时间内，连续不断地通过赐田、赐额、赐书、召见山长、封官嘉奖等

---

① 陈谷嘉，邓洪波．中国书院史资料［M］．杭州：浙江教育出版社，1998：64-65.
② 陈谷嘉，邓洪波．中国书院史资料［M］．杭州：浙江教育出版社，1998：72.
③ 李才栋．江西古代书院研究［M］．南昌：江西教育出版社，1993：56.

一系列措施对书院加以褒扬。兹据王应麟《玉海》卷一六七、马端临《文献通考》卷四十六、嘉靖年间《衡州府志》卷五、光绪年间《湖南通志》卷六十九、至正年间《金陵新志》卷九、乾隆年间《登封县志》卷十七、《续资治通鉴》卷四及卷十一等，将其情况系年记录如下。

宋太宗太平兴国二年（977）：应江州知州周述之请，赐白鹿洞书院"印本九经"。

太平兴国五年（980）：赐白鹿洞洞主明起为褒信县主簿官。

雍熙二年（985）：赐南昌奉新胡氏为义门，诏令旌表其族，胡氏之华林书院因以声闻于天。

淳化五年（994）："颁御书"以光奉新胡氏私第，朝廷旧相、司空以下三十余人题诗寄赠华林书院。

至道元年（995）：遣内侍赐御书给江州义门陈氏，东佳书院与有荣焉。

至道二年（996）：登封太乙书院赐名为太室书院，并获所赐"九经子史"诸书。

至道三年（997）：太宗御书飞白"义居人"一轴，赐给南康达昌县雷湖书院（舍）。

咸平四年（1001）：潭州知州扩建岳麓书院。请赐国子监诸经释文、义疏及《史记》《玉篇》《唐韵》等书。诏从之。

宋真宗咸平五年（1002）：敕有司修缮白鹿洞书院。

大中祥符元年（1008）：直史馆孙冕请以白鹿洞为归老之地，从之。

大中祥符二年（1009）：诏应天府新建书院，以曹诚为助教，令戚舜宾主之，赐院额。

大中祥符三年（1010）：赐太室书院九经。

大中祥符八年（1015）：召见岳麓书院山长周式，拜国子监主簿，赐给院额和中秘图书。

宋仁宗天圣二年（1024）：赐田三顷给江宁茅山书院。

天圣三年（1025）：增给进士解额三名给应天府书院。

天圣六年（1028）：郡守晏殊奏请王洙为应天府书院说书，从之。

明道二年（1033）：应天府书院置讲授官一员。

景祐二年（1035）：西京重修太室书院，诏以嵩阳书院为额，赐田一顷。赐衡州石鼓书院院额及学田五顷。改应天府书院为应天府学，赐田十顷。

宝元元年（1038）：赐登封书院学田十顷。[①]

以上62年间，书院有19个年份凡20余次被记入朝廷与地方官诏令奏折中，皇车驰骋于途。在一次次赏赐褒奖之后，书院不仅获得书、田、院额等有形资产，办学条件得到实质性改善，而且其声名影响等无形资产更是无法估量。此正所谓"书院之称闻于天下"，新生于唐代的书院，至此完全夺得天下君臣官民之心，以声名显赫之势，获得了社会的广泛认同。

需要指出的是，宋初对书院的重视不限于朝廷的皇帝与大臣，地方政府官员也加入到其行列之中。岳麓书院由潭州太守朱洞创建，太守李允则请赐藏书、请辟水田等，是大家熟悉的经典之举，其他如四川5所北宋书院，就有果山、岳阳二院由知州王旦、彭乘分别创建，这些都是地方官府关顾书院发展的个案。

总之，宋初书院虽然数量不是很多，但经宋太宗、真宗、仁宗，甚至神宗皇帝的赐赏嘉奖，经朝廷大臣和地方官员交相推广表彰，宣扬书院办学之功，遂得"声闻于天，风化于下"，成就了书院在宋初的显赫与辉煌。

然而，我们必须看到，宋初对书院的提倡，是政府在短期内无力恢复造

---

① 以上还参考了白新良：《中国古代书院发展史》，天津：天津出版社，1995年，第6—7页。又据明成化年间《宁波郡志》卷六记载，宋神宗熙宁九年（1076），赐宁波桃源书院御书匾额。时在大兴官学之际，似可表明书院未曾被皇帝忘记。

就治世之才的官学系统而采取的一种权变措施，可以说是迫不得已的。这和唐玄宗的"广学开书院"有着极大的区别，唐代是锦上添花，宋初则是非此莫求，成为跛足之势。因此，一旦政府有能力兴学，它就会回到传统的养士"正途"即官学系统，而舍弃对书院的支持。这就决定了书院在宋初只是暂时充当官学角色。正因为如此，北宋中后期，很多书院在三兴官学的运动中，或如白鹿洞书院被废弃，或如应天府、石鼓、笙竹书院被改为府、州、县各级官学。虽有过河拆桥之嫌，但恰恰也是书院替代官学作用已经完成的真实反映。

第三节　书院教育功能的强化

替代官学的角色，不仅使书院在宋初获得声闻天下的显赫，而且也强化了书院教育教学功能，对书院的发展方向产生了重大的影响。如前所述，宋初士病无所于学，趋之书院，官病无所于养，取之书院，殊途而同归，经过官民双方的共同努力，书院得以蔚然而兴。这一特定的历史条件，决定了此时的书院必然会以教学为主，教育功能得以强化。

书院和科举结合，是其强化教育功能的最大表征。这种情势下的书院下系于民，而上通于官，既是民众的求学之所，也是官府的养士之场。民间进入书院以读书应试而扬名者不少，前述湘阴县民邓咸所建笙竹书院，就是典型一例。它以训育族中子弟为主，并接纳四方游学之士。当其时，湖北江夏冯京、安州郑獬二人负笈其中而双双高中状元，成为科场盛事和士人的"美谈"，笙竹书院因此成为科举圣地。于是，加强教育，重视教学，培养更多的"状元"，就会自然而然地成为笙竹书院的自觉追求。此则社会期许使然，强化教学成为书院的必然选择。

与湘阴邓氏以书院外显四方而族内似不盛不同，分宁（今江西修水）黄氏则是内外皆盛。史志记载，宋太宗太平兴国年间，黄中理以江南大族掌门人的身份，广聚图书数万卷，建樱桃洞、芝台（亦作芝兰）二书院，由其长子茂宗（字昌裔）主持，令子弟读书其中，并广招四方之士，乐助其学。茂宗为大中祥符八年（1015）进士，其时正是宋真宗皇帝召见"以义行著"的岳麓书院山长周式，赐给其官、书、院额的时候，或许受其影响，他出任崇信军节度判官后，即辞官归家，专任家中二书院教学，以其"才高笃行"，深得院中黄氏子弟及其他生徒崇敬。由于训导有方，其平辈兄弟茂懿（滋）、茂询（湜）、茂伦（淳）、茂锡（焕）、茂先（灝）、茂逸（浹）、梦升（注）、子元（渭）、茂实（浚）皆登甲科，一时远近闻名，号称"黄氏十龙"，而且影响长远。差不多200年之后的南宋人袁燮，在为分宁黄氏后裔黄荦撰写行状时，仍然称颂有加：分宁黄氏，"以儒学奋一门，兄弟共学于修水上芝台书院，道义相摩，才华竞爽，时人谓之十龙"[①]。是书院与黄氏兄弟因科举盛名而称闻天下者近两个世纪。

官府视书院为养士之所，以应天府书院的事例最为典型。它的院舍虽由士人捐建，但其成立则是奉诏行事，教学管理皆由朝廷命官主持，学生享有解额特权。天圣三年（1025），应天府书院增加解额三名，到地方乡贡之年，书院学生直接参加科举考试的人更多。应天府书院即为科举考试的准备场所，如何教学生应试就成了平时教学的一项主要任务。而且该院办学几十年，学生累捷于科场，发迹成名者不绝于时，颇有成就。曾主掌书院教学两年，后来又主持庆历新政大兴官学的范仲淹，在作《南京书院题名记》时，其所津津乐道者也就是科场题名，文称：

---

① 秘阁修撰黄公行状 [M] //袁燮. 絜斋集：卷十四. 北京：中华书局，1985.

由是风乎四方，士也如狂，望兮梁园，归欤鲁堂。……观乎二十年间，相继登科，而魁甲英雄，仪羽台阁，盖翩翩焉，未见其止，宜观名列，以劝方来。登斯缀者，不负国家之乐育，不孤师门之礼教，不忘朋簪之善导，孜孜仁义，惟日不足，庶几乎刊金石而无愧也，抑又使天下庠序视此而兴，济济群髦咸底于道，则皇家三五之风步武可到，戚门之光亦无穷已。①

诚然，除了对"魁甲英雄"的称赞之词和对"相继登科"的期许之外，范仲淹在这篇书院记文中还提出了涉及教学内容和教学目标等非常值得注意的问题。教学内容包括经义和文学两大部分，"经以明道，若太阳之御六合焉；文以通理，若四时之妙万物焉"。各有各的用处，也各有各的境界。无论治经抑或治文，都得追求博涉九流百家之说，只有做到"聚学为海"，才能"九河我吞，百谷我尊"。至于书院办学目标，以科举为通向廊庙之路，无论进为卿大夫，还是退为乡先生，皆得心忧天下，道乐古人。唯有如此，才能不负国家，不孤师门，"使天下庠序视此而兴"。非常明显，在范仲淹的理想中，应天府书院就是"天下庠序"的样板工程，其所反映的教育概念大至有三：一是以经义、文学为主要教学内容，且讲求博涉；二是以培养廊庙之器为教学目标，进而心忧天下，退而道乐古人，是一个理想的人才标准；三是赞赏魁甲英雄，主张教育学生的方式与录取进士的科举相互结合。应该说，这就是范仲淹在应天府书院两年多教学实践中构想出的一种理想教育模式。这种模式既写实了书院的教育教学功能，也为他日后主持庆历兴学提供了改革蓝本。

总之，宋初书院无论官私，大多以替代官学的身份，围绕着科举考试组

① 范仲淹. 范文正集：卷七［O］. 文渊阁四库全书本.

织自己的教学，强化了自唐代以来即有的教育功能。书院教育功能的强化，还体现在讲学、藏书、祭祀、学田四大基本规制的形成，书院内部结构日趋完备，藏书、祭祀、学田为教学服务。有别于唐五代书院同类功能的发展变化等其他各个方面，并且在以四大书院为代表的宋初书院中有极生动多彩的表现，有关情况在下一节中作详细介绍。

统计数字也能反映书院教学功能的强化。据白新良先生称，北宋71所新建书院中，具有教学职能的不下21所，而像初期书院那样以个人藏修读书为目的的书院却只有10余所。[①]两相比较，可以看出书院教学功能已经明显成为建设者们追求的主要目标。

值得指出的是，这种被强化的教学功能，决定了后世书院发展的主要方向是招生授徒，可谓影响深远。然而，也正是这种强化了的教育功能，引发世人仅仅将书院视作教学机构的错觉，甚至有将非教学的书院强行打入另册的做法，这对研究书院文化是有害的。作为中国士人的文化组织，书院所蕴含的内容是极为丰富多彩的，有众多的文化功效，我们不能将一种在特殊时期受到特别夸大的功能当作其全部功能看待。事实上，北宋后期书院的发展也出现了自别于教学一途的局面。

第四节　天下四大书院

"天下四大书院"，是一个由南宋的书院建设者提出的概念，不仅其所指各不相同，其称呼也有"四书院"与"三书院""五书院"的差异。但推究

---

① 白新良. 中国古代书院发展史 [M]. 天津：天津出版社，1995: 7—8.

其实，它只是宋初书院影响之广、声势之大的代指，集中体现了宋初书院替代官学的作用，以及由此而被强化的教育教学功能。

一、各家各说"四书院"

"天下四大书院"之说，虽始于南宋，但各家所指却有不同，其表述也有四书院、书院四、天下四书院、天下四大书院，以及实列而不明言等种种差异。谨就见闻所及，将各家各说叙录如次，希望读者在还原历史场景的阅读中，和我们一起体悟先人们在努力建设书院时提出此说的良苦用心。

最先提出此说的是范成大。乾道九年（1173）二月，范游石鼓书院，因其地为山水名胜，又有其"家兄"所建武侯庙，于是，这位大诗人就将其见闻记入他那游记性质的《骖鸾录》中。或许是这段文字太优美了，后世学人将其摘出单行，以《石鼓山记》为名。其称："始，诸郡未命教时，天下有书院四：徂徕、金山、岳麓、石鼓。石鼓，山名也。"[1]徂徕为石介所建，在山东徂徕山。金山即茅山，在南京，侯遗所建。岳麓即岳麓书院，在长沙。很显然，诗人钟情者在山，称石鼓有"大约如春秋霸主"的地位。因此，其所列天下书院，皆与山有关。

第二个提到四书院的是吕祖谦，时在淳熙六年（1179）。吕为理学名家，建有丽泽书院并在此讲学，其名与朱熹、张栻相齐，并称"东南三贤"。当乾道初年朱熹访学岳麓，与张栻会讲之后，就有很强的书院情结，特别是任职南康军见到宋初曾得到皇帝赐书的白鹿洞书院被废弃时，毅然修复院

---

[1] 乾隆年间《衡州府志》卷三十一，见陈谷嘉，邓洪波：《中国书院史资料》，杭州：浙江教育出版社，1998，第56页。光绪年间《湖南通志》《渊鉴类函·地部》等，皆以《石鼓山记》为名列入。

舍，聚徒讲学。为记其事，商请吕祖谦为作《白鹿洞书院记》。其称："国初斯民，新脱五季锋镝之厄，学者尚寡，海内向平，文风日起，儒先往往依山林，即闲旷以讲授，大率多至数十百人，嵩阳、岳麓、睢阳及是洞为尤著，天下所谓四书院者也。"①透过学术缘由，考诸史实，而且吕氏之文，实本朱子之意，将白鹿洞书院列入四书院，大有为讲学张本、为朱子鼓呼之良苦用心在②，要达到的目的就是扩大正在建设中的白鹿洞书院的影响。

范、吕同处南宋前期，时在理学家谋求发展、属意书院、倡导讲学之秋，或因见识所限，或因所学不同，二人虽同为名人，同谈宋初四书院，且相隔只有六七年时间，但达成共识者仅有岳麓一院，反映了人们在对四书院的认同上还处在探寻阶段。

第三个提到的是王应麟。他运用了大量史实材料，其结论为："国初，斯民新脱五季锋镝之厄，学者尚寡，海内向平，文风日起，儒老往往依山林即闲旷以讲授，大率多至数十百人，嵩阳、岳麓、睢阳及白鹿洞为尤著，天下所谓四书院者也。"③十分明显，王氏采用吕说，其文字亦多移录。但王氏毕竟以史学名世，精于考订，其说多引档案、奏疏、诏令为证，而且在白鹿洞名下系以雷湖，岳麓名下系以湘西、南岳、石鼓之事，又透露出史家的不同信息。这说明，吕说此时已成"公论"，虽史家有不同看法，也只能曲为表述。

第四个提到的是宋末元初史学家马端临。他以宋遗民的身份从事《文献通考》的编纂，有时间和条件收集前人各家之言。或许正因材料太多，难于取舍，才导致其一书二说的矛盾。卷四十六《学校考》有"天下四大书院"

---

① 陈谷嘉, 邓洪波. 中国书院史资料 [M]. 杭州：浙江教育出版社, 1998: 72.

② 李才栋. 江西古代书院研究 [M]. 南昌：江西教育出版社, 1993: 79–80.

③ 陈谷嘉, 邓洪波. 中国书院史资料 [M]. 杭州：浙江教育出版社, 1998: 45.

之目，下列白鹿洞书院、石鼓书院、应天府书院、岳麓书院之事。但是到了卷六十三《职官考》，其"宋初四书院"目下，所列名单就改作白鹿洞、嵩阳、岳麓、应天府了。

叙述至此，我们已经明了，"四书院"之说经历了一个变化过程。最先是范成大游船停泊石鼓的诗性之说，四者皆以山名，明显有钟情于山水的诗化特点，《石鼓山记》也以优美的散文被载入史志之中。随后是理学家的定义，有着明确而理性的目的，在书院讲学成为一种事业的追求，"四书院"也就被赋予了更多的学术意义，甚至成为一种符号与象征。理学家经历磨难而最终得势，当初的刻意提议，自然就变成了垄断性的话语。

因此，吕祖谦的说法就有了很强的权威性，长时间被大家所信奉，成为一种强势之说。虽然，自此而降，流行的主要是理学家的说法，但后来的史学文献之家还是以存疑之举、"微言"之笔提出了异议。此其一。

其二，"四书院"之说各说各话，但在南宋主要还是三种组合：徂徕、金山（茅山）、岳麓、石鼓；嵩阳、岳麓、睢阳（应天府）、白鹿洞；白鹿洞、石鼓、应天府、岳麓。三组共 12 所书院，除去重复，实际列名"四书院"者只有岳麓、石鼓、白鹿洞、金山、徂徕、睢阳、嵩阳 7 所书院。

其三，"四书院"所指各不相同，其中唯有岳麓书院被各家所共同指认，得称天下四大书院之首，则当之无愧。

二、"三书院""五书院"之说

当"四书院"之说纷纭盛行之时，南宋的学术界还有"三书院""五书院"说，与之对应并行，但"三书院"之说长期被"四书院"之说所掩盖，无闻于后世。明确提出"三书院"的是吴泳。淳祐六年（1246），吴泳作《御书宗濂精舍跋记》，其称："臣尝考国朝建立书院隶于今职方者三，潭曰岳麓，衡曰石鼓，南康曰白鹿洞，皆蒙上方表赐敕额，盖所以揭圣范崇道规也。"①
"三书院"和"四书院"一样，是南宋的书院建设者树立的榜样，也是为了
将自己的行动合法化甚至神化而提出的一个符号象征。

推考"三书院"之论的由来，则与倡导书院运动的理学大师朱熹有关。
淳熙十四年（1187），朱熹为石鼓书院作记，其称："予惟前代庠序之教不
修，士病无所于学，往往相与择胜地，立精舍，以为群居讲习之所，而为政
者乃或就而褒之，若此山，若岳麓，若白鹿洞之类是也。"②

"三书院"所指高度一致，界说清楚，从来就指岳麓、石鼓、白鹿洞，
而且又张本自朱熹，依常理而论，应该彰显而流行。但后来的史学文献之家
如王应麟、马端临等偏不钟情于"三"，而取众说纷纭的"四"。于是，"三
书院"之说失传，尚待本书重揭于世，"四书院"之说则成为宋初著名书院
的代名词而得以通行。

"五书院"之说见于南宋人吕大中《宋大事记讲义》卷十，其称："国家
肇造之初，为书院者有五，曰嵩阳书院，曰石鼓书院，曰岳麓书院，曰应天
府书院，曰白鹿书院。今嵩阳、应天二书院不可考，而石鼓书院淳熙中得潘
侯時而复兴，岳麓书院又得张、朱二先生振之。"③④

考"五书院"之说，其义有二：一是并取石鼓、嵩阳二院，而不作二者
取其一的选择，则"五书院"实为"四书院"之说的折中版；二是南宋时
期，北方嵩阳、应天府二书院沦于金人治下而不可考，五书院去二，实际仅

① 吴泳. 鹤林集: 卷三十八 [M] // 陈谷嘉, 邓洪波. 中国书院史资料. 杭州: 浙江教育出版社,
1998: 129.
② 朱熹. 衡州石鼓书院记 [M] // 陈谷嘉, 邓洪波. 中国书院史资料. 杭州: 浙江教育出版社,
1998: 111.
③ 邓洪波. 石鼓书院志补遗: 卷二 [M] // 石鼓书院志. 长沙: 岳麓书社, 2009: 265.
④ "五书院"说又见南宋刘时举《续宋编年资治通鉴》卷十，亦引自吕氏之说，载上书第
257—258页。

存岳麓、石鼓、白鹿洞三书院，故"五书院"说又可视作"三书院"之说的扩展版。

三、天下书院三四家

无论是"三书院""四书院"，抑或"五书院"，越过门户之见，它所代表的仅是一种称谓而已，其所指称者，无非就是说，宋初有那么三家或者四家、五家书院可以称闻天下。今统计三、四、五家各说，除去重复，计有岳麓、石鼓、白鹿洞、嵩阳、应天府、徂徕、茅山七书院，它们是南宋的书院建设者所认定的宋初天下著名书院。以下我们将和读者一起，翻阅历史画卷，领略这些天下名院的风采。

岳麓书院，在湖南长沙岳麓山抱黄洞下。唐末五代时僧人智璇在此建屋聚书，召集士子读书其中。开宝九年（976），潭州太守朱洞接管智璇设立的办学设施，扩充规模，增置图书，创立书院，设有讲堂5间，斋舍52间。咸平二年（999），李允则继任潭州太守，扩建书院，并奏请朝廷赐书，奠定了岳麓书院由讲学、藏书、祭祀、学田四部分构成的基本格局，强化了教育教学功能的书院规制，促成了湖湘坚持兴学、发展文化事业的社会风气，建立与礼乐之邦洙泗、邹鲁比高的自豪感。这种风气和心理机制的形成，正是岳麓书院在三兴官学运动中得以保存而不衰的重要原因之一。大中祥符五年（1012），周式任山长。他是岳麓书院可考的第一位山长，也是中国书院发展史上最早的山长之一。周式在岳麓书院聚集数百名生徒相授受，可以树为榜样，自然引起了最高当局的重视。于是，真宗皇帝在大中祥符八年（1015）召见周式于便殿，拜其为国子监主簿，给一个普通的书院山长以极高的礼遇。但周式心系岳麓，执意还山，真宗乃赐给对衣鞍马、内府秘籍及御书"岳麓书院"匾额使归教授。于是，岳麓之名称闻天下，鼓箧登堂者不

绝，岳麓书院在全国的特殊地位得以完全确立。自此至北宋末年，岳麓书院一直兴学不断。所不同的是，它曾一度以"潭州三学"著称于世，确立了高等学府的地位。

白鹿洞书院，在江西庐山白鹿洞，由五代时期的庐山国学发展而来。北宋初年，江州地方士人开始于白鹿洞建书院。太平兴国二年（977），因前来求学生徒日众，时任江州知州的周述向朝廷请赐国子监九经，以供生徒学习。咸平五年（1002），宋真宗命地方官员修缮白鹿洞，塑孔子及十弟子像。皇祐五年（1053），孙琛就白鹿洞故址建学馆10余间，以教四方学者。然而，据书院史著名专家李才栋先生考证，北宋时期的白鹿洞书院三起三落，连续办学时间前后相加仅有9个年头，生徒人数只有数十人，规模不大；师长声望不高，社会影响不彰，其名尚不得与东佳、华林、雷塘鼎峙江南东西路的三所著名书院相提并论。因此，除了起始较早，基础较好，曾受朝廷赐书之外，实不能称为大书院，宜乎范成大不将其列名宋初四书院之中。白鹿洞真正成为海内名书院，是南宋淳熙年间朱熹重建并讲学，订立学规，请朋友吕祖谦作记以后才有的事情。白鹿洞的声名鹊起，实乃南宋理学家推广之功。

石鼓书院，在衡州石鼓山。唐代元和年间，李宽建院读书其中。宋至道三年（997），郡人李士真向郡守申请创建书院于李宽结庐读书之地，以为衡阳士人肄业之所。景祐二年（1035），集贤校理刘沆知衡州，上疏请赐"石鼓书院"匾额。在官学运动中，它被改为衡州州学，故史志多有"石鼓书院实州学"的记载，这也从一个侧面反映出当年书院替代官学的实际情况。熙宁年间，知州王中和延聘秀才陈胄为山长，其学行文章皆为人称道，被谪居雁城的前宰相刘挚引为知己，诗文唱和，弦歌相守，并命两子从其问学。

应天府书院，在应天府（今河南商丘）城西北。其前身是"睢阳学舍"，五代后晋（936—947）时戚同文讲学之所。大中祥符二年（1009），郡人曹诚就学舍旧址建屋聚书，捐给政府，真宗赐额"应天府书院"。因戚同文人称睢阳先生，且应天府后来改名南京，故历史上又称其为睢阳书院、南京书院。景祐二年（1035），改为应天府府学。庆历三年（1043），改为南京国子监，其地位更高于地方一般官学，而与东西两京的国子监鼎足而立，交相辉映，成为官学运动中的一个亮点。

嵩阳书院，在洛阳登封太室山麓。原名太乙书院，五代周世宗时建。宋至道二年（996）七月，朝廷赐额太室书院及印本九经书疏。大中祥符三年（1010）四月，增赐九经。景祐二年（1035），敕西京重建，改赐"嵩阳书院"额。宝元元年（1038），赐田十顷。庆历兴学以后，渐至废弃。范仲淹、司马光、程颢、程颐等先后讲学于此，一时名流聚会，养成书院与学术相结合的传统，其时院中学生常有"数十百人"，奠定了洛学的规模。

茅山书院，又作金山书院，在江宁府金坛县三茅山。宋初处士侯遗创建，教授生徒，并自营粮食，讲学十有余年。仁宗时期，王随知江宁府，奏请于茅山斋粮庄田内拨田三顷，以充书院赡用。侯遗卒后，室空徒散，书院渐废，其地遂为崇禧观所占，直至南宋端平年间始异地重建。

徂徕书院，在兖州奉符（今山东泰安）徂徕山长春岭。石介建以讲学之所，因此，人称石介为徂徕先生。其实，石介致力最多的不是徂徕书院，而是为其老师孙复所建的泰山书院。在徂徕书院他们讲学读书近十年，集合一批学者，开创了书院与学术道统相结合的传统。

叙述至此，我们可以作一小结：在宋初80余年间，分布于南京、西京、潭州、衡州、江州、江宁、兖州的"天下四大书院"，抑或"三书院""五书院"，依凭着中央与地方官府这样一个强大的权力资源，扮演着替代官学的角色，它们和位居京师开封府的国子学一起，实际构成从地方到中央的官学体系，承担着国家最主要的教育任务。这种状况，从太祖朝一直到仁宗景祐年间先后改书院为州府学时才开始改变，到庆历兴学时基本结束。此其一。

其二，"四大书院"替代官学数十年之久，挟其影响全国的显赫声势，强化了书院的教育功能。从此，具备学校性质的书院成为主流，招收士子肄业其中成了书院最主要的功能，办学与否成为区分书院是否正宗的依据，影响所至，人们遂以教育教学为书院最主要的功能。其三，替代官学的宋初四大书院，可以视为中国书院教育制度基本成立的一个标志。作为一种走向成熟的教育制度，书院包含讲学、藏书、祭祀、学田四大基本规制。这一点以号为天下四大书院之首的岳麓书院最为典型，它在咸平年间的李允则时代就已经确立，时在公元 10 世纪末。

第五节　官学三兴与书院的流变

经过近百年的休养生息和人民的辛勤开发，北宋的农业、手工业和商业都有显著发展，社会经济继盛唐之后，再次呈现出繁荣局面。政府已摆脱开国之初的窘境，完全具备了兴复和发展官学系统的实力，因此自庆历四年（1044）开始到宋室南迁，即 1044—1126 年，80 多年时间就开展了三次兴办官学的运动。正是在这种形势下，书院开始了新的发展历程。

一、兴学运动中书院与官学的互动

振兴官学运动的更直接原因是不满"不务耕而求获"的科举制度及其愈演愈烈的弊端。自隋唐以来，学校和科举就成为封建社会养士与取士的正途，宋初无力兴学而大倡科举，几倍几十倍地扩大科举名额，本属不正常，虽然曾努力于培植书院以代官学，但书院数量毕竟有限，北宋前期全国仅

20 所左右，且最大规模者如岳麓书院，先前只有 60 余名学生，最多也只有数百人就读，改变不了国家养士、取士的跛脚局面。更何况士人贪图名利，不务实学，因循为弊，"遂隳素业，颓弛苟简，浸以成风"①。因此，一些有识之士纷纷起来批评这种状况，要求政府兴办官学，整顿科举。于是，宋仁宗改变政策，在坚持 20 年支持书院之后，转而开始了支持官学的复兴，于是全国先后出现了三兴官学的运动。

第一次兴学运动是范仲淹发起的，是庆历新政的一部分。范仲淹对不教而择人的科举制度极为不满，天圣年间曾多次上书要求改变这种"不务耕而求获"的弊端。庆历三年（1043）八月，他任参知政事，第一次《答手诏条陈十事疏》中，第三件事就是"精贡举"。次年三月，仁宗皇帝从其议，诏令兴学。庆历兴学的重点：一是整顿国子监，并令州县皆立学，建立从中央到地方的完整的学校教育系统；一是规定士须在学三百日，才能参加科举考试，以确保学校教育的权威性。

第二次兴学运动是王安石发起的，是其变法的一部分。早在嘉祐三年（1058）王安石在长达万言的《上仁宗皇帝言事书》中就提出人才救国的思想，以及教之、善之、取之、任之的全面改革教育的设想。熙宁二年（1069），他任参知政事，开始实行变法，并着手实施改革科举、兴办学校的主张：在太学实施三舍法，增设武学、律学、医学、蓄学，在全国各路、州、府设学官 53 员，规定《三经新义》为各类学校必读教材。其中最主要的是三舍法，它规定将太学分为外、内、上三舍，外舍生 700 人，年终考试，成绩优秀者升内舍；内舍生 200 人，每两年升级一次，升上舍；上舍生 200 人，学行皆优者可直接授予官职。它的意义在于以三舍进取替代科举考试，将学校教育的地位进一步加强。

---

① 马端临. 文献通考: 卷三十一 [M]. 北京: 中华书局, 2006.

第三次兴学运动是蔡京发起的，它开始于崇宁元年（1102），其主要内容是建辟雍，增加州学、县学学生名额，设置各路提举学司，管理一路之州县学政，以加强国家对官学教育的行政领导。

三兴官学运动的主要目的是恢复和发展从中央到地方的完整的学校教育体系，并确立其权威性，进而以升舍之法取代科举考试，集养士、取士于官学教育之途。虽然由于种种原因，三次兴学的最后结果与主持者的预期目标可能有距离，但总的来讲是较成功的。史称，自庆历四年（1044）"诏天下皆立学，置学官之员，然后海隅徼塞，四方万里之外，莫不皆有学。……宋兴，盖八十有四年，而天下之学始克大立"①。陈傅良于淳熙十五年（1188）所作的《潭州重修岳麓书院记》也说："熙宁初，行三舍之法，颇欲进士尽由学校，而乡举益重教官之选，举子家状必自言尝受业某州教授，使不得人自为说。崇宁以后，舍法加密，虽里闾句读童子之师，不关白州学者皆有禁。"

各地兴学运动的开展以及运动中书院与官学的互动等情况各不相同，仅以湖南为例来作说明。北宋后期的湖南地区虽不是每州每县都建立了学校，但整个官学教育的基础却奠定于此时，据《湖南教育史》统计，宋代13所路州郡监学中，有11所是北宋建立的；31所县学中，也有11所是明确记载为北宋建复的。②这时也不乏兴办官学的积极之人，如前述之王定民，元祐中他先后为衡阳、湘阴县令，在其任上就将石鼓、笙竹二书院分别改为州县之学。耒阳县令江滋还因兴学有功而得到晋升的奖励，光绪年间《湖南通志》卷九十四记载："江滋，建安人，元符中知耒阳县，作新学校，工成独先他邑。事闻，进秩一等。"

---

① 吉州学记 [M] // 欧阳修. 欧阳修全集：卷三十九. 北京：中华书局，2001：572.
② 冯象钦，刘欣森. 湖南教育史：第一卷 [M]. 长沙：岳麓书社，2002：168–169.

官学的普遍建立及其权威地位的确立，意味着书院替代官学作用的完成。宋人洪迈记载"及庆历中，诏诸路州郡皆立学，设官教授，则所谓书院者当合而为一"①，正是这种情况的反映。湖南地区在大兴官学前创建且充当替代角色而办得最有成效的几所书院，在兴学运动的过程中都改演角色而列入官学的阵营，衡阳石鼓、湘阴笙竹二院分别改为州学、县学，岳麓、湘西二院则与潭州州学连为一体，形成所谓"潭州三学"的结构。

　　岳麓书院虽然在宋初位居天下四大书院之首，名甲天下，但在大兴官学的运动中同样免不了受到冲击。绍圣四年（1097），朝廷下令开鼓铸以兴冶炼之业。这时潭州州学早已重建招生，执行鼓铸令的使者大概以为岳麓书院为多余之物，抑或是看中了书院的地皮，提出将其改建为鼓铸之所。此议受到潭州属邑湘阴县县尉朱辂的反对，据光绪年间《湖南通志》卷一百六十四记载，当时"辂抗言乡校不可毁。使者困之，辂不为惧"，经过一场较为严峻的抗争之后，书院才未因鼓铸而废弃，保持了与州学并行的地位。但时隔不久，在各州县推行"三舍法"时，官府以一种特殊方式，将岳麓书院与州学"合而为一"。

　　元符二年（1099），"初令诸州行三舍法，考选升补悉如太学"②，到崇宁四年（1105），全国各州县就已"悉行三舍法"了。当时的通行做法是，在州学或县学设外、内、上三舍，依照太学考试升舍的办法进行教学管理，但潭州的地方官却别出心裁地推出了"潭州三学"方案以应诏令。"三学"的最早记载见于《宋史·尹谷传》。明代所编《岳麓书院志》的记载则较详备，其谓："宋潭士目居学读书为重，岳麓书院外，于湘江西岸复建湘西书院，州学生月试积分高等，升湘西书院生；又分高等，升岳麓书院生。潭人

① 洪迈. 容斋三笔［M］// 陈谷嘉, 邓洪波. 中国书院史资料. 杭州: 浙江教育出版社, 1998: 48.
② 宋史: 卷一百五十五［M］// 宋史: 第11册. 北京: 中华书局, 1977.

号为三学生。"①由此可见，所谓"三学"，即指潭州州学、湘西书院、岳麓书院三位一体，分成三个等级。学生通过考试，依太学升舍之法以积分高等逐级递升。在"三学"中，岳麓书院位同上舍，是潭州地区的最高学府。

"潭州三学"展示的是书院和官学的"合而为一"，或者说是书院的官学化倾向，但它仍然是书院替代官学现象的特殊反映。湘西书院是经地方官申奏之后赐建的，岳麓书院的创办、修复和扩建，也是由地方长官主持的，得到了最高统治当局的赐书、赐额，山长周式被真宗皇帝接见之后，即以朝廷命官国子监主簿的身份主讲院中。天圣八年（1030），另一位岳麓山长孙胄也被漕臣奏乞特授官职②，所有这些都无声无形地将州学的职责赋予了书院。因此其他地方在推行三舍法之时，潭州将书院与官学连为一体，并纳入"潭州三学"的特殊结构之中就不是偶然的了。但是，我们也应该看到，岳麓、湘西二书院地位高于州学，特别是岳麓书院成为"潭州三学"中的最高学府，说明该书院的教学水平、教学质量已高居州学之上，反映出该书院在替代官学的过程中，已经形成自己的特点，并发展成为一种新的富有生命力的、官学所无法替代的优势。

"潭州三学"的意义还在于确立了岳麓书院作为高等学府的地位，开创了岳麓山作为湖南高等教育基地的历史，体现了书院在我国古代地方文化发展事业中的贡献。

二、北宋后期书院的流变

自庆历兴学令下，各府、州、县皆设学置官，普天之下，莫不有学。

---

① 赵宁. 新修长沙府岳麓书院志：卷三 [O]. 清康熙二十六年刊本.
② 胡宏. 与秦桧之书 [M] // 陈谷嘉，邓洪波. 中国书院史资料. 杭州：浙江教育出版社，1998：107.

地方各级官学的建立及其权威地位的确立，意味着书院替代官学作用的完成。名列天下四书院或三书院的宋初几所著名书院，在官学运动中或被废弃、停办，或被改作他用，或被僧道所占，或被改为州府之学，几乎全军覆灭，唯岳麓书院以天下书院之首的地位灵光仅存。岳麓书院虽高居潭州州学之上，但也是并入"潭州三学"的体制始得运行，而且差点逃不脱被改作鼓铸冶炼之所的命运。至此，书院在宋初获得的那种显赫声名几乎丧失殆尽。

然而，声势的失却并不意味着书院发展历程的中断，恰恰相反，书院在北宋后期获得了比前期更快的发展速度。据曹松叶的统计，自仁宗庆历至北宋末年，时间与北宋前期相比只少一年，但建复书院总数25所，超过前期2倍多。其中仁宗庆历以后20年（1044—1063），建复书院10所，位居宋各朝之首。20世纪60年代，孙彦民在其著作《宋代书院制度之研究》中，统计仁宗以降六朝共建书院21所，是宋初书院的1.6倍，其中仁宗时期8所，数量也是最多的。20世纪90年代，白新良先生统计庆历以后建复书院共36所，是宋初的1.7倍，神宗时期最多，有11所。曹、孙、白三家的统计数字虽然互有出入，但其结论相同：庆历兴学以后，书院仍然在发展，并且是以比宋初更快的速度发展。书院的绝对数字，北宋后期也要比前期多出1.5倍以上。关于这一点，有必要在这里予以强调，因为以往的研究，总认为庆历兴学后书院即处于停滞状态，而没有注意到它继续发展的事实。

整个北宋时期，书院的发展情形是：在前期，由于政府的扶持褒扬，书院虽然数量较少，但名气很大，号动天下，其教学功能得到了强化，显得十分突出；到后期，书院失去了政府的支持，表面上冷落，但数量增多，获得了较前期更快的发展，其文化功效则呈多彩之姿。

北宋后期书院的继续发展，得力于以士人为主体的民间力量的支持。以书院最发达的江西为例，庆历至靖康（1041—1127）年间，共创建24所书院，可以确定其创建者的有 21 所，其中赣州清溪书院为知州赵抃所建，仅此一所乃官府所建，所以民力对于书院发展的决定性作用显而易见。北宋湖南新建 12 所书院，其中庆历以降有 6 所书院是士人所建。这些情况证明，北宋后期民间力量已重回历史舞台，虽无宋初官府实力强大、坚决，但却实实在在、沉默无声地推动着书院向前发展。

北宋后期书院的发展，既得力于士人的支持，也满足了士人不同层次、不同类型的文化需求。比如洞庭湖区青草湖（今属湖南岳阳）边的石鼓书院，原本是朱陵仙府（一作朱陵洞），唐人题刻散满岩石，颇有人文景观，但岁久荒凉。据张舜民作于元丰年间（1078—1085）的《郴行录》记载，"至庆历中，因其地建为石鼓书院"。这所略有规制且有近 40 年历史的书院，因为僻在江郊，而且张游览时又值三冬寒露时节，所以"学者未尝游焉，唯守将之，好事者岁时一为登览，燕游之地也"①。可见石鼓书院更多的功能只是文人墨客把酒论文、登览赋诗的处所，它与衡阳石鼓书院教学授受的功用大不相同。此种不同类型的书院，体现了书院作为文化组织对各种文化需求的适应力，而其创建于庆历兴学运动之中，更说明书院就算没有官府的支持仍然能够生存。

北宋中后期，是其思想文化进入成熟的阶段，古文运动深入发展，道学（即后世所谓理学）兴起，因而士人的文化需求往往又体现在这两方面。古文运动的领袖人物中，欧阳修曾作《吉州学记》为官学兴起而欢呼，还在皇祐元年（1049），于颍州（今安徽阜阳）知州任上创建西湖书院；范仲淹于康定二年（1041），以延州（今陕西延安）知州身份创建嘉岭书院；曾巩在嘉祐年间（1056—1063）于其家乡临川创建兴鲁书院；王安石年轻时也有

---

① 张舜民. 画墁录: 卷八 [M] // 陈谷嘉, 邓洪波. 中国书院史资料. 杭州: 浙江教育出版社, 1998: 68.

在宜黄县鹿冈书院随杜子野学习的经历。①②这说明，古文运动的倡导者曾利用书院传播其学说，也即是说，书院可以满足古文运动者的文化教育需求。

北宋理学家也有建立书院或与书院发生密切联系的记录。如被尊为理学开山祖师的周敦颐，长期在江西做官讲学并终老其地，李才栋先生在《江西古代书院研究》中就认定，与周敦颐讲学相关的濂溪书院共有修水（景濂）、萍乡之芦溪（宗濂）、江州（濂溪）、虔州（清濂）四所。周敦颐的学生程颢、程颐兄弟，创立洛学而奠定理学基础，时称"二程"，皆曾讲学于嵩阳书院。程颢在熙宁、元丰间任扶沟县知县 5 年（1075—1080），曾建书院讲学，后人以其号称明道书院，或作大程书院，历宋、明、清三代办学，其院舍至今保存完好，被列为县级文物保护单位。③程颐则于元丰五年（1082）沿用唐人王龟松斋书堂故事，请得文彦博赠地，及粮地十顷，在洛阳伊川创建伊皋书院，"以为著书讲道之所，不惟启后学之胜迹，亦当代斯文之美事"。从此直至逝世凡 20 余年，只要他人在洛阳，基本都在伊川著书讲学，成就人才众多，人称伊川先生。④⑤

二程的学生杨时，是理学南传的重要人物。政和四年至建炎三年（1114—1129），他在无锡讲学 15 年之久，建有东林书院，又以其号称作龟山书院。其学经罗从彦、李侗而传至朱熹，终于开创了理学的全盛时代。长期的学术浸润，也宜乎其学光大于明代，以规正王阳明之学和关心家国天下事而称名于世。

① 李才栋. 江西古代书院研究 [M]. 南昌: 江西教育出版社, 1993: 100–101.
② 白新良. 中国古代书院发展史 [M]. 天津: 天津出版社, 1995: 7.
③ 郝万章. 程颢与大程书院 [M]. 郑州: 中州古籍出版社, 1993: 63–68.
④ 苗春德. 宋代教育 [M]. 开封: 河南大学出版社, 1992: 92–94.
⑤ 安国楼. 嵩阳书院与二程理学 [J]. 郑州大学学报, 2000: 5.

　　凡此种种，都表明书院作为一种文化教育组织可以满足人们不同的文化需求，不同追求、不同爱好的人皆可以运用书院来实践自己的理想，凝聚成一种超强的文化适应力。正是这种适应力，使得北宋后期的书院呈现出丰富多彩的文化功效，作为主流的学校性质的书院之外，还衍生出墨客游览、骚人放歌、学者著述、大师传道等不同类型、各有特色的书院。毫无疑问，这是书院在北宋后期发生的一种具有积极意义的流变。

　　在这些流变中，以讲求学术为目标的追求值得引起特别注意。它为书院的发展开辟了另一种更具文化意义的方向，其直接的结果是南宋书院与理学的一体化。推溯其源，则是前述宋初三先生在泰山、徂徕书院的讲学活动。

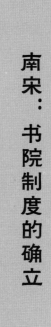

第三章

南宋：书院制度的确立

南宋是书院发展史上最重要的一个历史时期，开创了书院历史的新纪元，它的最大特点是，在学术大师的指导下，使书院作为一种文化教育制度得以完全确立。其表征有二：一是书院与理学的一体化。南宋的学术大师们肩负着发展学术的时代使命，承唐代书院整理典籍、辨彰学术之绪，以书院为基地，各自集合大批学者，努力经营自己的学派，总合古今学说，集成学术成就，再造民族精神，将学术与书院的发展推向一个前所未有的繁荣时期，并由此开创出一个书院与学术一体化的传统。从此，书院作为一种组织，成为推动中国学术事业发展的重要力量，学术的演进与流变成为书院的内部事务。二是书院教育制度得以完全确立。书院制度是一种文化教育制度，它是儒道释三家文化融合的结果，又为这种新文化的发展服务，其教书、育人功能为这种"服务"所派生，属于传播文化的功能之一。它不仅吸取了官学与私学的经验教训，而且采纳了佛教尤其是禅宗丛林、精舍，以及道家宫观传法讲学的经验。正因为这样，它在目的、功用、手法上形成了博取各家长处而又与之相区别的特色。书院制度的形成，标志着我国教育事业进入官学、书院、私学三足鼎立或者说三轨并行的时代。

第一节 南宋书院发展概况

南宋时期，历高宗、孝宗、光宗、宁宗、理宗、度宗、恭帝、端宗、帝昺，凡 9 帝共 153 年（1127—1279）。统计数字表明，是期书院总数为 442 所，是北宋的 6 倍，就是唐五代北宋共 500 余年间所有书院的总和（143 所），也只占其总数的 1/3。南宋时期每省书院平均数为 40.181 所、每年平均数为 2.071 所，每朝平均数为 49.11 所，分别是北宋同类数据（5.214、0.437、8.111）的 7.7、4.7、6.1 倍。这种情况表明，书院在南宋已经步入快速发展的繁荣时期。

在南宋 442 所书院中，有 317 所是可以确定其创建或兴复于南宋的，其余 125 所则分不清是南宋还是北宋所建，但在南宋时期皆有活动。

与南宋大体同时的金朝，以少数民族政权控制着中原及其以北地区，受南宋影响，先后修复、创建了 10 所书院。与辽代只有 1 所书院相比，是一种进步，但比同期的南宋则相距太远，根本无法相较。然而，我们还是不能低估其维系斯文于不坠的文化意义，以及其对元代以后北方书院发展所起的薪火相传的积极作用。

一、南宋书院的区域分布

南宋 442 所书院，分布在今江苏、安徽、浙江、江西、福建、湖北、湖南、广东、广西、贵州、四川 11 个省区，每省平均为 40.181 所，是北宋每省平均 5.214 所的 7.7 倍①，其蓬勃发展之势，由此可见一斑。书院最多的是江西省，以 147 所高居榜首，最少的是贵州省，仅有 1 所，两者相差 146 倍，发展很不平衡。依据每省 40.181 所的平均数值，我们可以将南宋各地书院的分布情况划作三个区级。

一级：40 所以下，低于平均数，有江苏、安徽、湖北、广东、广西、贵州、四川 7 个省区，皆属于南宋时期的书院不发达地区，从地理位置上看，也属于南宋领土的周边地区。

二级：40—80 所，略高于平均数，有福建、湖南 2 个省，属于是期书院相对发达地区。

三级：80 所以上，约略高于平均数 1 倍，有浙江、江西 2 个省，属于南宋书院最发达地区。

考察南宋书院的区域分布情况，有几个特点应该引起我们注意。

第一，总的来讲，书院的势力范围比之北宋仍有扩大。一方面，南宋的广西书院建设不再空白，建有 11 所书院，与华南其他区域连为一片；另一方面，北方领土虽然丢失，但若计入辽、金境内之山西、山东、河南、湖北、河北 5 省书院，南北方合计有 15 个省区有书院分布，比之北宋时期的 14 个省区，书院建设也显示出继续扩张之势。

第二，书院分布不均，突显发展的不平衡性。书院最多的江西与最少的贵州之间，相差有 146 倍。第二多的浙江有 82 所，第二少的湖北有 9 所，两者相差也有 8.1 倍。如此大的发展不平衡不见于北宋以及唐五代。可见，在快速发展、总体扩张的形势下，地区发展不平衡也呈现迅速扩大

---

① 此为南方的情况。与此同时，在金控制的北方地区有 10 所书院，分布在山东、山西、河北、河南、湖北 5 省，每省平均为 2 所。如果南北方合计，扣除重复，共 15 个省区有书院，则每省平均数为 30.13 所，也是北宋时期的 5.78 倍以上。因此，无论从哪个方面讲，南宋时期的书院已经进入盛况空前的发展阶段。

之势。

第三，江西书院以高出平均数 2.6 倍的绝对优势，继五代、北宋之后第三次高居榜首，继续充当书院建设的发动机，引领着书院快速发展。

第四，以江西为中心，周边的浙江、福建、湖南皆高于省平均数，形成了一个占书院总数 74.43%，势力强大的书院密集区，改变了以前书院呈点、线分布的格局，出现了书院大面积片状分布的态势。这标志着书院经历 500 余年的发展之后，终于在南宋迎来了它的繁荣昌盛时期。

第五，书院发达地区的形成，有政治、文化、经济等诸多原因。浙是首都临安所在地，冠盖云集，有诸多政治资源可以利用，同时又是浙东学派的基地。赣、闽、湘三省学术昌明，大学者居间讲学，四方从游者甚众，其鼓荡激扬，必然促使集合读书人的书院日渐兴盛。

二、南宋书院的时间分布

南宋 442 所书院中，能够考定其具体创建兴复年代的有 265 所，占总数的 59.95%，分布在高宗至端宗 8 朝中，另有 52 所只知其创建兴复于南宋而不能确定其具体年代。南宋各朝，书院数最多的是理宗朝，有 83 所；孝宗朝第二，有 63 所；以下依次是宁宗、度宗、高宗、端宗朝，分别为 47、40、31、1 所；光宗、恭帝朝为空白。兹依据书院数量，以朝代为单位，将南宋书院在时间上的分布，制作成如下一个坐标柱状图，见图 3.1。

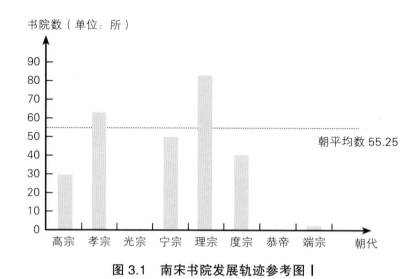

图 3.1 南宋书院发展轨迹参考图 |

图 3.1 是一个双峰并峙的图像，居于顶峰的是理宗、孝宗二朝。据图可知：

第一，南宋书院经历了两个大的发展阶段。双峰之间的光宗朝是一个天然分界线，其前，书院发展势头迅速爬升，到孝宗朝超过平均数，然后陡落到谷底；其后，再来一次爬升，到理宗朝到达一个更高的顶点。然后又下滑，到恭帝朝再至谷底。端宗朝想再爬升，但终究气数已尽。以上这样一个爬升—登顶—陡落—爬升—登顶—滑落的过程，大体就是南宋书院的发展轨迹图。

第二，书院的发展呈两个梯次。南宋 8 朝，每朝平均 55.25 所。其中光宗、恭帝二朝书院为零，端宗朝只有 1 所，皆可以忽略不计。第一梯次在 30—50 所之间，居平均线以下，为高宗、宁宗、度宗三朝。第二梯次超过 60 所，居水平线以上，为孝宗、理宗二朝，属书院数量的高密度时段，可以算作南宋书院的两个繁荣期。

南宋凡 153 年，平均每年 2.071 所书院。根据这样一个平均数，我们还可以绘制另一幅南宋书院发展轨迹图，见图 3.2。

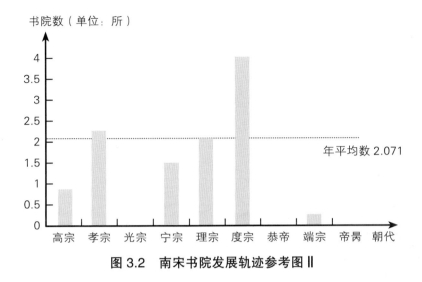

图 3.2　南宋书院发展轨迹参考图 II

图 3.2 也是一个双峰图，但居于顶峰的是孝宗和度宗朝，理宗朝的指标已经降下来，故而，此双峰已非彼双峰矣，难以相提并论。由于每朝时间长短不同，理宗朝书院总数虽然最多，但其发展速度不是最快的，而且居于孝宗朝之后，位列第三。度宗朝书院总数居第四，但其发展速度则是最快的。孝宗朝则比较稳定，无论是书院总数还是年平均数，都居第二位，显示出孝宗朝是书院比较繁荣且发展稳健的黄金时期。此其一。

其二，从大势上看，以年平均数为基点，我们可以将南宋书院的时间分布由低到高，划分为二级。

一级：在平均数以下。高宗、宁宗、端宗三朝皆属于此列，相对而言发展速度还不是很快。当然，如果和北宋相比，除端宗一朝外，高宗、宁宗朝的年平均数都在北宋的年平均数之上，这也表明南宋书院的总体发展水平已大大高于北宋。

二级：超过平均数。有孝宗、理宗、度宗三朝。孝宗朝是南宋第一个高

速发展阶段。理宗朝略高于平均数，可以视作为度宗朝的发展作准备。度宗一朝，是书院发展速度最快的时期。它连续理宗朝而被视作南宋后期的书院辉煌之局。因此，可以说书院是以高速发展之势而骤然终止于南宋末年的战火之中的。

比较图 3.1 和 3.2，我们可以看出南宋书院的发展经历了前后两个时期，形成了两个高潮，并且后期比前期更为发达，其发展的大势是虽中间略有曲折，但呈一路攀升之势。

综上所述，我们可以将南宋书院 150 余年的发展历史划分为两个阶段。第一阶段，自高宗至光宗（1127—1194），共三朝凡 68 年，其特点是理学家掀起书院运动，使书院走上了与学术文化相结合的道路，而这种结合的激荡即形成第一个发展高潮。第二阶段，自宁宗至宋末（1195—1279），共六朝 85 年，书院和理学一起经历庆元党禁的磨难与考验之后，终于在理宗、度宗时期蓬勃发展，其制度亦日趋完善。

三、书院建设力量的对比与分析

如同书院起源于官民两途一样，书院的发展也受到官府和民间这两种力量的制约与影响。总的来讲，官民二者共同推进了书院的发展。但由于对书院的认识、兴办书院的目的、拥有的财力与社会影响力等各不相同，二者在书院发展的不同历史时期就表现出不同的历史作用，并进而使书院的发展呈现出不同的时代特征。因此，本书将特别关注官民二者在书院建设中的力量对比，分析它们所起的不同作用。

由于以往的学术统计，皆将两宋合并作宋代处理，我们只能运用这些数据来作分析。好在南宋书院数量大致是北宋的 6 倍，可以将其视作宋代书院的主体，故有关南宋的结论大致也就相当于宋代。

对于宋代官民二者在书院建设中的情况，曹松叶先生曾作过创设、兴复、改造人物的统计与分析，兹将其主要数据和结论开列如下表3.1：

表3.1　宋代书院创设、兴复、改造人物统计表

统计	类别						其他	合计
	民	不明	地方官	督抚	京官	敕奏		
书院数（所）	182	67	88	18	22	7	13	397
	249		135					
百分比（%）	45.84	16.87	22.16	4.53	5.54	1.76	3.27	—
	62.72		33.99					

结论："最明显的就是民立书院，占一个最重要的位置"；"宋代书院经始多由于士民，后来得到官力的赞助，皇帝的赐额赐书赐田，得到促进的力量，亦是不少。所以宋代书院，可说做官私合办时期"；而民力之兴盛与地方官之尽力，是因为"学者留意教育，同地方官视为应当负责的缘故"。

1997年，我们以当时的行政区划为单位，也做过一个统计，兹将宋代的总体情况列表如下表3.2：

表3.2　宋代书院建设情况统计表

统计	类别			其他	合计
	官办	民办	不明		
书院数（所）	110	509	101	0	720
		610			
百分比（%）	15.28	70.69	14.03	—	—
		84.72			

需要说明的是，以上两个表中，我们作了一些同类合并工作。曹先生将官的部分划分成地方官、督抚、京官、敕奏，似乎太细，可以合并。而"其

他"一项，收进士、教谕等，属于划分不当，因为教谕是地方学官，进士则例多为民。此其一。其二，古代中国是典型的官本位社会，官称父母以使民，大凡与官或官府发生关系的事情，都会记到官的身上，而绝不会只记其事而亡其名，更不会将官误入于民，或只记民而不记官。因此，凡地方志记为"民办"者皆货真价实，记为"官办"者则可能含有"民办"的成分，记为"不明"者绝不会是"官办"，而应划归到"民办"之列。于是，"民办"和"不明"也就可以作同类合并。

有鉴于此，我们可以得出如下结论：第一，宋代是民办书院主宰天下的时代，不是官私合办书院的时期，从整体上说，民间力量的强与弱决定着书院命运的盛与衰。北宋庆历以后书院的发展、南宋乾淳之盛局面的形成，皆与民力的决定因素相关。第二，官府虽不能决定宋代书院的整体命运，但它依凭着强大的权力附加值，仍然对书院的发展起着明显的推动和制约作用。宋初书院的盛大显扬，南宋后期书院的辉煌，都是官方力量的正面显现，而庆元党禁案对书院发展形成的阻力，又从反面表现出官方的力量。应该说，宋代书院发展得力于民间，它更多地反映和实现着民间形式多样的文化需求与理念。当这种需求和理念不为官方所反对时，书院建设即呈繁盛之势，而当它不为官方所接受时，往往就会形成冲突和矛盾，书院建设即现冷寂之象。好在赵宋政权兴文重教，官民二者相合者多，相冲者少，因此，无论是北宋还是南宋，书院发展都能以不同的形式呈现出相同的繁荣。

第二节　理学家与南宋书院的兴起

元代著名理学家吴澄曾将"讲道"和"读书"概括为两宋时期岳麓书院

的特点，其称："开宝之肇创也，盖惟五代乱离之余，学政不修，而湖南遐远之郡，儒风未振，故俾学者于是焉而读书。乾道之重兴也，盖惟州县庠序之教沉迷俗学，而科举利诱之习蛊惑士心，故俾学者于是焉而讲道。"①大而言之，这对抗俗学与科举利诱之习的"讲道"，又何尝不是南宋一代书院的特点。正是南宋的理学家们，以其强烈的社会责任感，承担着"讲道""传道"的历史使命，掀起了书院复兴运动，并以建设书院的目标和理想，使发展中的书院深深留下了理学家的时代烙印。

一、理学家掀起的书院运动

两宋之际，金兵南掠，溃卒作乱，再加以农民起义，四川往东沿江一线，战火连年，于北宋时期创建的书院，多数随战争灰飞烟灭，化为废墟。其时，虽然有些留心文教的士大夫想维系书院，如胡宏就曾辞却秦桧的召用，要求修复岳麓书院，并且任山长主持教学，但终因社会极度动荡等原因，都没有成功。因此，南宋初年一二十年间，全国书院建设基本处于一种停滞状态。

战争对官学的破坏则更为严重。首先，各地州、县之学和书院一样，多数毁于战乱，更可怕的是，当国家的前途与民族命运都处于危急关头之时，虽曾涌现陈朝老、邓肃、陈东等一批深明大义的壮烈之士，但总体情况则不看好，大部分由官学培养出来的士人累于功名，见利忘义。《三朝北盟会编》载："金人索太学生博通经术者，太学生皆求生附势，投状愿归金者百余人……比至军前，金人胁而诱之曰：'金国不要汝等作义策论，只要汝等

---

① 吴澄. 岳麓书院重修记[M]// 陈谷嘉，邓洪波. 中国书院史资料. 杭州：浙江教育出版社，1998: 321.

陈乡土方略利害.'诸生争持纸笔，陈山川险易，古今攻战据取之由以献。又妄指娼女为妻妾，取诸军前。后金人觉其无能苟贱，复退六十余人。复欲入学……"①可以说，这些太学生毫无社会责任感、正义感，甚至连起码的廉耻之心亦丧失殆尽。这种士风败坏的严酷事实，无情地宣告了北宋官学教育的失败，也预示将创造一种新的理论。此即所谓人心沦丧，价值观必须重建。这是当时所面对的来自士人内部的危机。

与此同时，还有农民起义军从外部提出的理论挑战。钟相、杨幺等农民军首领在揭竿而起的过程中，提出了"等贵贱，均贫富"的口号，并认为这是人心所向，是一种当然的天理。此所谓"天理""人心"者，表明农民军或多或少地借用了北宋理学家们的某些概念，大有以子之矛攻子之盾的含义在。这种情形也反映出以简单的说教已难以统治下层人民的现实，必须更新过时的理论。

正是这种士风败坏、人民反抗的严酷现实，向南宋新一代理学家们提出了收拾人心、重建伦常，以一种新的价值观念维系世道民心的任务。从现实出发，归返儒家经典，兼收释道理论，从各个方面探索，是为乾道、淳熙时期朱熹、张栻、吕祖谦、陆九渊等大师们的理学的集大成。他们艰深的理论重建工作，不属于本书的讨论范围，我们所关心的是，新的儒家理论如何传播而让士人、民众普遍接受的问题。

汉唐以来，官学一直是儒家最主要的传播机构。而此时的官学系统，因循故事，还在津津于举业功名。地方州县之学仍是"文具胜而利禄之意多，老师宿儒尽向之"②；而中央官学"所谓太学者，但为声利之场，而掌其教

---

① 宋人轶事汇编卷二十 [M] // 周勋初. 宋人轶事汇编: 一. 上海: 上海古籍出版社, 2015.
② 陈傅良. 潭州重修岳麓书院记 [M] // 陈谷嘉, 邓洪波. 中国书院史资料. 杭州: 浙江教育出版社, 1998: 109.

事者，不过取其善为科举之文，而尝得售于场屋者耳"，极少讲学，"间相与言，亦未尝开之德行道义之实，而月书季考者，又只以促其嗜利苟得，冒昧无耻之心，殊非国家之所以立学教人之本意也"。①

为了改变这种现象，理学家们曾做了大量工作。他们或亲临各级官学讲学，或重修新建书院，作记规劝，思有以振。如朱熹，仅于文渊阁四库全书本《晦庵集》卷七十八、七十九、八十中，就能翻检到《建康府学明道先生祠记》《徽州婺源县学藏书阁记》《衢州江山县学记》《静江府学记》《袁州州学三先生祠记》《建宁府建阳县学藏书记》《建宁府建阳县学四贤堂记》《隆兴府学濂溪先生祠记》《信州铅山县学记》《徽州婺源县学三先生祠记》《琼州学记》《韶州州学濂溪先生祠记》《建宁府崇安县学田记》《漳州州学东溪先生高公祠记》《黄州州学二程先生祠记》《鄂州州学稽古阁记》《邵州州学濂溪先生祠记》《信州州学大成殿记》等文字内容，涉及地方府、州、县学，范围遍及南宋全境；谈及的问题有建设、学田、藏书、祭祀等，层次之多，关乎官学的各个方面。其拳拳之心，显而易见。尤其是反复推介周敦颐、二程之学于官学，至少在朱子的心目中，官学原本就是传播理学的当然场所，并努力实践着在官学中推广其以濂溪、明道、伊川为道统的理学理论。

但是，实际的情形令人失望，"此邦学政其弊久矣，士子习熟见闻，因仍浅陋，知有科举而不知有学问"②。终因积弊太久太深，难以改观。"今日学校科举之教，其害将有不可胜言者……而莫之救也"。因此，想要更好、更快地传播新的理论，就只有另辟新的途径了，诚如朱熹《衡州石鼓书院

① 朱熹. 学校贡举私议［M］// 孟宪承, 陈学恂, 张瑞璠, 等. 中国古代教育史资料. 北京: 人民教育出版社, 1980: 217–218.

② 信州州学大成殿记［O］// 朱熹. 晦庵集: 卷八十. 文渊阁四库全书本.

记》所称：

> 郡县之学，官置博士弟子员，皆未尝考其德行道艺之素，其所授受，又皆世俗之书，进取之业，使人见利而不见义，士之有志于为己者，盖羞言之。是以常欲别求燕闲清旷之地，以共讲其所闻。①

唐以来的书院正好建于名胜风景之区，有山川之胜，而无市井尘声，且自拥学田，富有藏书，能使人远离声利之场，安于学业，静心修身，自然就成为理学家们所钟情的布道之地了。当年，张栻一见"背陵而面壑，木茂而泉洁"的岳麓书院，就"爱其山川之胜，栋宇之安，徘徊不忍去。以为会友讲习，诚莫此地之宜也"②，即是此种情形的反映。从此，理学家即发动了一场绵延数十年之久的书院建设运动。

在南宋，最先将理学和书院结合到一起的是湖湘学者，而始开其风者为胡安国父子。在理学史上，胡安国与杨时并享南传洛学之功。真德秀曾说："二程之学，龟山（杨时）得之而南，传之豫章罗氏（罗从彦），罗氏传之延平李氏（李侗），李氏传之考亭朱氏（朱熹），此一派也。上蔡（谢良佐）传之武夷胡氏（胡安国），胡氏传其子五峰（胡宏），五峰传之南轩张氏（张栻），此又一派也。"③可见胡氏父子地位之重要。建炎四年（1130），胡安国从荆门避居湖南，于衡山之麓（今属湘潭）买山结庐，称作碧泉书堂（也有作讲舍、精舍者），居以讲学授徒。其后，他在南岳又建有文定书堂，在"奔走"中完成了代表作《胡氏春秋传》。直至绍兴八年（1138）逝世于碧

① 陈谷嘉, 邓洪波. 中国书院史资料 [M]. 杭州: 浙江教育出版社, 1998: 111.
② 张栻. 岳麓书院记 [O] // 赵宁. 新修长沙府岳麓书院志: 卷八. 清康熙二十六年刊本.
③ 真德秀. 西山先生真文忠公读书记: 卷三十一 [O]. 宋开庆元年福州官刻元修本.

泉书堂。其子胡宏，"有继述其先人之志"，曾上书宰相秦桧，请其念故旧之情，而令潭州太守修复岳麓书院，"特命为山长"，"给以廪禄"，"于以表朝廷崇儒广教之美"，并实现自己"可以继古人之后尘，而为方来之先觉"的理想①，但没有得到秦的支持。

经此挫折，胡宏乃决定扩建碧泉书堂为碧泉书院，以为会文讲习之所，以便和朋友一起"寻绎五典之精微，决绝三乘之流遁"。碧泉书院"南连恒岳，北望洞庭。居当湘、楚之中，独占溪山之胜。震风凌雨，人知扬子之洴犟。寒士欢颜，心壮杜陵之突兀。帷下不窥于董圃，车喧宁接于陶庐。期圣奥以翻经，立壮图而观史。由源逢委，自叶穷根。明治乱之所由，岂荣华之或慕。贫者肯甘于藜藋，来共箪瓢，至而未断其贤愚。惟应诚笃，无行小慧以乱大猷。各敬尔仪，相观而善。庶几伊、洛之业可振于无穷，洙泗之风一回于万古"②。其时，张栻、彪居正、胡大原等一大批学者云集门下，切磋学术，"卒开湖湘之学统"③。

在创办书院讲学的同时，胡宏又发表《碧泉书院上梁文》，分析"斯文扫地，邪说滔天"的学术形势，对"干禄仕以盈庭，鬻词章而塞路"现象予以批评，并发出了"伏愿上梁以后，远邦朋至，近地风从，袭稷下以纷芳，继杏坛而跰跻。……驱除陋习，纲纪圣传，斯不忝于儒流，因永垂于士式"④的倡议。于是，"葺学校，访儒雅，思有以振起，湘人士合辞以书院请"⑤。三湘学者闻风而动，纷纷创建书院以响应。据记载，仅绍兴、隆

---

① 胡宏. 与秦桧之书［M］//陈谷嘉，邓洪波. 中国书院史资料. 杭州: 浙江教育出版社, 1998: 107.

② 胡宏. 碧泉书院上梁文［M］//陈谷嘉，邓洪波. 中国书院史资料. 杭州: 浙江教育出版社, 1998: 106–107.

③ 五峰学案［M］//黄宗羲. 宋元学卷. 中华书局, 1986.

④ 陈谷嘉，邓洪波. 中国书院史资料［M］. 杭州: 浙江教育出版社, 1998: 106–107.

⑤ 张栻. 岳麓书院记［O］//赵宁. 新修长沙府岳麓书院志: 卷八. 清康熙二十六年刊本.

兴之际十余年时间内，全省就创建和兴复了9所书院，它们是：善化县的城南书院、湘西书院，宁乡县的道山书院（又名灵峰，一作"云峰"），衡山县的南轩书院，衡阳县的胡忠简书院，安仁县的玉峰书院，靖州的侍郎书院，辰州的张氏书院，泸溪县的东洲书院，散布湘东湘西，互相呼应。乾道元年（1165），湖南安抚使刘珙又重建毁于绍兴元年（1131）战火的岳麓书院，并聘请胡氏高足张栻主讲其间。[①]其时，胡宏已经去世，岳麓书院遂取代碧泉书院成为湖湘学派的中心。"一时从游之士，请业问难者至千余人，弦诵之声洋溢于衡峰湘水"[②]，以书院为依托与基地的湖湘学派，终成盛大之势。

创办书院、讲学传道，不仅在湖南范围之内形成高潮，而且波及周边地区。如张栻自己曾宦游袁州、桂林，两地即有南轩书院、宣成书院之建。其学生也是到处传道，吴猎（曾任岳麓书院堂长）任广西路转运判官，即建桂林精舍，寻先师旧规"与同志共学焉"。李埴讲学夔州，传道巴蜀，吴猎亦安抚四川，湖湘之学终于陶成"二江诸儒"。凡此种种，说明湖南的书院兴学运动实有输出之势。至于乾道三年（1167），理学家朱熹闻张栻阐胡氏之学于岳麓，不远千里而来访学，更证明了湖湘之学及其所凭借的书院在当时社会中的影响之大。

朱张会讲，以岳麓书院为中心，并往来于善化（今长沙）城南、衡山南轩二书院，以"中和"为主题，涉及太极、乾坤、心性、察识持善之序等理学普遍关注的问题，讲论两月有余，"学徒千余，舆马之众，至饮池水立竭，一时有潇湘洙泗之目焉"[③]。这次学术活动比鹅湖之会早8年，

---

① 岳麓书院的修复与张栻的主教，曾被日本学者看作是新儒学书院运动的开始，见日本寺田刚：《宋代教育史概说》，东京：博文社，1965年，265—271页。

② 陈书良. 湖南文学史 [O]. 长沙：湖南教育出版社，2008：171.

③ 赵宁. 新修长沙府岳麓书院志：卷三 [O]. 清康熙二十六年刊本.

首开书院会讲、自由讲学之风，不仅是湖南，也是中国学术、书院发展史上里程碑式的大事。对朱熹来说，这次会讲是不能忘怀的，在后来的诗文中，他曾多次提到张栻对其集理学之大成的导启之功。12年后，即淳熙六年（1179）兴复白鹿洞书院时，他也曾数次援引岳麓之例而奏请最高当局给予帮助。因此，我们认为，湖南创复书院的运动对朱熹有着深刻的影响，或者说朱熹兴复白鹿洞书院是从他当年访学湖南书院获得启示的结果。后来，他知潭州、为石鼓书院作记、兴学岳麓书院等，又推动湖南书院的进一步发展。

继湖南理学家开创书院运动之后，各地学者也开始创建书院，讲授其学说，如浙江有吕祖谦于乾道二年（1166）讲学丽泽书院；福建有朱熹于乾道六年（1170）创建寒泉精舍；江西有朱熹于淳熙六年（1179）兴复白鹿洞书院，陆九渊于淳熙十四年（1187）讲学象山精舍等。不仅如此，他们还以其学术领袖的地位或到处讲学，或为书院作记撰序，或置田置书，或订立章程，大力提倡书院教育，带动了当地书院建设。于是，在孝宗时期，尤其是乾道、淳熙年间（1165—1189），书院建设运动在全国范围之内得以展开，理学家们以书院为基地宣传自己的思想主张，扩大其学术队伍，浩浩然，将进入集大成阶段的理学和书院联系到一起，并进而将二者同时推入其发展的高峰期，形成理学发展史上的"乾淳之盛"和南宋书院发展的第一个高潮。据白新良先生的统计，是期创建兴复书院的速度为年平均2.52所，共63所，占南宋确知年代书院总数的23.77%，仅次于南宋后期的理宗、度宗时期。

二、理学家追求的书院目标与理想

张栻、吕祖谦、朱熹、陆九渊是南宋极其著名的理学大师。其中张、吕、朱三人观点主张更为接近，时称"东南三贤"。张栻有在碧泉书院学习的经历，以及自己创建城南书院讲学的经验，后又应邀到天下著名的岳麓书院主讲，"阅历"书院最早而且经验丰富。吕祖谦除自创书院讲学之外，还曾协助朱熹经营白鹿洞书院，安排著称史册的鹅湖之会，协调永康、永嘉各派学者的讲学等，对书院建设贡献良多。陆九渊一生钟情于精舍，除应邀到白鹿洞讲学之外，对书院建设及规划似无多大兴趣，但我们知道精舍浓缩了儒佛道数百的讲学经验，对精舍的厘定、区分并汲取其养分，正是陆九渊对书院建设所做的不世之功。朱熹是四先生中的长寿者，也是理学的集大成者。年轻时他有过经营县学的经历，后来也尝试过改革州县官学，而自从到岳麓、城南书院与张栻会讲之后，其书院情结日浓，除自创寒泉、武夷、竹林等精舍居处讲学，全心经营白鹿洞书院，更建岳麓书院，为石鼓书院作记，等等，期望着书院的兴复与辉煌。而且，他经历了书院运动的全过程，在不被理解中开始，在遭受围攻中离世，当然也感受到了书院随其讲学而兴盛的荣光。正是他们，在长期兴复创建书院的实践中，逐渐明确了建设书院的目标，提出了不断追求的书院理想。

理学家们有关书院建设的第一个追求目标，就是谋求官方力量推进书院的事业。书院起源于官民两途，而自庆历兴学，官方力量基本退出书院以来，书院建设即由民间力量独立承担。因此，民间力量进入书院建设是"不请自来的"，理学家们所要谋求的是恢复官方对书院的支持与投入。为了达到这个目标，他们的基本做法是：从兴复宋初"天下三书院"入手，反复强调先朝对书院的奖励褒扬，以皇室赐书、赐额、赐田、赐官等举措，请官方承认书院活动的合法性并出资出力，以实际行动支持书院的建设。

对岳麓书院和石鼓书院，因为只涉及地方政府，似乎都很成功。乾道元年（1165），潭州知州兼湖南安抚使刘珙动用政府资金，并令潭州州学教授"经纪其事"，只用半年时间"大抵悉还旧规"，完成重建工作，并"定养士额二十人"，聘请张栻主讲。这是标准的官方办学模式。石鼓书院兴复自淳熙十二年（1185）开始，历经潘畤（一作畤）、宋若水两任长官主持，重建院舍，于第二年完工。其祭祀、藏书、割田、择生等事皆由官所经理，书院官田就有 2240 余亩。至淳熙十四年（1187），请朱熹作记以纪其成。

白鹿洞书院的修复，由朱熹自己以南康军知军这样一个地方最高行政长官的身份主持，时在淳熙六年（1179），其址处于岳麓与石鼓之间。虽然是大旱之年，但修建院舍的工作很快就交由军学教授和属邑知县办理妥当。其他如聚书、置田、聘师、招生、订立学规、设立课程、请陆九渊讲学，甚至假期招举人集训等活动，皆顺利推进。但朱熹的目标是希望得到皇帝的赐额、朝廷的肯定。于是，他"昧万死具奏以闻"，在淳熙八年（1181）三月离任前，向中央政府呈送了《乞赐白鹿洞书院敕额》的报告，其称：

> 欲望圣明俯赐鉴察，追述太宗皇帝、真宗皇帝圣神遗意，特降敕命，仍旧以白鹿洞书院为额，仍诏国子监，仰摹光尧寿圣宪天体道性仁诚德经武纬文太上皇帝御书石经及印板九经注疏、《论语》《孟子》等书，给赐本洞奉守看读，于以褒广前列，光阐儒风，非独愚臣学子之幸，实天下万世之幸。[1]

朝廷久已不涉书院之事，尽管朱熹搬出了宋太宗、真宗两位皇帝遗意相要求，但并没有起到半点作用，反而是"朝野喧传以为怪事"，遭到讥笑和讽刺。面对如此困境，朱熹并未放弃。这一年十一月，机会终于来了，孝宗皇帝有事在延和殿接见他，他不顾"执政""切宜勿言"的警告，向皇帝当面提出为白鹿洞书院赐书赐额的请求，终于获得批准。有志者事竟成，朱熹此举打破百余年坚冰，实现自己的目标，让朝廷又回到以实际行动支持书院

---

① 陈谷嘉, 邓洪波. 中国书院史资料［M］. 杭州: 浙江教育出版社, 1998: 70.

建设的道路上来了。

从此，书院又获得了中央、地方官府以及民间力量的共同支持，理学家们实现了书院建设的第一个追求目标，恢复性地开创了官民两种力量共同推动书院发展的新时期，迎来了南宋书院发展的第一个高潮。

从批评"学校科举之教"入手，建立官方书院，使之成为与州县官学并存而又能修正其沉迷科举弊端的另一种官方教育模式，这是理学家们追求的第二大目标。自从选士的科举和养士的学校扯到一起，学校沦为科举的附庸就成了令人头痛而又难以解决的问题。如前所述，北宋三兴官学就有将二者剥离的努力，但积重难返，官学虽兴，"学校科举之教"却仍然是问题。理学家们也曾有过对官学进行改革的尝试，失败之后，他们弃置官学，转而致力于官方书院的建设。具体的做法仍然是从批判科举入手。张栻在《重修岳麓书院记》中，指出刘珙建设的目的是"岂特使子群居佚谭，但为决科利禄计乎？抑岂使子习为言语文词之工而已乎？盖欲成就人才，以传斯道而济斯民也"。[①]可见岳麓书院并不反对科举，但反对仅仅为了科举而办学。这种态度比较高远，意在科举之外另辟新径，以达到其"传斯道而济斯民"的书院教育目标。

白鹿洞书院的做法更为灵活，朱熹为即将奔赴临安参加省试的举人办起了培训班。为此，他发布《招举人入书院状》，其称：

> 窃惟国家以科举取士，盖修前代之旧规，非以经义、诗赋、论策之区区者为足以尽得天下之士也。然则，士之所以讲学修身以待上之选择者，岂当自谓止于记诵、缀缉无根之语，足应有司一旦之求而遂已乎？今岁科场，解赴省待补之士二十有八人，文行彬彬，识者盖称之，郡亦与有荣焉。

---

① 陈谷嘉，邓洪波. 中国书院史资料 [M]. 杭州：浙江教育出版社，1998：108.

然惟国家之所以取士与士之所以为学待用之意，有如前所谓者。是以更欲
与诸君评之。今白鹿洞诸生各已散归，山林闲寂，正学者潜思进学之所。
诸君肯来，当戒都养，给馆、致食以俟。①

十分明显，利用书院举办举人培训班的目的，是想利用集训的机会，以
理学家讲学修身的一套来修正世俗的科举观念，以期阐明国家取士与士之所
以为学待用的真正意义。其用心仍然是在以书院办学的方式匡正迷失方向的
官学教育，做法比较平和，是从理解出发而予以补救。

等到朱熹于淳熙十四年（1187）为石鼓书院作记时，情况已经发生了
很大的变化，皇帝、朝廷等最高当局表态支持书院已有多年，理学家第一个
目标既已实现。如何设计好官方书院，对官方书院怎样定位，等等，就成了
理学家再次考虑的问题。于是，他总结历史，观照现实，提出了更为全面和
成熟的看法，将书院定在"以俟四方之士有志于学，而不屑于课试之业者居
之"这样一个位置上，其称：

予惟前代庠序之教不修，士病无所于学，往往相与择胜地，立精舍，
以为群居讲习之所，而为政者乃或就而褒之，若此山，若岳麓，若白鹿洞
之类是也。逮至本朝，庆历、熙宁之盛，学校之官遂遍天下，而前日处士之
处无所用，则其旧迹之芜废，亦其势然也。不有好古图旧之贤，孰能谨而
存哉。抑今郡县之学，官置博士弟子员，皆未尝考其德行道艺之素，其所授
受，又皆世俗之书，进取之业，使人见利而不见义，士之有志于为己者，盖
羞言之。是以常欲别求燕闲清旷之地，以共讲其所闻，而不可得。此二公
所以慨然发愤于斯役而不敢惮其烦，盖非独不忍其旧迹之芜废而已也。

---

① 陈谷嘉，邓洪波.中国书院史资料［M］.杭州：浙江教育出版社，1998：70.

故特为之记其本末以告来者，使知二公之志所以然者，而毋以今日学校科举之意乱焉。又以风晓在位，使知今日学校科举之教，其害将有不可胜言者，不可以是为适然，而莫之救也。①

学校科举之教的弊端虽然不可胜言，但"不可以是为适然，而莫之救也"。既然不可不救，那就要考虑如何去救了，出路就是离开这"害"不胜言的学校科举之教，"别求燕闲清旷之地"，另立门户，创建书院，以满足有志之士的要求。这样，官方书院的定位就清楚了，那就是"以俟四方之士有志于学，而不屑于课试之业者居之"。在理学家们看来，官方书院和州县官学同属于国家教育系统，而书院被定位在补充匡救州县官学不足的坐标上。这与北宋初年替代官学的目标完全不同，理学家们这时追求的目标是：让官方书院主要作为修正官学沉迷科举的弊端而存在。

书院既属于官方学校的另一种形式，那它如何去实现自己存在的价值呢？理学家们设计的理想目标是，书院不以科举为目的，而以讲学为旨归。关于这一点，朱熹曾清楚地表述道："前人建书院，本以待四方士友，相与讲学，非止为科举计。"在科举时代，任何反对科举的教育机构要想长久存在，尤其是想作为一种制度而存在，那几乎是不可能的。因此，理学家们接受这种无可奈何的现实，并不泛言反对科举，只将反对的目标锁定在仅仅以科举为目的这一点上，而将大量的精力倾注于讲学事业，希望以自己理学的教育理想来化解消融书院生徒的利禄之心，培养传道济民的人才。

以上，我们就理学家们提出的书院建设目标和追求的书院理想，作了一个简要的讨论，至于他们及其后学依照这个目标和理想，在书院讲学实践中建立起来的书院制度，我们将在以下的章节中作具体的论述。需要指

---

① 陈谷嘉，邓洪波. 中国书院史资料 [M]. 杭州：浙江教育出版社，1998：111.

出的是，无论怎样艰难，理学家们在批判中学习官学制度的长处，吸纳佛道教学的经验，并倾注其理学教育的精神与理念，终于确立了独具特色的书院制度。

第三节　书院理学一体化

书院和理学的一体化，是南宋书院发展的最大特点。理学家掀起的书院运动，使理学和书院从形式到内容相互渗透交融，形成一种互为依托、互为表里的结构形态，此世之所谓书院是理学的基地，理学为书院的精神，而且二者盛衰同时，荣辱与共，有着休戚相关的共同命运。

一、书院与理学的一体化

理学家发动书院运动，在宁宗朝前期受"庆元党禁"之累，出现了波折。"庆元党禁"起始于韩侂胄与宰相留正、赵汝愚的争权，使一大批理学家被牵连。庆元二年（1196），韩侂胄当权后，将理学斥为伪学，悬为厉禁，规定必须声明"非伪学之人"，才能做官、升迁，必须保证"不为伪学"[①]者才能参加科举考试；又发布伪学逆党党籍，开列的 59 人中，有朱熹、彭龟年、陈傅良、楼钥、吕祖谦、吕祖俭、吕祖泰、叶适、杨简、袁燮、蔡元定等各派理学家。他们的著作遭到禁毁，人也被发配驱逐，甚至还有人提出斩杀朱熹。一时之间，"老师宿儒，零替殆尽；后生晚辈，不见典型"，各派弟

① 论士大夫风俗 [O] // 魏了翁. 鹤山大全文集: 卷十六. 文渊阁四库全书本.

子中，还有部分"依阿巽懦者，更名他师，过门不入，甚至变易衣冠，狎游市肆，以自别其非党"。①

在这种严峻的形势下，理学和作为理学家大本营的书院备受冷落。遍查方志，庆元年间只有3所书院创建，它们是湖南安乡深柳书院、江西浮梁（今景德镇）长芗书院、四川泸州五峰书院。更有甚者，庆元六年（1200）朱熹逝世，四方门人准备如礼送葬，朝廷却下令严禁，其称："四方伪徒期会，送伪师之葬，会聚之间，非妄训时人短长，则缪议时政得失，望守令臣约束。"②一代理学宗师，竟是如此落寞，在肃杀中走完其最后的人生旅程。大师尚且如此，其所从事之书院和理学走入低谷也就在"当然"之中了。书院和理学一起，运交华盖，落难于"庆元党禁"，这是事情的一方面：政治压迫和学术专制可以暂时阻断书院和理学的发展。

另一方面，恰恰是这种来自外部的压迫和威胁，使得理学和书院交融更深；二者自我凝聚，自我认同，为下一轮发展准备和积聚力量。我们越过依阿巽懦者的变易衣冠，还可以看到很多中坚分子及其追随者不为强势所迫，仍然致力于理学与书院事业的发展。如前引黄榦《朱先生行状》记载，庆元二年（1196），朱熹"自与诸生讲学竹林精舍，有劝以谢遣生徒者，笑而不答"，该讲学还是讲学，不为强势所动。笑对压力，这是一种大家的从容不迫。次年春天，蔡元定避开州县追捕，长途奔命，赶在被放逐到道州的前一天，到寒泉精舍向老师朱熹及同学百余人辞行，并彻夜未眠，和老师相与订正《周易参同契考异》，其事迹更为感人。

庆元四年（1198）冬天，在首善之区的浙江东阳，即在韩侂胄的鼻子

---

① 朝奉大夫文华阁待制赠全谨阁直学士通义大夫谥文朱先生行状［O］//黄榦. 勉斋集：卷三十六. 文渊阁四库全书本.

② 朱熹传［M］//宋史：第36册. 北京：中华书局，1977.

底下，"逆党"首要分子及其追随者们合谋干了一件同样感人且富有象征意义的事情，那就是为石门书院作记，于严禁之中倡导"性命之学"。此事由宋人曹彦约以崇敬之笔记录下来了，谨引录于此：

> 此郭氏《石洞书院记》，叶水心之所作，楼攻愧之所书，朱晦翁之所题，为当代三绝矣。希吕继先志而述其事，求其文与笔而皆得之，近无此比。然方庆元戊午之冬，党论方炽，士大夫恐挂名三公间，若将浼己。希吕独于此时不以冷暖随世道，取三公于摈弃中，而曰"吾欲为门户，重资章甫，而适越人，当笑之而居之不疑"，其高见远识，笃信好学，余子万万不侔也。①

文中叶水心、楼攻愧、朱晦翁即叶适、楼钥、朱熹，皆是列名"逆党党籍"中的首要分子。希吕为石洞书院第二代主人郭津之号，在党禁之中，自标门户，其追随理学的忠勇之气，其坚守书院讲学的远见卓识，皆令人钦佩。正是这些人，使理学和书院薪传不替，维命于危难之中。

嘉泰二年（1202），即朱熹逝世之后两年，政治形势发生变化，庆元党禁令解除，统治者对理学的态度明显朝好的方向转变。嘉定二年（1209），追谥朱熹为文公，为其平反昭雪；八年（1215），谥张栻为宣公；九年（1216），谥吕祖谦为成公；十三年（1220），谥周敦颐为元公，程颢为纯公，程颐为正公，张载为明公。至此，乾淳时代的理学家们不断宣讲的"学统"终于得到官方的正式承认，他们自己也被编列到这个学统之中。此即所谓"嘉定更化"，理学告别黑暗，迎来了光明。

党禁既开，作为理学家大本营的书院亦受到统治者重视。史志记载中，

---

① 曹彦约. 跋东阳郭氏石洞书院记［M］//陈谷嘉, 邓洪波. 中国书院史资料. 杭州: 浙江教育出版社, 1998: 145.

能够找到宁宗嘉定年间为福建建阳云庄书院、江西南昌东湖书院赐额的记录。[1]这是朱熹为白鹿洞书院苦求始得赐额以来的新纪录，亦是南宋书院告别苦难的标志。从此，理学和书院一同走上了迅速恢复、发展的道路。据统计，仅嘉定年间创建的书院就有23所之多，比之庆元时期的3所可谓是巨大的进步。

综上所述，宁宗一朝，虽然书院与理学的发展历经波折，但经过朝廷调整政策，还是回到了支持与鼓励的立场。而庆元之劫，虽然打断了由理学家们掀起的书院运动的强劲发展势头，但因祸得福，理学和书院在灾难中反而深度融合，形同一体，潜聚力量，勃发于后世。

理宗、度宗时期（1225—1274），官民二股力量密切配合，上下同心，将理学和书院一体推向了繁荣。理宗皇帝对理学情有独钟，即位之初就对朱熹的《四书集注》大加赞扬，自称"读之不释手，恨不与之同时"，并诏令特赠朱熹为太师，追封信国公，旋改徽国公。不久，又下令将周敦颐、张载、程颢、程颐、朱熹一起从祀学宫。这五人史称"宋五子"，实即理学道统。从此，程朱理学终成正果，获得了官方正统思想的地位。理宗皇帝对书院也是偏爱有加，"或赐田，或赐额，或赐御书，间有设官者"，一直采取积极支持的政策。直接受其关顾的书院，仅《续文献通考》就记录了20所，地方志所载则更多。曹松叶先生辑录了16所，其中赐额6所、御书8所、赐匾1所、赐书1所，而白新良先生辑录仅赐额就有27所。兹将二者合并重复，增订考证，共计有37所之多。

争取皇帝的赐额、赐书，曾经是朱熹为之多年追求的一个书院建设目标，因为它代表着朝廷的支持。此时，这近40所被赐额的书院分布于11个省区，形成一个亮丽的方阵，代表着国家最高当局对书院坚定不移的支持

---

① 白新良. 中国古代书院发展史 [M]. 天津: 天津大学出版社, 1995: 19.

态度。从宝庆元年（1225）理宗皇帝登基开始，直到他于景定五年（1264）逝世时止，40 年坚持不变，可谓长期不懈，其对全国书院发展所起的巨大而长久的推动作用就不言而喻了。不仅如此，淳祐元年（1241）理宗视察太学时，还将亲笔手书朱熹的《白鹿洞书院揭示》赐给太学生，并颁行天下学校，使其成为全国官学共同遵守的准则。所有这些都表明，最高统治者已经真正回到了坚定支持书院发展的立场。而且接下来的度宗皇帝，在位 10 年，继续保持这种政策不变，仅赐额就给予过福建将乐龟山书院、淳安石峡书院，浙江江山包山书院，江西赣州先贤书院等，并赐田给将乐龟山书院，下令敕建浙江西安清献书院等。皇帝的支持直接推动了书院的发展，诚如当时人所说："圣天子尊崇道统，表章正传，学校之外，书院几遍天下，何其盛哉！"①

与官方相呼应，民间对书院的支持更是持续高涨。这个时期，虽然集理学之大成的一代大师都已谢世多年，但他们的学生及学生的学生，皆以继起先贤、讲求学问、倡大师说为荣耀，以魏了翁、真德秀为代表的宋末杰出理学家，尤其竭尽全力，终于使遭受庆元党禁的理学得以平反，并成为官方哲学，建设书院、传授理学成为一种时尚。此魏了翁所谓"自比岁以来，不惟诸儒之祠布满郡国，而诸儒之书，家藏人诵"②。更有反理学人士严厉批评："其所读者，止《四书》《近思录》《通书》《太极图》、东西铭、语录之类。自诡其学为'正心、修身、齐家、治国、平天下'，故为说曰'为生民立极，为天地立心，为万世开太平，为往圣继绝学'。其为太守、为监司，必须建立书院，立诸贤之祠，或刊注《四书》，衍辑语录，然后号为贤者，则可以

---

① 王柏. 上蔡书院讲义［M］// 陈谷嘉，邓洪波. 中国书院史资料. 杭州：浙江教育出版社，1998：230.

② 长宁军六先生祠堂记［O］// 魏了翁. 鹤山大全文集：卷四十八. 文渊阁四库全书本.

钓声名，致膴仕。而士子场屋之文，必须引用以为文，则可以擢巍科，为名士。否则，立身如温国，文章气节如坡仙，亦非本色也。于是，天下竞趋之，稍有议及，其党必挤之为小人，虽时君亦不得而辨之矣，其气焰可畏如此。"①

从"家藏人诵""必须建立书院""必须引用以为文""天下竞趋之"等用词中，我们可以看到，在南宋后期，建书院以传播理学已成为锐不可当的社会文化主流，书院和理学的一体化也演变成建书院、立祠堂、注《四书》、辑语录这样一种比较固定的行为模式。在如此一种主流文化和行为模式的推动下，书院和理学的一体繁荣也就成了理所当然的事情。当这种源自民间的主流文化及其模式获得官方长期的提倡与支持时，它所带来的书院发展，必然呈蓬勃之势。据统计，理宗、度宗二朝50年间，书院以平均每年2.46所的速度发展，共计新建、复建书院123所，占南宋确知具体年代书院总数的46.42%。

二、书院与理学的一体化形态

书院与理学的一体化，不仅表现在上述一损俱损、一荣俱荣、盛衰同时、隐显与共的命运上，表现于建书院、立祠堂、注《四书》、辑语录这样一种比较固定的行为模式中，还真实地体现在其实际生存状态之中，这是有形可察、有迹可寻的。以下就理学家的书院情结，学人、学派与书院的关系以及书院讲学所体现的理学精神这三个问题进行讨论，而书院与理学一体结构的制度化、规制化更多地涉及书院的制度确立，我们将在下一节作详细论述。

---

① 道学 [O] // 周密. 癸辛杂识续集: 卷下. 文渊阁四库全书本.

1. 理学家的书院情结

南宋理学家大多有很深的书院情结，这和北宋理学家不太关心书院建设的情况大不相同。如南宋前期，胡宏冒被人诟病之险，求秦桧复建岳麓书院不成，即改碧泉书堂为碧泉书院并聚众讲学；张栻求学于碧泉书院，创建城南书院，讲学于岳麓书院，等等，其孜孜追求，皆已备述如前。南宋后期，魏了翁奔走呼号，在为理学争取正统地位的同时，到处为讲学诸儒建书院立祠堂，不仅自己在四川老家和靖州创建了 2 所鹤山书院，还为成都沧江书院、全州清湘书院、道州濂溪书院作记作诗，津津于"有志未能今得友，从今迷路傥知还"①的书院讲学活动。

不仅朱、张、吕后学如此，陆门后学也一改陆九渊的做法，致力于书院建设。甬上四先生中，杨简讲学于碧沚书院，弟子为作慈湖书院，大倡心学。袁燮建城南书院讲学，和同门丰有俊一起建东湖书院并作记，以"吾心是道"训育诸生。舒璘居家讲学于广平书院，王应麟称其教行于乡，其声闻于天下。沈焕既受业于焦征君讲舍，又讲学于史家月湖竹洲别业（竹洲书院），居家讲学之地则名南山书院。甬上四先生及其门人弟子倾情讲学于书院的情景，可从宋人文及翁《慈湖书院记》、王应麟《广平书院记》《慈湖书院记》等文献中可找到踪迹，也令数百年之后的清人全祖望倾慕不已，曾连续作《大函焦先生书院记》《竹洲三先生书院记》《城南书院记》《碧沚杨文公书院记》《同谷三先生书院记》《石坡书院记》《杜洲六先生书院记》等文字，予以追记。阅读这些文字，我们可以感受到陆门后学也具有浓烈的书院情结，全然依归书院，把讲学作为"景行前修，心厉后学"的心灵归宿。

以上是各派理学家们情系书院、结盟讲学的大致情形。而各家各派之中，

---

① 次韵虞永康读易有作［O］// 魏了翁. 鹤山大全文集: 卷七. 文渊阁四库全书本.

要数集理学之大成的朱熹书院情结最重，也最感人至深。据史志记载，朱熹与近百所书院有关，方彦寿先生作《朱熹书院与门人考》，严加考证，去附会，剔重复，订正出 67 所书院，其中朱熹创建的有 4 所，修复的有 3 所，读书的有 6 所，讲学的有 20 所，曾经讲学而后人创建的有 21 所，撰记题诗的有 7 所，题词题额的有 6 所。[①]在中国书院千余年的发展史上，朱熹是使自己与如此众多的书院有关的第一人，其倾情于书院，由此可见一斑。此其一。

其二，朱熹重要的理学著作，皆完成于其创建的书院。如在寒泉精舍：乾道六年（1170），撰写《太极图说解》初稿、《西铭解》乾道八年（1172），撰《论语精义》十卷、《孟子精义》十四卷、《资治通鉴纲目》五十九卷、《八朝名臣言行录》二十四卷；乾道九年（1173），编《程氏外书》十二篇、《伊洛渊源录》十四卷；淳熙元年（1174），编《古今家祭礼》十六篇；淳熙二年（1175），撰《阴符经考异》一卷，与吕祖谦商订合编《近思录》十四卷，这是理学家们最看重的具有哲学思辨的著作。在武夷精舍，朱熹完成了《易学启蒙》四篇、《孝经刊误》一卷、《小学》六卷、序定《大学章句》一卷、《中庸章句》一卷。在考亭书院，撰写的著作有《孟子要略》、《韩文考异》十卷、《书集传》六卷、《楚辞集注》八卷、《楚辞辨证》二卷、《仪礼经传通解》三十七卷、《周易参同契考异》一卷。尤其是《周易参同契考异》一书，是他和学生蔡元定在庆元党禁最凶之时，通宵达旦改定的。尔后，蔡被官府从书院中押解到道州，从此一去不返，客死途中。若无大胸襟大情怀，又如何能面对如此惨烈的遭遇？庆历党禁六年时间，朱熹除了曾应学生友人之邀到福建古田县蓝田书院、溪山书院、螺峰书院和福鼎县石湖书院避禁讲学之外，大部分时间都坚守在考亭书院，著述讲学，直至临终

---

① 方彦寿.朱熹书院与门人考［M］.上海：华东师范大学出版社，2000：1–35.

才在蔡、沈等少数学生的守护下，从书院魂归道山。这说明，朱熹已将书院视作精神支柱、理学家园以及人生的归宿之地。

其三，痴迷白鹿洞书院。我们知道，朱熹修复白鹿洞书院，是想将其树为推广理学的典范，建院、讲学、制订学规、征集图书都可在掌握中推进，他甚至还和吕祖谦一起，将白鹿洞书院列入宋初天下四大书院之中，但苦于经费不足和朝廷的不理解，不能将事业做大。在讲学、藏书、祭祀、学田这四大书院规制中，他还未实现祭祀、学田两大愿望，而且整个院舍也就是20余间房屋，与理想相差太远。"重营旧馆喜初成"，但却要调任浙东，这本身就是令人烦恼的事情。好在他在皇帝召见时冒险提出赐额赐书的请求，并终于获得批准，迎来了迟到的理解。

2. 学人、学派与书院的结合

书院不同于书斋，它是士人的公共活动场所。自从有了书院，就有了书院和士人的双向选择。一方面，作为士人、学者，他进什么样的书院，有自己的考虑，心中存有一种标尺，中意则进，不合则退；而另一方面，作为书院也有一个进取去留的标准，不希望不合自己要求的人留在院中，以免成为害群之马。这样，在一个大家共同认可的目标之下，个体的学者、士人就结合在同一个书院，是谓学人与书院的结合。

学人的需求有类别的不同，也有同类中的层次差异，于是就会有不同类型、不同层次的书院出现，以满足不同学人的不同文化需要。在不同的目标下，集合着不同的学人。南宋时期，有"认科第为的则者"，以"得举"、成进士、中状元名甲天下为之美。在科举时代，这是大多数人追求的目标。状元姚勉在当官之后，就曾在正谊书院、西涧书院祭奠魁星，"邀福投诚"，祈求院中诸生"人皆第一""万里荣途"。祭文称："科第当作状元，仕官当作宰相，学术当至圣人，言皆当第一也。士之远大自期，立志要当若是，此吾正谊师友平日之所以讲明也。"①很明显，姚状元是将状元、宰相、圣人三者皆立为第一，作为书院诸生的追求目标。但事实是，人们往往只想当状元，做宰相，而不想成圣人，科第的目标堕落成唯利是图、见利忘义。于是，就有理学家起而指责其为"科举俗学"，思以讲学匡救，并得到有识之士的积极响应。这样，"讲学"的目标之下，就集合了一批学人。他们志趣相投，性味相同，相互切磋，劝善改过，相聚书院。久而久之，就形成了有共同目标的学派。

不同书院追求的目标各不相同，目标相同之人才会循门而入。如丽泽书院规定："凡预此集者，以孝弟忠信为本。其不顺于父母，不友于兄弟，不睦于宗族，不诚于朋友，言行相反，文过饰非者，不在此位。既预集而或犯，同志者，规之；规之不可，责之；责之不可，告于众而共勉之；终不悛者，除其籍。"又要求"凡与此学者，以讲求经旨，明理躬行为本"，凡做不到的，"同志共摈之"。②标明目标，凡不认同目标者本来就"不在此位"，而认同目标又做不到的人，则经同志规之、责之、勉之、共摈之，直到开除、淘汰。经过这样一个回合，集合在书院的学人就是同志一心了。

由此可知，吕祖谦在丽泽书院的做法比较强硬，这是书院集合学人结成学派的一种操作形式。朱熹、陆九渊等都有过同样的实践，但他们的方法则趋于软性。陆九渊曾发布《示象山学者》，推广"宿道向方"的要求，"白象山诸同志足下"，希望各人"奉警""自省"。③朱熹曾取圣贤所以教人为学之大端，列五教之目、为学之序、修身之要、处事之要、接物之要而成《白

① 陈谷嘉，邓洪波. 中国书院史资料［M］. 杭州: 浙江教育出版社，1998: 194–195.
② 吕祖谦. 丽泽书院乾道五年规约［M］//邓洪波. 中国书院学规集成. 上海: 中西书局，2011: 409.
③ 陆九渊. 示象山学者［M］//邓洪波. 中国书院学规集成. 上海: 中西书局，2011: 694.

鹿洞书院揭示》，与"诸君其相与讲明遵守而责之于身焉"。①朱熹的学生陈文蔚作《双溪书院揭示》，以"讲明义理"为"为学之道"，反复申明，"愿与诸君共笃此义"。②他们的做法是想避免用"规矩禁防之具""浅待"学者，希望以"自尊"来调动各成员的"自觉"，这又是完成学派整合的另一种形式。

书院整合学人而成学派，做得最成功的是书院情结最深的朱熹。他一生大部分时间在其自创的精舍、书院讲学，形成了人数众多的考亭学派。据方彦寿先生考证，朱熹在寒泉精舍的门人有蔡元定、林用中等22人，在武夷精舍的门人有黄榦、程端蒙、陈文蔚等91人，在考亭书院的门人有李燔、贺孙、蔡沈等163人，合计276人。③已蔚然大观，还不包括他在白鹿洞、岳麓等各地书院讲学时的学生。

朱熹讲学一生，桃李天下。他的学生以及学生的学生，多有继承衣钵、以传道讲学为己任者。尤其是庆元党禁期间，他们往往归隐林泉，以书院为阵地，宣传与普及理学，使考亭学派以书院为网结撒向更广大的空间。

3. 书院讲学倡导理学精神

对抗科举利诱，反对场屋俗学，是南宋理学家的长期态度，也一直是书院自别于官学的努力所在。书院运动之初的乾道二年（1166），张栻在长沙岳麓书院就提出了矫正仅为科举利禄而习言语文词之工的现象，并想以"成就人才，以传斯道而济斯民"的理学教育来解决。到景定四年（1263），长沙人杨允恭以道州知州身份为理学开山祖师周敦颐的濂溪书院建御书阁时，

① 朱熹. 白鹿洞书院揭示 [M] // 邓洪波. 中国书院学规集成. 上海: 中西书局, 2011: 637.
② 陈文蔚. 双溪书院揭示 [M] // 邓洪波. 中国书院学规集成. 上海: 中西书局, 2011: 630.
③ 方彦寿. 朱熹书院与门人考 [M]. 上海: 华东师范大学出版社, 2000: 36–224.

还在强调："国家之建书院，宸笔之表道州，岂徒为观美乎？岂使之专习文词为决科利禄计乎？盖欲成就人才，将以传斯道而济斯民也。"①时隔98年，杨允恭之用词与宗旨一如当年的张栻。可见湖湘学者的执着与坚持，更说明这一问题的顽固性与长期性。正因为这样，防止科举俗学之害，就成了历代理学家们讲学传道的切入点和突破口。

张栻在岳麓书院的讲道、传道，以期化解科举之害，是理学家比较早也是比较成功的尝试。他率性立命，从体察求仁、辨别义利入手，认为"天理人欲，同行异情，毫厘之差，天壤之谬，此所以求仁之难，必贵于学以明之"。②学什么呢？那就是以事亲从兄，应物处事为开端，识而存之，充而达之，以得仁之大体，以至"与天地合德，鬼神同用"。这一点，事功学派的陈傅良在其《潭州重修岳麓书院记》中曾总结为"治心修身之要"，并予以重申。朱熹作《衡州石鼓书院记》时，也给予肯定，并作了一些补充，其称："若诸生之所以学"者，"则昔者吾友张子敬夫所以记岳麓者语之详矣"。只是"治心修身"的方法没有交代，学者不知所以从事之方，难以操作。因此他将"养其全于未发之前，察其几于将发之际，善则扩而充之，恶则克而去之"作为"下学之功"而予以补充。③如此这般，理学家们从反对"但为决科利禄"入手，在书院讲其道传其学，将科举功名，置换成了天理人欲、义理之辨、治心修身、养于未发、察于将发等理学概念与理论，希望将危害士人的利禄之心，消解于理学精神之中。

---

① 杨允恭. 濂溪书院御书阁记［M］// 陈谷嘉，邓洪波. 中国书院史资料. 杭州：浙江教育出版社，1998：112.

② 张栻. 潭州重修岳麓书院记［M］// 陈谷嘉，邓洪波. 中国书院史资料. 杭州：浙江教育出版社，1998：108.

③ 朱熹. 衡州石鼓书院记［M］// 陈谷嘉，邓洪波. 中国书院史资料. 杭州：浙江教育出版社，1998：111.

朱熹修复白鹿洞书院，用心更为良苦。当他一方面和吕祖谦商订裁量《白鹿洞书院记》，"惟恐一语之差，将变秀才为学究，而随缘说法，应病与药"，开出了"挹先儒淳固质实之余风，服《大学》离经辨志之始教，于以寻关洛之绪言"的方子①，有讲明儒家道统之意；另一方面，他又请论敌陆九渊讲"君子喻于义，小人喻于利"，拿学者"隐微深痼之病"开刀。陆九渊以义、利判君子、小人，教诸生志乎义，习乎义，并且以科举场屋的得失为例作了进一步的引申，其称：

> 诚能深思是身，不可使之为小人之归，其于利欲之习，怛焉为之痛心疾首，专志乎义而日勉焉。博学、审问、慎思、明辨而笃行之。由是而进于场屋，其文必皆道其平日之学、胸中之蕴，而不诡于圣人。由是而仕，必皆共其职，勤其事，心乎国，心乎民，而不为身计。其得不谓之君子乎？②

其"发明敷畅"，"恳到明白"，"听者莫不悚然动心"，成为书院史上最经典的讲义。朱熹听了非常感动，将其视作治学入德之方，撰写跋语，要求"凡我同志，于此反身而深察之"③，并令人将其刻成石碑，传流后世。今天，我们还可以在白鹿洞书院看到名为《二贤洞教碑》的讲义和跋语。

由上可知，南宋前期学者，不分派系，无论朱陆，在对待场屋科举的问题上，基本观点是一致的，既认为"今为士固不能免此"，又对其不可胜言之害深恶痛绝，而希望以"讲学"来予以救正。其"大要"在"续洙泗之正传"，而"淑诸人者"，无外乎为"忠君、孝亲、诚身、信友，用则泽及天

---

① 马廷鸾. 庐山白鹿洞书院兴复记［M］// 陈谷嘉, 邓洪波. 中国书院史资料. 杭州: 浙江教育出版社, 1998: 79.

② 陆九渊. 白鹿洞书堂讲义［M］// 邓洪波. 中国书院学规集成. 上海: 中西书局, 2011: 638.

③ 朱熹. 跋象山先生书堂讲义后［M］// 邓洪波. 中国书院学规集成. 上海: 中西书局, 2011: 639.

下，不用则无愧俯仰，如是而已"。至于救之之方，也就是讲学的内容，则各家各派呈现不同特色，"天理人欲之分"剖析彰明，是张栻、朱熹的长处，"喻义喻利之论"敷阐精致，是陆九渊的强项。

朱、张、吕、陆四先生之后，虽各派分立更为明显，但建立书院讲学则成为一致的选择。相对而言，"东南三贤"后学建立书院讲学，是光大师门，继承传统，情理之中的事，无须多言，而陆氏后人也加入其中，就是一种新的学术动向了。虽然在与书院相结合的队伍中，陆学是后来者，但力度和深度都不让于朱张吕三贤门人，大有后来追上之势。以江西为例，首先，他们在中心城市建立据点，改变陆派坚守山头精舍的形象，在隆兴府（今江西南昌）城东创建东湖书院，时在嘉定四年（1211），正值"更化"初期。此事由陆氏弟子丰有俊、袁燮联合完成。隆兴为江西首府，因此东湖书院就被规划为江西十一郡之高等学府，经费充足，藏书丰富，聘陆九渊长子陆持之为首任山长，刻《陆象山文集》三十二卷，并请得宁宗皇帝赐院额，以抬高身份。院中所讲，为"君子之学"，它与"徒屑屑于记诵之末"的举业相对，实际上就是陆门心学。

东湖书院由陆氏高足主持，讲求"不假他求"的心学，成为陆学授业中心。尤其是嘉定十年（1217），朝廷追谥陆九渊为"文安"后，影响更大。淳祐年间，王遂作《重修武夷书院记》，就将其名与白鹿洞、岳麓、考亭并提。魏了翁也说，东湖书院与濂溪书院等"皆尝有请于朝，风声所形，闻者兴起"。[1]远在四川和福建的学者皆闻其声而称其名，说明陆学与书院的结合相当成功。

除此之外，陆门后学还改象山精舍为象山书院，从山中撤出，新建于贵

---

① 魏了翁. 跋御书鹤山书院四大字［M］// 陈谷嘉, 邓洪波. 中国书院史资料. 杭州: 浙江教育出版社, 1998: 130.

溪县城的三峰山下，作为陆学的大本营，请得皇帝赐额，重刊《陆象山文集》，聘请浙东陆学名家钱时为首任山长。此事由袁甫主持完成，时在绍定五年（1232）。袁甫为袁燮之子，与钱时同为陆氏高足杨简门人，时任江东提举兼提刑，握有权势。次年，袁作《象山书院记》，称"书院之建，为明道也"。针对"梏章句""溺空虚"之弊，在院中大谈"理融心悟，一心贯也；躬行实践，默而识也"，意在光大陆九渊的"发明本心之学"。①

在书院倡导理学精神方面，袁甫是一个值得引起特别注意的人。其父其师皆陆门高足，他也以倡导陆氏本心之学为己任，实为陆学干城。自称其创建象山书院，就是为了"宅先生之精神"，"揭本心以示人"，"嗣先生之遗响，警一世之聋聩"。②书院建成，又作《祭陆象山先生文》，其称："先生之学，得诸孟子。我之本心，光明如此。未识本心，如云翳日；既识本心，元无一物。"③其拳拳如此者，皆在倡导陆学，将本心之学安顿于书院之中。

除了经营陆学之外，袁甫的不同寻常之处在于，对其他学派的书院也给予了同样的关心。如嘉熙二年（1238），他曾作《东莱书院竹轩记》，对吕祖谦的"丽泽书院之法"，表示了相当的尊重，并以"竹虚中，虚乃实"与吕氏后学共勉。④绍定六年（1233），他重修白鹿洞书院，请从事朱子之学功深力久的张洽、汤巾为洞长，"悉力振起"白鹿之教。又撰写《重修白鹿书院记》《白鹿书院君子堂记》，以"正谊明道，不计功利"训士，并特别举张栻、朱熹、陆九渊等前辈老先生论辨天理人欲、义利之事，力戒"以口耳

① 袁甫. 象山书院记［M］// 陈谷嘉, 邓洪波. 中国书院史资料. 杭州: 浙江教育出版社, 1998: 117-118.

② 袁甫. 初建书院告陆象山先生文［M］// 陈谷嘉, 邓洪波. 中国书院史资料. 杭州: 浙江教育出版社, 1998: 193.

③ 袁甫. 祭陆象山先生文［M］// 陈谷嘉, 邓洪波. 杭州: 浙江教育出版社, 1998: 194.

④ 袁甫. 东莱书院竹轩记［M］// 陈谷嘉, 邓洪波. 中国书院史资料. 杭州: 浙江教育出版社, 1998: 125-126.

之学争夸竞胜"，批评朱陆后学"执言论辨说，以妄窥诸先生之门墙，而于其实德实行，植立修身，有益于人之家国者，乃不能取为师法，则不足为善学矣"①，表现出一种不偏不党的大家胸襟。

在他看来，白鹿洞、象山两书院，"盖士友所宗之地，振而起之"，是他作为江东提刑官的职责所在。他愿意看到的是，"凡士愿处象山若白鹿者，各随其行辈与其望实，或畀领袖之职，或在宾讲之选，衿佩咸集，彬彬可观矣"。但现实却是，"师友道丧，士习日驳，慕超诣者，无深实详缜之功，骛辨博者，乏通贯融明之趣，转相依仿，诸老先生之本旨愈晦不明。方且徇偏见，立异同，几有专门名家之弊"。他认为，之所以出现如此弊端，"其源皆起于论说多而事实寡"。为了解决这个问题，他提出了一个"群居书院，相与切磨，亦求其所以为人者如何"的办法，在白鹿洞、象山两书院之间的饶州鄱阳县新建番江书堂，"选通经学古之士，率生徒而课之"，并教"学为人"之道，"俟其有立，乃分两书院而肄业焉"。也就是说，先选生徒在番江书堂学习如何做人，然后，根据各人性情，分送白鹿洞、象山书院肄业深造。为此，他作《番江书堂记》，以"深造自得""无入不自得""无得无丧"等"为人"之学训诲诸生。其称：

> 在家庭则孝友，处乡党则信睦，莅官则坚公廉之操，立朝则崇正直之风。果若是，奚必问其自白鹿乎，自象山乎？不然，饱读旧书，熟习遗训，孝友信睦，公廉正直，一有愧怍，自白鹿，则白鹿之羞也，自象山，则象山之玷也。可不惧哉！②

① 袁甫. 重修白鹿书院记 [M] // 陈谷嘉, 邓洪波. 中国书院史资料. 杭州: 浙江教育出版社, 1998: 77.

② 袁甫. 番江书堂记 [M] // 陈谷嘉, 邓洪波. 中国书院史资料. 杭州: 浙江教育出版社, 1998: 146.

伟哉，袁甫！这看似平和的思想和行动，在踏实中闪耀着尊重学术与自由的光辉，真可谓"神之德之"，深得书院讲学的真谛，体现的是理学的真正精神。也正因为如此，才有了书院与理学的深度契合，并开创出书院与学术一体化的传统。而番江、白鹿洞、象山三书院远距离联合办学，以兴趣、性情而分专业，实为书院制度的创新之举，它与"潭州三学"以积分高下升等形成的官学书院联合体一起，皆值得引起后世研究人员的特别注意。

第四节　书院制度的确立

书院在唐五代已初具规模，北宋时声名显赫，并经受了三兴官学运动的考验，到南宋则发展成熟，进入其制度化的确立阶段。书院制度的确立有如下几个主要标志：第一，书院和理学互为表里，荣辱与共，形成一体化结构。这种结构使书院具备了在学术文化领域发挥创造性作用的功能，事实上，书院为在南宋时期中国思想文化达到前所未有的发展高峰，做了大量的工作，其功甚伟。第二，规制日趋完善，研究学问、教学传道、藏书、刻书、祭祀学派祖师、经营田产成为书院建设的六大事业，表明书院已经成为一个功能完全而且可以独立运作的文化组织。第三，内部的职事设置日趋合理，基本形成研究教学、行政管理、财务后勤、学生自治等相互联属的几大板块，说明书院的组织管理已臻完善。第四，各书院开始制订并执行学规、规程、揭示、学榜等不同名目的规章制度以规范自身的行为，宣示自己追求的目标与学术文化主张。朱熹的《白鹿洞书院揭示》颁行天下后，让各书院有了共同的准则。这种自觉的意识是书院制度走向成

熟并最终确立的标志。有关书院与理学的一体化，在上一节已经有过讨论，此节不再重复。

一、书院的四大基本规制与六大事业

如前所述，在替代官学的北宋前期，书院形成了讲学、藏书、祭祀、学田四大基本规制。但仔细分析，这规制的官学成分很浓，如祭祀部分，对象锁定在先师先贤，无论是岳麓书院"塑先师十哲之像，画七十二贤"，还是白鹿洞书院塑孔子及其弟子像，都是唐宋时期庙学制度的翻版，照搬官学，并无书院自己的特点与特色。即便是书院的讲学，也还基本停留在以传播儒家文化基础知识的教人"读书"阶段，还没有上升到新理论整合、创建、推广的"讲道"阶段。因此，书院基本规制的进一步建设与完善，还有待南宋理学家的努力。

1. 学术研究

研究学问，集成理学，是南宋书院建设的头等大事。研究源出于讲学，而从逻辑上讲，它又居于讲学的上游。使所讲之"学"缜密完善，形成系统的理论体系，是其主要任务。其任务的承担者，主要是朱熹、张栻、吕祖谦、陆九渊等当年的学术大师及其主要弟子。因此，躬与其事的书院从数量上来讲只是少数。前述朱张于岳麓讨论中和、太极、乾坤等问题，朱吕在寒泉精舍商定富含哲学思想的《近思录》，朱熹在其创建的福建考亭等书院研究完成《四书集注》《伊洛渊源录》《论语精义》《孟子精义》《书集传》《仪礼经传通解》《太极图说解》《西铭解》等系列理学著作，朱陆吕鹅湖之会讨论治学方法，陆九渊赴白鹿洞喻讲义利等，都涉及学术研究的方方面面，也取得了标志性的学术成果。这些成果，既为"讲"之基亦为

"学"之源。也就是说，书院的学术研究及其形成的理学理论，可以保证讲学活动在高质量、高水平状态下连续不断地运行。尽管现实世界中只有少数书院能够真正担当学术研究的重任，但在讲学盛行的时代，它可以产生一种引领作用，使大多数书院形成对学术研究的景仰与向往，从而使学术研究本身也变成一种时尚，或者说至少是一种追求的目标，并最终演绎成书院的一种基本规制。

前文讨论书院与理学一体化时，提到过反对派批评建书院、立祠堂、注《四书》、辑语录四者所构成的文化主流，其中的刊注《四书》、衍辑语录两种行为模式，就是众多书院努力于研究学问的真实写照。如淳熙十三、十四年间（1186—1187），戴溪任衡阳石鼓书院山长，"与湘中诸生集所闻"而成《石鼓论语问答》三卷。此书流传至清，收入《四库全书》，《提要》称："朱子尝一见之，以为近道。……其书诠释义理，持论醇正，而考据间有疏舛……然训诂、义理、说经者向别两家，各有所长，未可偏废。溪能研究经意，阐发微言，于学者不为无补，正不必以名物典故相绳矣。"①这本书能够得到宋代理学大师朱熹和轻理学、重考据的清代学者的赞扬，实属不易，可见其学术水平甚高，可以经受时间和学派的考验。此亦可见，南宋书院从事学术研究的成效不差。

总之，将从事学术研究变成书院的基本规制，使书院获得了推动学术进步的发动机，提升了书院参与文化研究与创造的能力，这是南宋理学家们对书院自身建设所做的重大贡献。从此，具备很强的文化创造功能的书院就成为推动中国学术事业发展的一支重要力量。

---

① 四书类一[M] // 卢光明, 邓洪波, 彭明哲, 等. 钦定四库全书总目: 卷三十五. 北京: 中华书局, 1997: 463.

2. 讲学

讲学主要体现书院的教育教学功能，属于义化传播的范畴，它为上游的学术研究服务。将各个学派的思想、理论传播推广于士人和一般民众之中，普及文化基础知识，是讲学的基本任务。也就是说，讲学这一规制又可以分为传授一般文化知识的普通教学和涉及学术传播的传道讲学这两个大的方面。普通教学是唐五代以来书院就有的功能，传道讲学则是南宋理学家赋予书院的责任。按照"传道"所涉学术程度的深浅，又可以分为三个层次的讲学。

第一个层次的讲学，属于学术原创性讲学。或由各个学派的大师主持，或大师自讲，或大师与同谊会讲，或大师与论敌开讲会辩难质疑，其特点是阐发儒家经义，创建学派理论体系。第二个层次的讲学，属于学理传播性讲学。由大师的弟子、再传弟子们主持，其主要目的在于传播大师的学说，发挥本学派的精义，尽量使学派发展的空间扩大、时间延长，着眼点在培植学术种子，壮大学者队伍。需要指出的是，这个层次的讲学有信守师说与创发新义之别，前者有不变而死之险，后者有流变至末之虞，互有短长，而理想的景况则是各派后学兼取别家之长，另辟新绪，再开盛局。前述袁甫在象山书院、白鹿洞书院、番江书堂的讲学就有这种气象。第三个层次的讲学，属于学术普及性讲学。由懂得儒家理论的学者主持，听众则为初学之人或平民百姓，讲学词多平实，浅显易懂，所重不在理论阐发，而是课之以实践，将先贤的理念、大师的观点具体化作一般民众可以理解的日常行为和准则，并使之成为一种生活习俗。这实际上是一种宣传教化活动，其目的是将学术普及到广大的民众之中。

3. 藏书

书院是读书人围绕着书开展文化教育活动的公共场所，藏书则是书院一种永恒的事业追求。继北宋皇帝频赐经史典籍给岳麓、白鹿洞、嵩阳诸书院之后，又经南宋理学家朱熹、袁燮、魏了翁等一大批书院建设者孜孜不倦的努力，结合书院与各学派的学术需求，终于使得书院挟有林立各地的藏书楼阁、皇皇数万乃至十万卷院藏之数，成就其藏书事业。从此以后，书院藏书就自立门户，得以与官府藏书、私人藏书、寺观藏书一起，并称为中国古代藏书事业的四大支柱。书院藏书既不同于官府藏书之石渠金匮，视若鸿宝，也不同于寺观、私人藏书之志在保存，以为珍玩，侈谈宏富。它完全服务于院中师生的教学与学术研究工作，并由此而具备公共性、公开性、利用性三大特征。在书院的内部规制中，尽量多地收藏图书，这是一种文化积累，而一旦进入流通，供院中师生阅读，则是文化的传播。若院中师生凭借图书进行研究，建立新的理论，则院藏图书又成为书院学术研究的基础与保证。

4. 刻书

图书生产是唐代丽正、集贤书院就有的功能，但那是手抄笔写，没有生产规模。南宋时，随着雕版印刷技术的推广，有条件的书院皆涉足刻书，形成了堂而皇之的"书院本"，刻书也就成为书院的基本规制之一。为院中师生教学与学术研究服务，谋求书院的发展，是书院刻书的首要任务。与祭祀相配合，书院经常刊刻本学派学术大师的著作，以教授院中诸生。如岳麓书院、白鹿洞书院皆刻有朱熹《大学章句》一卷、《或问》二卷、《中庸辑略》二卷，此即本于登其堂必读其书之义，意在明道传学。前述袁燮、袁甫父子在东湖、象山书院两刻《陆象山文集》，就是明显的例证。又如建康明道书院，奉祀程颢，开庆元年（1259），部使者马光祖率僚属会讲其中，"听讲之士数百"，于是令山长周应合"粹二程先生之言之行，辑为一书，以《大学》八条定篇目"，"刻梓以授诸生"。马光祖《程子序》称："登程子之堂，则必读程子之书。读其书，然后能明其道，而存于心，履于身，推之国家天下，则天地万物，皆于我乎赖。"①如此则道以书传，院因学盛，其结果就是书院与学派的结合，书院与学术的共同繁荣。书院还刊刻师生的学术成果，如宋淳熙年间，衡州石鼓书院山长戴溪"与湘中诸生集所闻"而成《石鼓论语问答》三卷。从书院的内部规制讲，刻书服务于学术研究和讲学传道，既能保存并展示研究成果，提高教学水平，又可以流传院内师生以及院外士人之间，扩大社会影响，还可以配合祭祀，强化学术、学派的认同感，有多重文化功能，因而成为书院规制建设中的重要一环。

5. 祭祀

祭祀是书院规制中一个极为重要的组成部分，历来受到世人重视。如前所述，北宋书院借用庙学之制，始行祭祀，但所祀人物和官学一样，并无特色。南宋开始，随着书院与学术事业及地方文化的结合，院中学术大师，有名的山长，关心书院建设的乡贤与地方官，日渐进驻书院的祠堂，使书院祭祀走上了独立发展的道路。

书院设祭的一个主要目的，是标举自己的学术追求，借所奉人物确立其学统，此即所谓"正道脉而定所宗也"。它有两层意思，首先，书院是儒者之区，理所当然庙祝孔子及其门下贤哲等世所公认的儒家先圣先师，以区别于佛道两家的菩萨、神仙。其次，儒家又有不同派别存在，书院成为学派的基地，其立祠设祭，遵行"必本其学之所自出而各自祭之"的原则，"非其

---

① 马光祖. 程子序 [M] // 陈谷嘉, 邓洪波. 中国书院史资料. 杭州: 浙江教育出版社, 1998: 190–191.

师弗学，非其学弗祭也"①，可以起到强化学派认同的作用。祠堂之上排列的开山祖师及各个时期的代表人物，象征书院的精神血脉，表明书院的学术渊源、风尚与特色，是学术传统的具体化。因此，我们可从供奉对象察知书院所属学术派别，看到学术思潮的时代特色。

书院祭祀的另一个重要目的，是对院中学生实施教育，此所谓"尊前贤励后学也"。书院设祭，有一定的标准，凡"先贤之得祠者"，或乡于斯而"有德"，或仕于斯而"有功"，或隐学于斯而"道成于己"，或阐教于斯而"化及于人"。②一般来讲，必须具备与本乡本土关系密切、德行道义足资后学模范这两个最起码的条件。乡土使人亲切，模范可以学习。祠宇中供祀的先贤，实际上就是书院为诸生树立的亲切可学的典型、榜样。这些先贤，虽然为官为民地位不同，或教或学，所业各异，立功、立德、立言，成就有别，但他们各有其可学之处。山长根据学生习性志趣的不同，各加规勉劝诫，令其见贤思齐，正可成就希天、希圣、希贤不同层次的事业。而诸生长伴先贤，仰而瞻其容，俯而读其书，"一惟其道德言论是式是循"，观摩实践，日渐月磨，必能进德修业，卓然成为有用之材。

书院祭祀活动，一本其尊学术、重教育的理念，简单而又隆重。它依照儒家礼乐制度和程序进行，有尊师、重道、崇贤、尚礼的含义。整个活动实际上是一个向院中诸生展示儒学礼仪的过程，实为形象而生动的教育形式。不仅如此，透过庄严神圣的祭祀礼仪，院中诸生还可感知先贤先儒的人格魅力，生发成圣成贤之志。这样，祭祀就具有人格教育与传统教育的功能。

---

① 送东川书院陈山长序 [O] // 黄榦. 黄文献公文集: 卷六. 文渊阁四库全书本.
② 黄冈书院无垢先生祠堂记 [O] // 唐肃. 丹崖集: 卷五. 文渊阁四库全书本.

6. 学田

学田是书院赖以生存和发展的基础，在南宋受到理学家们的重视。中国士人自古即多贫寒，虽号称"四民之首"，但农工商各有常业，而唯士无恒产。孟子曾有"无恒产而有恒心者，惟士为能"的说教，但必须是"士无饥渴以害其心"，才能做到"咸自砥砺，以成其业"。也就是说，士之恒心也需要"养"。真正"无阖庐以辟燥湿，无短褐以御风寒，无粝粱之食以活躯命"，就谈不上"养其恒心而纳诸君子"了。[1]因此，"有屋以居，有田以养"[2]，就成为书院建设者追求的目标。如东阳郭氏家族石洞书院，在建院舍、礼名士主讲之外，又"徙家之藏书以实之，储洞之田为书院之食，而斥洞之山为书院之山"。[3]如平江府之虎丘山书院，"并祠筑室以舍学者，买田收谷以食之，而储和靖与其师者友之书于中"。[4]又如集江西十一郡士人的东湖书院，在建院舍以安其居后，又"益以公田之租"，"以致养也"。[5]都说明将经营学田作为书院的基本规制，在官府和民间已经成为共识。学田来源，虽无北宋时的朝廷赐田，但地方官府拨田、拨钱、置田，政府官员个人捐俸市田，民间家族或个人捐私田以供四方学者，立学田以教族里

① 高斯得. 公安南阳二书院记[M]// 陈谷嘉, 邓洪波. 中国书院史资料. 杭州: 浙江教育出版社, 1998: 206.

② 廖行之. 石鼓书院田记[M]// 陈谷嘉, 邓洪波. 中国书院史资料. 杭州: 浙江教育出版社, 1998: 186.

③ 叶适. 石洞书院记[M]// 陈谷嘉, 邓洪波. 中国书院史资料. 杭州: 浙江教育出版社, 1998: 144.

④ 刘宰. 平江府虎丘山书院记[M]// 陈谷嘉, 邓洪波. 中国书院史资料. 杭州: 浙江教育出版社, 1998: 136.

⑤ 袁燮. 东湖书院记[M]// 陈谷嘉, 邓洪波. 中国书院史资料. 杭州: 浙江教育出版社, 1998: 120.

子弟，书院自筹，甚至由官府捐帑"抵质库"，"月收其息，以助养士"①。凡此种种，表明书院的田产经营已经多头并进，钱粮足以为书院持久生存和发展提供可靠的经济保证。

在书院的内部规制中，学田经营的地位非常重要。"养士无赀"，则书院"甫兴旋废"②，难以持久。"院有田则士集，而讲道者千载一时，院无田则士难久集，院随以废，如讲道何哉？"也就是说，学田是书院其他各项事业的前提与保证，"书院不可无田，无田是无书院也"③。正因为如此，我们一直强调学田的重要性，将其和前贤所谓讲学、藏书、祭祀三大事业并举，合称为书院的四大基本规制。

综上所述，形成于北宋的书院讲学、藏书、祭祀、学田四大基本规制，经由南宋理学家的努力，扩展为学术研究、讲学、藏书、刻书、祭祀、学田六大事业。应该说，从"四大"到"六大"，是规制的完善，是事业的衍生与扩充，这是发展的一个方面。回首审视，书院的基本规制仍然固守未变，研究源生于讲学，藏书和刻书实质还是书的社会流程中的两个时段。因此，书院的六大事业也可以等视为对书院四大基本规制的完善。

还要指出的是，书院的基本规制外化为建筑，大致对应为讲堂斋舍、书楼书库、祠堂庙宇、仓廪厨房等几个功能不同的区域空间，形成极具人文特色的书院建筑结构。

二、圣化与规范：书院的制度化建设

制订学规、章程，规范和约束书院师生的言行举止，劝善规过，提升品

---

① 钓台书院[O]//郑瑶. 严州志：卷三. 宋景定三年刊本.
② 蒋励宣. 重建清湘书院并置学田记[O]//全州志：卷十二. 清嘉庆刊本.
③ 娄性. 白鹿洞学田记[O]//李梦阳. 白鹿洞书院新志：卷六. 明嘉靖刊本.

位，是书院制度确立的一个重要标志，也是南宋理学家对书院建设所做的重大贡献。

南宋的书院学规，也作规约、学则、规式、揭示，最早的是吕祖谦的《丽泽书院学规》。学规的内容，因时因地因院而各不相同，包罗甚广，约略而言，则有三端：一是确立办学宗旨，宣示书院教育的方针，为诸生树立鹄的，为同仁确立目标，意期立志高远，养成正确的人生理想；二是履行进德立品、修身养性的程序和方法，既多理性之分析与规劝，更重日用伦常规范的建立，言者谆谆，想为学者提供更多至善达德的帮助；三是指示读书、治学的门径和方法，多为山长半生攀登书山、畅游学海的经验总结，言出肺腑，语凝心血，无论是正面的引导，还是反面的戒饬，皆可视作书院教育实践经验的理论结晶。

南宋的书院章程，又作规程、学榜。状元徐元杰的《延平郡学及书院诸学榜》，是现存最早的章程，但与官学共享。相比之下，稍后的《明道书院规程》则更加纯正。与学规的远大追求不同，章程强调细密的做法和可操作性，内容涉及招生、考试、奖惩、平日功课、教材、簿书登记、祭祀仪式、讲学方法、请假、经费等约束内容，皆是具体而硬性的规定，意在从各个侧面去维系书院的正常运作。它是书院制度具体而生动的反映，也体现书院的管理水平。

以下我们将择要介绍《白鹿洞书院揭示》《丽泽书院学规》《延平书院日习例程》，从几个侧面了解南宋书院规章制度建设的情况。

1.《白鹿洞书院揭示》：理学家高扬的书院精神

《白鹿洞书院揭示》，又名《白鹿洞书院学规》《白鹿洞书院教条》《朱子教条》，由朱熹制订。淳熙七年（1180），白鹿洞书院重建"喜初成"，朱熹以南康军长官的身份，率僚属及院中师生行开学礼，升堂讲说《中庸》首章，并取圣贤教人为学之大端，揭示于门楣之间，作为院中诸君共同遵守的学规。这就是著名的《白鹿洞书院揭示》，全文如下：

父子有亲，君臣有义，夫妇有别，长幼有序，朋友有信。

右五教之目。尧舜使契为司徒，敬敷五教，即此是也。学者学此而已。而其所以学之之序，亦有五焉，其列如左：

博学之，审问之，谨思之，明辨之，笃行之。

右为学之序。学、问、思、辨四者，所以穷理也。若夫笃行之事，则自修身以至于处事接物，亦各有要，其列如左：

言忠信，行笃敬。惩忿窒欲，迁善改过。

右修身之要。

正其义不谋其利，明其道不计其功。

右处事之要。

己所不欲，勿施于人。行有不得，反求诸己。

右接物之要。

熹窃观古昔圣贤所以教人为学之意，莫非使之讲明义理以修其身，然后推己及人。非徒欲其务记览为词章，以钓声名、取利禄而已也。今人之为学者，则既反是矣。然圣贤所以教人之法具存于经，有志之士，固当熟读深思而问辨之，苟知其理之当然，而责其身以必然，则夫规矩禁防之具，岂待他人设之而后有所持循哉！近世于学有规，其待学者为已浅矣；而其为法，又未必古人之意也。故今不复以施于此堂，而特取凡圣贤所以教人为学之大端，条列如右，而揭之楣间。诸君其相与讲明遵守而责之于身焉。则夫思虑云为之际，其所以戒谨而恐惧者，必有严于彼者矣。其有不然，而或出于此言之所弃，则彼所谓规者必将取之，固不得而略也。诸君其亦念

之哉！①

《白鹿洞书院揭示》首先以儒家的"五伦"立为"五教之目"，并强调"学者学此而已"。非常明显，将传统的人伦之教作为治学的目标，是针对"务记览为词章，以钓声名、取利禄"这一情况提出来的，具有很强的现实性。并且明确指出，尧舜时代之"敬敷五教"，就是做此事情的。这是用《尚书》标举的施行人伦教化于民众的事迹，表明书院的教育目标不仅仅在士人个人的道德修养，还有传道而济斯民的更高诉求，它是一个由道德、伦理、济世三者组成的共同体，相对于科举学校之学来说，体现出一种很特殊的浸透了理学教育理念的书院精神。

指出为学的方向之后，朱熹又提出了学、问、思、辨、行的"学之之序"。前四者皆为"穷理"之法，属于学习方法，行即是践履。这表明，理学家已经将实践看作是"学"的一项内容了。更有甚者，在学、问、思、辨之后，从修身、处事、接物三个方面分解"笃行之事"，显示出强烈的道德实践的倾向。

综合所述，我们可以看到，该揭示针对当时务记览、取利禄的学风，回归传统，将"学"定义于五教五伦，并提出为学的目标和程序。经过如此重新定义，"学"就落实到了现实的人伦世界，而维持人伦世界的秩序就变成了"学"的最终目标。为达此目标，必须穷理而笃行。也就是说，穷理和笃行构成"为学"的两大部分。两大部分中，该揭示只点到学、问、思、辨，而详述"笃行"，表明理学家对蕴含经世之志的道德践履的高度重视。这是典型的理学家的教育理念，和张栻在岳麓书院提出的"岂特使子群居佚谭，

---

① 朱熹. 白鹿洞书院揭示 [M] // 邓洪波. 中国书院学规集成. 上海：中西书局，2011：636–637.

但为决科利禄计乎？抑岂使子习为言语文词之工而已乎？盖欲成就人才，以传斯道而济斯民也"的教育宗旨，以及体察求仁的方法，分辨天理人欲的讲求等，如出一辙。其所反映的正是他们所高扬的经世济民、传道济世（或传道济民）的理学精神。

《白鹿洞书院揭示》后来成为书院精神的象征。先是，绍熙五年（1194）朱熹任潭州知州重建岳麓书院，将该揭示移录其中，史称《朱子教条》，传于湖湘。淳祐元年（1241），宋理宗皇帝视察太学，手书《白鹿洞书院揭示》赐示诸生。其后，或摹写，或刻石，或模仿，遍及全国书院及地方官学。于是，一院之"揭示"，遂成天下共遵之学规。随着中国书院制度之推广，它又东传朝鲜、日本，不仅当年被奉为学规，至今尚有高揭而作为校训者①②，可见其影响既深且远。

2.《丽泽书院学规》：书院倡导的行为规范

吕祖谦是南宋书院运动的主要领导者，其文集中在《丽泽书院学规》所收五种丽泽书院"规约"中，记录了他对书院制度化建设所做的贡献。最早的是《乾道四年九月规约》，提出"以孝弟忠信为本"。其次是《乾道五年规约》，"以讲求经旨，明理躬行为本"。以上是学规的主体，具体内容将详述如下。第三是《乾道五年十月关诸州在籍人》，是为分散在各州的在籍人士所订的关于通信问学、互商学行的规矩。乾道五年（1169）十月，他离开丽泽书院，赴任严州州学教授。次年，升太学博士，曾回家乡，与诸生会讲丽泽，并订立第四个规约，即《乾道六年规约》，共七条，属

---

① 平坂谦二. 被称作书院的日本学校［M］// 朱汉民, 李弘祺. 中国书院：第一辑. 长沙：湖南教育出版社, 1997：260.

② 李才栋. 日本的兴让馆——《白鹿洞书院揭示》还活在日本［J］. 江西教育学报, 1997, 1.

补充性质，内容皆关于家庭道德、士人行为举止。第五个是《乾道九年直日须知》，集中讨论吊慰、丧礼、祭钱、赙仪等问题，都是丧葬礼仪，这与第三个规约的部分议题重复，但内容更周详具体。谨移录前两个规约如下，以供参考。

乾道四年九月规约

凡预此集者，以孝弟忠信为本。其不顺于父母，不友于兄弟，不睦于宗族，不诚于朋友，言行相反，文过饰非者，不在此位。既预集而或犯，同志者，规之；规之不可，责之；责之不可，告于众而共勉之；终不悛者，除其籍。

凡预此集者，闻善相告，闻过相警，患难相恤，游居必以齿相呼，不以丈，不以爵，不以尔汝。

会讲之容，端而肃；群居之容，和而庄。（箕踞、跛倚、喧哗、拥并，谓之不肃；狎侮、戏谑，谓之不庄。）

旧所从师，岁时往来，道路相遇，无废旧礼。

毋得品藻长上优劣，訾毁外人文字。郡邑正事，乡间人物，称善不称恶。

毋得干谒、投献、请托。

毋得互相品题，高自标置，妄分清浊。

语毋亵、毋谀、毋妄、毋杂。（妄语，非特以虚为实，如期约不信，出言不情，增加张大之类，皆是；杂语，凡无益之谈皆是。）

毋狎非类。（亲戚故旧或非士类，情礼自不可废，但不当狎昵。）

毋亲鄙事。（如赌博、斗殴、蹴踘、笼养朴淳、酣饮酒肆、赴试代笔及自投两副卷、阅非僻文字之类，其余自可类推。）

乾道五年十月规约

凡与此学者，以讲求经旨，明理躬行为本。

肄业当有常，日纪所习于簿，多寡随意。如遇有干辍业，亦书于簿。一岁无过百日，过百日者同志共摈之。

凡有所疑，专置册记录。同志异时相会，各出所习及所疑，互相商榷，仍手书名于册后。

怠惰苟且，虽漫应课程而全疏略无叙者，同志共摈之。

不修士检，乡论不齿者，同志共摈之。

同志迁居，移书相报。[①]

非常明显，凡"同志"而又"同学"于丽泽者，不论身在何处，或亲身预集，或通信联系，从此就变成了一个具有相同理念的团体，也就是说，书院的概念已不仅仅局限在院舍之内，可做相当大的延伸。此其一。其二，学规虽然也讲"孝弟忠信"，"讲求经旨"，但其落脚点却在"明理躬行"，强调的不是学术、学理本身，而是学术思想指导下建立的日用伦常准则，是如何身体力行去做，去实践。院中同志"闻善相告，闻过相警，患难相恤"，彼此规劝，意在能实践所学。为了做到这一点，甚至不惜摈之与开除不合格者。其所反映的是一种典型的道德实践的理学教育理念。

《丽泽书院学规》的特点是"范其体"，和《白鹿洞书院揭示》五教之目的"事其心"，相辅相成，正好可以互为补充。因此，稍后便有人将二者合而并行，称作"朱吕学规"。如《陆象山文集》卷三十五《语录》中，记有陆九渊批评许昌朝集朱吕学规教金溪县学诸生一事，而魏了翁《跋朱吕学规》，则对二规异曲同工之妙大加赞扬。正反两面的事例，正好说明上述两个"异训而同指，异调而同功"的学规在当年就产生了很大的影响。

---

① 吕祖谦. 丽泽书院学规 [M] // 邓洪波. 中国书院学规集成. 上海: 中西书局, 2011: 408–409.

3. 延平书院日习例程：书院课程表

与上述朱吕学规一重精神的指引、一重行为的规范不同，徐元杰的"日习例程"是将教材、考试等落实到了每天的课程之中。绍定五年（1232），徐元杰以状元之身份任延平州知州，秉承"郡政以学化为先"的理念，一月一聚于郡学或书院，"亲扣"诸生"每日所习何事，所读何书，所作何文"，"凡所讲习，当先就本心本身上理会"，使之自觉而改不善，自知而充所觉，自爱而守所知，又提出以孝悌为务本之学，"望人以君子之归，示人以仁者之事"，"盖不但逐逐乎科举俗学而已"。可见，他与朱吕一样，有着大体相同的理学教育理念。所不同的是，他更加关注日常的教学课程，将其理念具体落实到士友"所当习之业"，因此制订了一个郡学、书院诸生都要遵守的"日习例程"。谨将其全部条文移录如下：

一、早上文公四书，轮日自为常程，先《大学》，次《论语》，次《孟子》，次《中庸》。六经之书，随其所已，取训释与经解参看。

二、早饭后类编文字，或聚会讲贯。

三、午后本经论策，轮日自为常程。

四、晚读《通鉴纲目》，须每日为课程，记其所读起止，前书皆然。

五、每月三课，上旬本经，中旬论，下旬策。课册待索上看，佳者供赏。

六、学职与堂职升黜，必关守倅。[①]

以上六条，除了一条讲学生考试，一条讲教职人员考核之外，有四条是

---

① 徐元杰. 延平郡学及书院诸学榜 [M] // 邓洪波. 中国书院章程. 长沙：湖南大学出版社，2000: 91.

学习"常程"，也就是今日大中小学的课表，涉及教材、教法、课程安排，最能反映当年书院制度化的教学常态。从中我们也可以看到书院以自学为主的教学特色，以及"聚会讲贯"的课堂教学形式。

三、书院的管理制度

南宋是书院管理体制形成并得以确立的重要时期，南宋理学家和书院结为一体，赋予书院更多的学术教育理念，使书院承担起研究学术、发展教育、推行教化的重任，其管理亦借鉴官方学校、禅林精舍、道家清规，形成各种制度。诚如朱熹所称"近世于学有规"，制度化管理成为一种普遍现象。以吕祖谦乾道年间为丽泽书院制定的五种"规约"、朱熹的《白鹿洞书院揭示》、陈文蔚的《双溪书院揭示》、徐元杰的《延平郡学及书院诸学榜》，以及《明道书院规程》等为代表，书院完成并确定了自己的管理体系。这个体系具有比较严密、分工明确、便于操作的特点，其内容大体上包括五个方面：一是以山长负责制、堂长负责制为代表的管理体制及与之配套的组织系统，它从组织上保证书院的管理有序、有效地进行；二是师资管理，主要是对山长的遴选，或重学行，或重科举出身，从制度上提出资格的要求，确保书院的学术研究及教学水平能够达到一定的标准；三是生徒管理，入院肄业要经过考试且有名额的限制，学业德行各有要求，言行举止皆有尺度，建立了考勤、奖惩制度；四是教学管理，山长授课依课程定期进行，有授讲、签讲、覆讲等方式方法，生徒学习分早上、早饭后、午后、晚上四段时间，各定功课，形成"日习例程"，每月定期考试；五是经费管理，经费的筹措，常年开支的分配，各有定规，它从经济上保障书院的正常运行。兹择要介绍山长负责制、堂长负责制、师资管理、学生管理、教学管理情况如下，以见书院管理体制之大要。

1. 山长与堂长负责制

山长负责制是一种确立山长为书院领导核心的管理模式。家族型乡村小型书院，其组织构成比较简单，如宋代盱山书院，山长之外，有堂长、学长、斋长诸职"相与励翼之"[①]，其最简者可以只有山长一人。官府主持的大中型书院，职事较多，如号为天下四大书院之首的岳麓书院，在宋代就有山长、副山长、堂长、讲书、讲书执事、司录、斋长等职务，而建康府（今江苏南京）明道书院则是宋代管理组织最庞大最完善的书院，它设有山长、堂长、提举官、堂录、讲书、堂宾、直学、讲宾、钱粮官、司计、掌书、掌仪、掌祠、斋长、医谕共 15 种职位，构成一个庞大的组织管理体系。其中，前四位居书院的重要地位，各设有专门的办公场所，分别叫作"山长位""堂长位""堂录位""讲书位"，另有"职事位"二处，居处其他 9 种职事。山长位高权重，主持教务，取舍诸生，是书院的核心，每月三次课试及逢一、三、六、八日讲课时到院，堂长为其副手，住院掌理日常院务。其他各职各有责守，分工明确，协助山长、堂长维持书院正常的教学、研究、祭祀、图书、经费等各项管理，甚至院中师生的身体状况亦有"医谕"来作保障。

山长负责制在不同的时期、不同的书院又有不同的表现形式。如潮州韩山书院，设置依仿白鹿洞，有"洞主，郡守为之。山长，郡博士为之。职事则堂长、司计各一员，斋长四员"[②]。这是洞主领导下的山长负责制。非常明显，洞主即郡守，是一级地方行政长官，也就是说，韩山书院的山长要向

---

① 包恢. 盱山书院记［M］// 陈谷嘉，邓洪波. 中国书院史资料. 杭州：浙江教育出版社，1998：182.

② 永乐大典：卷五三四三［O］. 中华书局影印残本.

地方政府负责。沿此成习，后世官府书院多采此种管理模式。

堂长负责制，是南宋特有的现象。当时，书院、书堂混用，有些书院设置堂长以行山长职能。如九江濂溪书院，"招致名儒以为堂长，诸县举秀民以为生员，仍至田租以赡之"①。金溪县槐堂书院，叶梦得《槐堂书院记》称，"李子愿为堂长以主教事，职事生员各立定数，因其岁之所收而差次其廪给"②。但这不是一种普遍的现象，一般而言，堂长位次居山长之下，如前述建康府明道书院之类，其责在"纪纲庶事，表率生徒"。元明以后，堂长地位下降，变为学生首领，负责考勤、课堂记录、收集疑难等。

除此之外，书院还有一些特殊的管理模式值得介绍。如几院联合形成等级有别而又通为一体的形式，最典型的例证是宋代的"潭州三学"。"三学"由潭州州学、湘西书院、岳麓书院构成，州学生月试积分高等升湘西书院，又月试高等升岳麓书院，其事载于《宋史》和《岳麓书院志》，已为大家所熟知。再一例是宋代江西象山书院、白鹿洞书院和番江书堂的联合体，其事见于袁甫《番江书堂记》，书堂生徒"有立"，则分送两书院肄业，是番江实则是白鹿洞、象山之基阶，三院一体构成事实上的分级管理模式。

2. 师资管理制度

书院的师资构成，总体来讲虽然名目繁多，但具体到某一所书院，则皆以山长、堂长、掌教等一职为核心，人员并不多，可谓队伍精干。山长等核心成员之学术水平、道德水平的高低可以决定书院的兴废盛衰。因此，有关书院师资的管理也就主要体现在如何确保山长等核心人选能胜任其传道授业解惑的职责了。

---

① 永乐大典：卷六七〇一[O]．中华书局影印残本．
② 江西通志：卷八十一[O]．清光绪刊本．

书院制度确立时，人们就特别重视山长一职的人选。岳麓书院的首任山长周式，就因为"学行兼善，尤以行义著称"，而受到宋真宗皇帝召见，并赐对衣鞍马，授官国子监主簿，享有亘古未有的殊荣。到绍兴年间，大学者胡宏"力辞召命，自请为岳麓书院山长"之后，"山长之称，人以为非实行粹学者莫宜居"①。乾道年间，张栻主讲岳麓，虽与朱熹、吕祖谦并称为"东南三贤"，但他是胡宏的学生，故不敢以山长相称。由此可见，山长资格之重，非同一般。大概也就是从这时候开始，岳麓书院在较长的时间内就以"堂长"主教事。某堂长逝世之后，有一位"颇能为诗""文采可观"名叫周愚的人自荐顶替，官府以其事"商度"于王炎。王氏因作《论请岳麓书院堂长》一文，其称：

> 炎前此闻其人颇能为诗，至于学问之浅深，行义之优劣，炎实未能知之，不敢轻于所议……夫差一职事，在使府径自行下，岂有不可？又使炎退而议焉，不惟见其重于许与？盖虚中待下之备，今之君子所未有也。窃谓书院得名，由山长周式以行义闻于真庙之朝。今湘中九郡惟一书院，书院惟一堂长，先生以命世儒宗主盟吾道，士之一经品题者，身价便重，视他人所谓差充职事事体似不同也。……如周愚果堪充上件职事，酌之乡论，出自使府，招之使来，人谁闲言？②

由此可知，书院负责人的任用需要考察多方面的因素，仅有文采、能诗文是远远不够的，学问之深、行义之优是必备条件，还要兼顾"乡论"，始

---

① 欧阳守道. 白鹭洲书院山长厅记［M］// 陈谷嘉, 邓洪波. 中国书院史资料. 杭州: 浙江教育出版社, 1998: 133.

② 王炎. 双溪类稿: 卷二十二［M］// 陈谷嘉, 邓洪波. 中国书院史资料. 杭州: 浙江教育出版社, 1998: 185.

得由官府差遣。虽未明言官府应依何种具体的制度拣选堂长，但按章法行事之迹洞然可见。事实上，到南宋中后期，书院山长一职渐由吏部差授，只是"山长之未为正员也，所在多以教授兼之"。理宗景定四年（1263），"诏吏部诸授书院山长者，并视州学教授"，山长成为正式的学官，可以修建山长厅作为官署办公，京城新进士有资格充任。此事可视为书院师资管理上一件里程碑式的大事，曾任岳麓书院副山长、白鹭洲书院山长的欧阳守道因作《白鹭洲书院山长厅记》而予以记录。

3. 学生管理制度

可以说，自有学生，书院即有管理学生的制度。宋代文献中关于此的记载则比比皆是，并且日趋正规，形成了专门的规章条文，于景定年间制订的建康《明道书院规程》是其中的典型，十一条中就有八条（第二、第五至第十一）专谈诸生管理，涉及的内容已经非常广泛，而且刚柔并施，奖惩兼备，已具成熟之态。具体而言，又可分为招生、考勤、行为规范等几个方面。

招生制度包括入学考试和名额限制两项内容。建康明道书院之"引疑义一篇，文理通明者，请入书院，以杜其泛"就是考试。书院招生定有名额。如"天下四大书院之首"的岳麓书院，于南宋乾道元年（1165）重建，有四斋，"定养士额二十人"。淳熙十五年（1188）扩建二斋，"益额十人"。绍熙五年（1194），朱熹为潭州知州，更建院舍，又"别置额外学生十员，以处四方游学之士"，其经费在本州赡学料次钱及书院学粮内通融支给。[①]可见设定名额在南宋已是常事。之所以限额，则缘自斋舍与经费的客观影响。

书院的考勤制度，以唐代宫中集贤书院之"月终则进课于内，岁终则考

---

① 陈谷嘉，邓洪波. 中国书院史资料 [M]. 杭州：浙江教育出版社，1998：44，184.

最于外"为嚆矢，宋代开始，形成比较完备的规章。如建康明道书院"请假有簿，出不书簿者罚"的"规程"，即是一个明证。当时有"请假簿"，它与记录山长讲学情况的"讲簿"、登记生徒文理优异及修德进业的"德业簿"、生徒领取钱米的"食簿"、领取灯油及寒炭的"宿斋簿"等并列，[①]构成书院的簿书登记制度，使一切皆有据可查，是为明道管理的一个亮点。将请假簿和食簿、宿斋簿，以及规程中请假不得逾三月和谒祠、听讲、供课三者皆登记，缺席三次"罢职、住供"的规定等，合而视之，即是一个很全面的考勤制度了。

规范学生的行为举止，是书院管理的一个重要内容。古有"士为四民之首"的说法，书院作为养士之所，十分重视士人意识的培养。前引明道规程之职事生员出入并用深衣的规定，就是从衣饰上将其区别于一般民众，使其产生士人的责任感乃至优越感。而通行天下的朱熹《白鹿洞书院揭示》，以五教之目、为学之序、修身之要、处事之要、接物之要训勉诸生，意在修炼身心，锻造人格。与此相辅，书院还制订了一些禁例戒条，硬性规定，不得违犯，犯则责之、规之、戒之、摈之、开除，典型的是吕祖谦的《丽泽书院学规》。

4. 教学管理制度

书院的教学管理内容丰富，难以一一尽举，兹择要介绍其教学例程、日记教学、考试，以见其概要。

教学例程，又称常程、课程，受分年读书法影响，一如现在的教学计划，规定书院一定时期的教学内容、讲课时间、考试科目等。建康《明道书院规程》之"每旬山长入堂会集职事生员讲授、签讲、覆讲如规，三八讲经，

---

① 明道书院规程[M]// 邓洪波. 中国书院章程. 长沙: 湖南大学出版社, 2000: 58.

一六讲史，并书于讲簿。每月三课，上旬经疑，中旬史疑，下旬举业。文理优者，传斋书德业簿"等，就是明显的一例。前述绍定年间状元知州徐元杰为延平郡学及书院所制订的一个"日习例程"就更为典型。

日记教学法见于南宋。其操作方法是：设立日记册、日记簿、日课簿、日程簿等名目的簿册，发给生徒，用以记录、考查诸生每日课业。它于诸生为记录每日所做功课，于山长则可验学生勤惰，考其学业，是书院广为采用的一种教学方法。状元宰相文天祥咸淳年间所作《赣州兴国县安湖书院记》中，就有"置进学日记，令躬课其业，督以无怠"的记载。[1]安湖书院在兴国县城东二百里的衣锦乡，属于远离城镇的乡村书院。乡村小院尚且以日记来督课诸生，则此法通行于一般书院可以想见。延平郡学与书院共享的"日习例程"前四条，即其祖式，它分早上、早饭后、午后、晚上四段时间规定生徒每日功课。

考试是书院用以对肆业生徒进行德行与学业考核，评定优劣，确定升降，给予奖惩的一种制度。它起源于唐代集贤书院"月终则进课于内，岁终则考最于外"，而成为制度则是宋代的事情。它以德行和学业为两大考试内容，以招生入学和平时考课为两大考试形式。

德行考核是对学生一贯的道德品性、日常的行为举止进行检查，看它是否符合既定的标准。为了做到有据可考，有的书院还实行簿书登记制度，设立德业簿、劝善规过簿等。考核标准因时因地因院因人（山长个人）各有差别。一般来讲，学术大师主持院务时，所定标准侧重对先贤先圣的理性追求，指标远大，而对日常起居的行为准则谈得较少，以疏大可塑，不带硬性规定，提倡自觉自励为其特点，朱熹的《白鹿洞书院揭示》就属于这种类型。而普通书院则从实用出发，多是儒家伦常的具体化的规定，以要怎样做

① 陈谷嘉，邓洪波. 中国书院史资料［M］. 杭州：浙江教育出版社，1998：162.

和不能怎样做来表明其标准。此种规定太多，不必例举。考核标准的不同，也决定了考核形式的不同，前者比较模糊，难以具体操作，其考核结果往往只能作为奖励或惩罚的参考系数；后者清晰，有很强的操作性，诸生违犯了哪一条，比如不尊敬师长、不孝敬父母等，就有被"除名""驱出""除其籍""共摈之"等明了的处理结果。因此，德行的考核条例定得越大越疏越没有约束力，定得越具体越清楚越能发挥奖惩激励的作用。这是一方面。而另一方面，疏大的规定则可供诸生自觉地培育优游修养，成就修身养性之事，而细密的条例则有可能扼杀学生的天性，达不到养成良好德行的目的。正因为这样，建立与完善一种疏密适度的德行考核制度就成为历代书院教育工作者所追求的目标。而这种追求也能为我们今天的德育提供一种良好的借鉴。

学业考课则主要是针对"智育"方面的学业水平的测试与考试。如江西新余蒙山书院就有"月讲季课"的记录。前述延平书院的每月上中下旬分课，谈本经、论、策不同内容，且"课策待索上看，佳者供赏"就是讲这种考试及其奖励的问题。南宋各书院的考试内容，以及考试名目、类别等还不像明清那样复杂多样，基本上都是以经、史为最基本的内容，外加参与科举考试。如建康明道书院，也是规定"每月三课，上旬经疑，中旬史疑，下旬举业。文理优者，传斋书德业簿"。而记录德行学业的簿书都"掌于直学，参考黜陟"。[①]优者书簿、佳者供赏，是讲考试后的奖励，至于以簿书参考黜陟，就是一种惩罚制度了。这说明，奖惩制度是和考试制度相辅相成的，其目的是使学生进学向上，也可以看成是考试的最后一个阶段，奖勤罚懒是其操作原则。奖励的形式很多，有精神鼓励，也有物质刺激。月课奖赏，是依据每次考试的成绩而定的，于每次考试之后兑现。月课奖赏之外，还有积分

---

① 邓洪波：中国书院章程[M]．长沙：湖南大学出版社，2000：57-58．

升级的奖励之制，其法始于宋代，"潭州三学"学生积分升高等即为一例。月课奖赏和积分升级，都与经济利益挂钩，利害相关，既有立见分晓的切肤之效，也有导人唯利是图的无形弊端。因此，有些书院即不采用此法，而强调精神鼓励。

书院考试之后的惩罚是和奖励同行的，上面已经谈及。奖前惩后是一个总的原则，惩罚只是手段，促其进步才是目的，这是就学业方面而言。另外，在德行方面不合格者，尤其是对一些危及全书院，或破坏学风，践踏院规，败坏伦常的行为，书院有戒饬、开除、鸣鼓驱逐、除名并报官立案、永远不许入院肄业应试等极为严厉的惩罚。吕祖谦学规中的规之、责之、共勉之、除其籍、共摈之即属这种情形。这是不得不为之的消极的处罚，但它从一个侧面反映了书院对道德伦常的重视，体现了中国考试制度重德行的传统，这又是今日值得借鉴的经验。

第五节 南宋规制最完备的书院：明道书院

明道书院于淳祐元年（1241）在建康府城正式创建，奉祀北宋理学家明道先生程颢，故名。淳熙二年（1175），建康知府刘珙以程颢曾任上元县主簿摄理县政，始建祠奉祀于学宫。嘉定八年（1215），改筑新祠，置堂长及职事生员，延致学者，时称明道先生书堂，是为书院的前身。淳祐九年（1249），知府吴渊重建院舍，聘名儒主讲，招志士共学，仿白鹿洞规，以程学讲课，从游者甚众。宝祐元年（1253），理宗皇帝赐"明道书院"额。开庆元年（1259），知府马光祖率僚属会讲，听讲之士数百，规制大备。景定四年（1263），知府姚希得重修，总费用11120余缗，米30硕，门楼院

舍"粲然一新"。其间山长周应合奉命撰修府志，史称景定《建康府志》，流传至今。其中卷二十九专记书院之事，将建制沿革、历史文献、规程条例、院舍田产、山长名录、系列讲义等备录其中，是难得的一份完备的宋代书院原始材料，兹据将明道书院的情况介绍如下。

一、明道书院概况

明道书院作为官立府级书院，规模甚大。在中轴线上，有大门、中门、祠堂、春风堂（御书阁）、主敬堂、燕居堂六进主要建筑。书院为纪念程颢而建，因此祠堂居于院舍中央，名河南伯程纯公之祠，三开间，广四丈，深三丈，塑有程颢像，祠东西两廊各十五间。祠堂往前为中门、大门各三间。春风堂为会讲之所，七间，广十丈，深五丈，是院中最大的建筑。堂中设讲座，四围设听讲座，临阶垂帘，堂前筑有一台，植有四桂，寓意院中诸生折桂，科举常胜。御书阁设于春风堂楼上，五间，广八丈，深四丈，奉有皇帝所赐御书，环列经籍，实为藏书之阁。主敬堂为会食会茶之所，三间。燕居堂奉祀先圣孔子及十四贤神位，与祠堂一样为祭祀之所，所祭与官学相同。教师住宿兼办公之所分别叫山长位、堂长位、堂录位、讲书位、职事位，分散在春风堂、主敬堂左右前后。生徒斋舍有尚志、明善、敏行、成德、省身、养心六斋，斋各三间，亦环绕春风、主敬二堂而建。工作人员值班及住宿之所，则叫直房、吏舍、幕次。米廒、钱库、蔬园、公厨，则属后勤处所。另有后土祠，居大门内左侧，奉祀对象不详，当为建康地方神明。院舍四周缭以垣墙，御赐书院额则悬于中门之上。

书院经费充足，有田产四千九百单八亩三角三十步，每年收入米一千二百六十九石有奇，稻三千六百六十二斤，菽麦一百一十余石，折租钱一百一十贯七百文，又有白地房廊钱若干。建康府每月下拨赡士遣钱五千贯十七界官会，芦柴四十束。所有田产钱粮，皆由钱粮官掌其出纳，所支供俸有差，实行的是供给制。院中开支分月俸、日供和寒炭三大类，兹将其数目开列如下：

表3.3　南宋明道书院经费开支统计表

职称	月　俸		日　供			备　注
	钱（贯）	米（石）	贴（造）食钱（文）	灯油钱（文）油（两）	寒炭（斤）	
山　长	100	—	700		5	
钱粮官	20	—	—	—	—	
堂　长	100	2	700	油2	5	
堂　录	60	1.5	500	2	3	
讲　书	50	1.5	500	2	3	1. 寒炭供应自十月初一日始，至次年正月底止。
堂　宾	26	1.2	200	钱200	2	2. 山长至斋长日供叫贴食钱，职事生员叫造食钱。
直　学	24	1.2	200	200	2	3. 堂长至讲书供灯油，其余折钱。
讲　宾	17	1.2	200	200	2	4. 日供部分得凭亲书食簿、宿斋簿支取。
司　计	15	1.2	200	200	2	5. 生员的具体数字不见记载。
掌　书	15	1.2	200	200	2	6. 支钱皆用十七界官会，支米皆用文思斛斗。
掌　祠	14	1.2	200	—	—	
斋　长	10	1	200	200	2	
正供生员	5	—	—	—	—	
医　谕	—	0.7	—	—	—	
职事生员	—	—	300／米2升5合	200	2	
合计	456	13.9	—	钱1400油6	30	

从月俸、日供的多少，我们可以看出，山长、堂长属高层负责人，山长由其他官吏兼任，不住院，所以无米和灯油钱，书院事务实际由堂长住院掌

理。堂录、讲书属中层管理者，直学至斋长则为基层管理员，钱粮官和医谕二职，可能为兼职而不专属于书院，所领为兼职费项目，数额皆少。生员人数不详，但月俸钱标准为 5 贯，若以 30 人计算，则此项每月 150 贯，正好相当于堂长、讲书二人的月俸之和，相对数额较少，所谓尊师重教，于此可见一斑。

二、明道书院的组织结构与教育文化功效

书院编制，生徒人数不详，以六斋十八间房屋推算，名额不会超过 36 人。名师会讲，慕名听讲者可达数百人。职事设置，有山长、堂长、提举官、堂录、讲书、堂宾、直学、讲宾、钱粮官、司计、掌书、掌祠、掌仪、斋长、医谕，共计 15 种，是南宋所有书院中职事最多的，因而具有典型性。山长一员，"教养之事皆隶焉"，为书院首脑。山长人选，先是知府从"诸幕官中选请兼充"，景定元年（1260）以后，则"从吏部注差"。也就是说，山长的任选之权，先在地方政府，后来被收归于中央政府，山长与州府官学教授一样成为朝廷命官。山长逢开堂讲授之日才赴书院讲学，平时则不在书院。堂长辅佐山长，但地位与山长相当，平时代行山长之职，掌管教养之事，因此，无论是办公场所还是经济地位都与山长一样。山长、堂长之外，书院曾于开庆元年（1259）设提举官任领导之责。当时，应山长之请，仿南昌东湖书院之例设置，主管院中行政事务，由"制干"文及翁兼充。这样文及翁就成了明道书院的首任也是末任提举官。掌仪主管教养明道先生后嗣之事，"旬有课程，讲学不废"。因为书院为奉祀明道先生而建，故掌仪一职，循例由程氏族人担任，在院中享有特殊礼遇。知名者程必贵，曾多次开堂讲学，有讲义传世。

以上是以山长为主的明道书院高层领导。其他各职事责任明确，堂录、

讲书、堂宾、讲宾以讲学或记录教学情况为主；直学管理生员，掌德业簿，视其德业修否"参考黜陟"，对学生负有稽察之责；钱粮官主管钱粮出纳；司计作为钱粮官助手则支付月俸、日供，所管皆关书院财务经费；掌书又作司书，保管藏书并负责登记生员借阅情况，兼理院中所刻书版；掌祠、掌仪与祭祀有关；医谕管院中医药之事，保证师生身体健康，在千年书院史上亦属罕见，是为明道书院特色，但从不领日供，且月俸无钱而仅领米七斗，由此推测其当为院外兼任而非明道专职；斋长为生员自治职事，它和司计、掌书等皆由生员兼任，故又有职事生员之称，是生徒自理自治并参与书院管理的标志。这证明书院内部组织日趋合理，形成了教学研究、行政管理、财务后勤、学生自治等相互关联的几大板块，这些和讲簿、德业簿、食簿、宿斋簿、请假簿等簿书登记制度相配合，构成明道书院管理制度的一大特色。

明道书院按计划进行以教学为主的工作，纲领性文件是《明道书院规程》，它规定了招生、教学、祭祀、考试、考勤、惩罚、言行举止等各方面的内容，谨将其全文抄录如下：

一、春秋释菜，朔望谒祠，礼仪皆仿白鹿书院。

二、士之有志于学者，不拘远近，诣山长入状帘，引疑义一篇，文理通明者，请入书院，以杜其泛。

三、每旬山长入堂，会集职事生员授讲、签讲、覆讲如规。三八讲经，一六讲史，并书于讲簿。

四、每月三课，上旬经疑，中旬史疑，下旬举业。文理优者，传斋书德业簿。

五、诸生德业修否，置簿书之，掌于直学，参考黜陟。

六、职事生员出入，并用深衣。

七、请假有簿，出不书簿者罚。

八、应书院士友，不许出外请谒投献，违者议罚。有讼在官者给假，事毕日参。

九、请假逾三月者，职事差替，生员不复再参。

十、凡谒祠、听讲、供课，若无故而不至者，书于簿，及三，罢职住供。

十一、凡职事生员犯规矩而出者，不许再参。[①]

这里我们要强调的有几点：一是独具一格的入学考试及录取标准；二是授讲、签讲、覆讲连环相配的教学方法；三是讲经、讲史分开进行，而且每旬按一、三、六、八日交叉轮讲，涉及课程设计与讲授；四是设置经、史、举业并重的考试科目，说明书院的务实学风；五是以德业簿、请假簿、讲簿为核心的簿书登记，使教学、考核皆有据可查，有凭可证。这些和前述的宿斋簿、食簿一起，构成完整的簿书登记系列，而且有专职掌管，使书院制度不致虚悬空中而可以落到实处。

正是这些专职人员及簿书登记制度，为我们留下了十分宝贵的九位书院山长及掌仪的讲学讲义情况的连续记录。这使得还原历史场景变为可能，七百余年前的书院可以鲜活重现于读者面前。谨将其择要叙述如下：[②]

胡崇，淳祐十一年（1251）六月，以江东抚干兼充山长，开堂讲《大学》之道一节。

吴坚，淳祐十二年（1252）二月，以江东抚干兼充山长，开堂讲《论语》吾十有五一章。

---

① 邓洪波. 中国书院章程 [M]. 长沙: 湖南大学出版社, 2000: 57–58.

② 陈谷嘉, 邓洪波. 中国书院史资料 [M]. 杭州: 浙江教育出版社, 1998: 231–258.

朱貔孙，宝祐二年（1254）某月，以江东抚充任山长，开堂讲《周礼》大司徒以乡三物教万民一节。

赵汝训，宝祐三年（1255）某月，以建康节推充任山长，开堂讲《大学》经一章。

潘骥，宝祐四年（1256）某月，以江东帅参充山长，开堂讲《周易》复卦象辞。

周应合，开庆元年（1259）四月，以江东抚干充任山长，开堂讲《论语》学而时习之一章、有子曰至鲜矣仁一章。

张显，开庆元年（1259）闰十一月，以添差江州教授权充山长，开堂讲《中庸》第二十章博学之五句。

胡立本，景定元年（1260）四月，吏部差正任迪功郎充山长，开堂讲《大学》之道一章。

翁泳，以上元县尉暂权山长，时间约在景定年间，开堂讲《大学》之道一章。

程必贵，景定三年（1262）任掌仪，开堂讲《大学》之道一章，《中庸》天命之谓性三句。

明道书院讲学之外，其他事业皆有可圈可点之处。第一，御书阁之"环列经籍"，设掌书以司借阅，是藏书建设的成绩。开庆元年（1259）萃二程先生言行，以《大学》八条定为篇目，刊印为《程子》一书。是书以山长周应合不受月俸钱五千贯充刻梓费，共有书版一百六十七片，藏于御书阁，司书掌之。这又是刻书事业的实例。第二，从祭祀衍生出为贤哲立后的社会功能，更有特色。祭祀以奉程颢为主，河南伯纯公之祠居书院中心，掌祠、掌仪皆因此而设。先是，书院以明道先生无后，选其弟程颐五世孙程偃孙立为后裔，"迎就教育"，其母曾氏一并"馆之官宇，月给有差"。可惜不到两年，偃孙亡，"曾母无依，先贤弗嗣，委为可念"。景定三年（1262），又选十岁幼童程子材立为偃孙之子，命名幼学，"俾职掌祠"，就学于叔父程掌仪必贵，"旬有课程，讲学不废"。其祖母曾氏，一同奉养。为了这样一项"先贤无或废祀"的事业，礼币费用除外，明道书院每月供掌祠程幼学日食钱四十五贯十七界、米七斗五升，供掌仪程必贵月馈束脯钱五十贯十七界、米五斗；建康府每月支掌祠祖母曾氏供给被服费用钱三百贯、米两石。仅常年开支就约等于山长的四倍，可见书院对教养先贤后嗣之事相当重视。

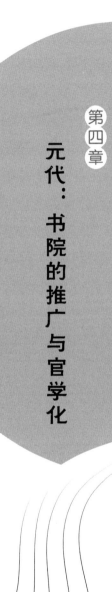

第四章

元代：书院的推广与官学化

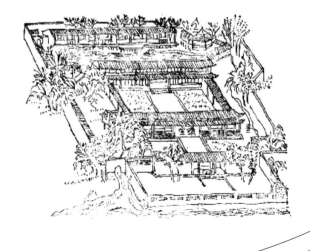

13 世纪初，当金、南宋、西夏、大理各政权互相对峙、争战而日趋衰落之时，我国北方大草原的蒙古族迅速崛起，其势席卷全国，灭西夏（1227）、平金廷（1234）、收大理（1254），于至元八年（1271）由忽必烈正式建立起元朝。8 年之后，即至元十六年（1279），元又灭赵宋政权于南海之中，完成了统一全国的大业。元代为金戈铁马的蒙古贵族统治时期，但统治者不仅仅是只识弯弓射大雕的英雄，他们对儒家文化保持应有的尊重，有过创建 24400 所各级官学，使全国平均每 2600 人即拥有一所学校的政绩。对中国士人的文化教育组织也相当重视，多方扶持倡导书院建设，蒙古人、色目人和汉人、南人一起加入到书院建设者的行列，创造了"书院之设，莫盛于元"的历史纪录。在中国书院发展史上，元代的最大贡献是，弥补辽金时代的缺憾，将书院和理学一起推广到北方地区，缩短了新形势下已有的南北文化差距，而与理学一体化的书院，被等视为官学，即书院的官学化，也就成为元代书院最显著的特征。以下我们将和读者共同探讨这些问题。

第一节 元代书院发展概况

有元一代，历世祖、成宗、武宗、仁宗、英宗、泰定帝、天顺帝、文宗、明宗、宁宗、惠宗（顺帝），凡 11 帝共 98 年（1271—1368）。统计数据表明，是期书院总数为 406 所[①]，绝对数字比南宋的 442 所少一点，而考虑到元代享国时间要比南宋少 50 余年，其年平均书院数为 4.143 所，远高于南宋的 2.889 所。因此，我们可以说，元代书院建设总体承南宋蓬勃之势，仍然处在整个书院史的上升发展阶段。

一、元代书院的区域分布

元代 406 所书院，分布在直隶、河南、山西、陕西、山东、江苏、安徽、浙江、江西、福建、湖北、湖南、广东、广西、四川 15 个省区，每省区平均 27.067 所。依据每省区的平均数值，我们可以将元代各地书院的分布情况划作三个区级。

一级：在平均数以下，有直隶、河南、山西、陕西、山东、江苏、湖北、广东、广西、四川 10 省区，占绝大多数，可以视作元代的书院不发达地区。

二级：略高于平均数，有安徽、福建、湖南 3 省区，属于元代书院的发达地区。

---

① 元代书院统计的最高数字为408所，见王颋：《元代书院考略》，载《中国史研究》1984年，第1期。

三级：高于平均数 2 倍，有浙江、江西 2 省区，为元代书院的最发达地区。

考察元代书院的区域分布情况，有几个特点值得注意。第一，书院向北推广。南宋失领的直隶、河南、陕西、山西、山东等北方省区，重归中央政府版图，书院进入其地，填补空白，不仅数量猛增到 86 所，而且所占份额也超过北宋时期，而占全国书院总数的 21.18%。

第二，书院分布仍呈地区不平衡之势。书院最多的是江西，以 91 所高居榜首，最少的是广西，只有 4 所，两者相差 22.75 倍，与南宋相比，绝对数字虽已缩小很多，但总体仍呈地区发展的不平衡性。

第三，江西以高出平均数 3.36 倍的绝对优势，继五代、北宋、南宋之后连续第四次高居榜首，继续充当全国书院建设的发动机，引领着书院向前发展。

第四，以江西为中心，书院的密集区继续扩大，周边的浙江、福建、湖南、安徽皆高于省平均数，其书院占全国总数 59.85%。

需要指出的是，上述第二至第四个特点基本上与南宋相同，可以视作发展惯性的体现。因此，向北推广也就成了元代书院在空间分布上最大也是最主要的特色。

二、元代书院的时间分布

元代 406 所书院，能够确考其创建或兴复年代的有 209 所，占总数的 51.48%，分布在世祖、成宗、武宗、仁宗、英宗、泰定帝、文宗、惠宗（顺帝）8 朝中。其中书院最多的是元末的惠宗（顺帝）朝，有 71 所，开国时的世祖朝第二，有 48 所，两朝合计 119 所，占已知年代的书院总数的 56.94%，以下依次是成宗、仁宗、文宗、泰定帝、武宗、英宗朝，分别为

28、16、15、8、5、5 所。兹依据各朝书院数量，制作成图 4.1。

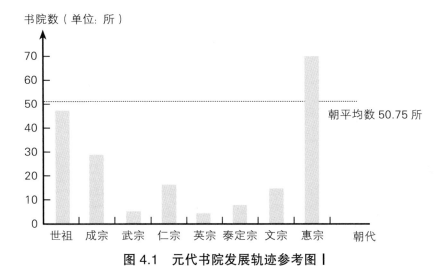

图 4.1 元代书院发展轨迹参考图Ⅰ

如图 4.1 所示，元代书院的发展轨迹为一 "U" 形，两头高，中间低，开局和结尾形成高潮期，这是一大特点。而且，若以每朝平均数 50.75 来衡量，只有元末的惠宗朝以 71 所超出其上。

元代 98 年间，每年平均建复书院 4.143 所，各朝的年平均数皆在其下，但最大和最小数值相差不是特别大，表明元代书院的发展有着相对平稳性。此其一。其二，元代书院年平均数为南宋 2.889 所的 1.4 倍以上，表明元代书院的发展速度已超过南宋。兹以各朝年平均数为依据，绘制成图 4.2，以它和图 4.1 合观，可以了解元代书院发展的大概轨迹。

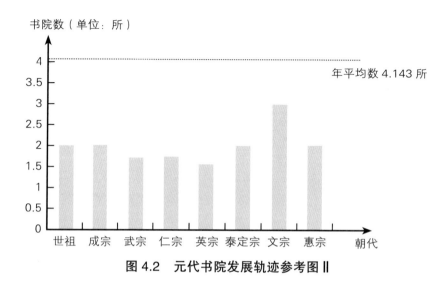

图 4.2　元代书院发展轨迹参考图 Ⅱ

三、元代书院建设力量对比与分析

元代官民二者在书院建设中的情况，据曹松叶先生的统计数据可以制作为表 4.1。

表 4.1　元代书院建设、兴复、改造人物统计表

统计	类别							
	民	不明	地方官	督抚	京官	敕奏	其他	合计
书院数（所）	83	51	42	18	6	2	20	222
	134		68					
百分比（%）	37.38	22.97	18.91	8.10	2.7	0.90	9.0	
	60.35		30.61					

其结论如下："最引人注意的，是民立书院，占第一位置，可知元代虽以蒙古人来做中国的皇帝，但是教育权仍旧在汉族读书人手里"；"元代书

院，仍以民力做主干，官力在次要地位"，"所以宋儒讲学的风气，还没有很大的衰退"。

我们的统计数据虽然与曹松叶先生的统计数据不同，但结论相同，显示民力是元代书院建设的主要力量，在官民二者的对比中，它占绝对主导的地位。兹将其主要数据列为表 4.2。

表 4.2　元代书院建设情况统计表

统计	类别				
	官办	民办	不明	其他	合计
书院数（所）	51	181	63	1	296
		244			
百分比（%）	17.23	61.15	21.28	0.33	
		82.43			

除了上述官民两种力量之外，元代还有一种有生力量进入书院建设，那就是以蒙古、色目人相称的少数民族，他们或官或民，加入到以汉族官绅为主的书院建设队伍之中，有力地推动了元代书院向前发展，值得我们特别注意。有关的情况，以下将作专题详述。

第二节　宋遗民兴学与元代的书院政策

元朝是由蒙古贵族凭借强大的武力建立起来的，虽然幅员辽阔前所未有，但其治下的广大汉族读书人，却秉持"春秋大义"，以传统的"夷夏之辨"和新政权长期对抗。食元食（禄）而作宋遗民，成为元初一种普遍的社会现象。面对如此不利的形势，统治者采取了积极而有效的政策，因势利导，不仅成功地化解蒙汉矛盾，而且使汉族士人的书院成为蒙古、色目人的保护对象，他们甚至致力于这一文化教育组织建设之中。在民族融合的旗帜之下，书院事业继续向前发展。

一、宋遗民的书院讲学

元代初年，存在一个队伍庞大的宋遗民群体。他们身在元土，心系南宋，"痛忆我君我父母，眼中不识天下人"，认赵宋为君父之国，而不愿与新政权合作，所谓"此世只除君父外，不曾轻受别人恩"，是其典型的行为特征。之所以出现这样一个阶层，与南宋理学家在书院长期倡导的忠孝节义观有着直接的联系。如前所述，理学家发动书院运动的主要目的之一，就是重建纲常，重塑注重义利之辨的价值观。由于宋长期与辽、金、西夏、蒙古交战，忠孝节义、精忠报国、夷夏之防等思想内容不断在书院的讲堂上讲授强调，不仅深入读书人之心，而且妇孺皆知，形成了"饿死事小，失节事大"的社会共识。宋末，国家存亡之际，他们表现出爱国赴义的忠贞。最典型的例证是岳麓书院师生的抗元事迹。山长尹谷，在元兵围城之前，率学生坚持读书，不废学业。激战之时，又毅然放下书本，荷戈登陴，与军民一起乘城共守。城破，岳麓诸生"多感激死义"，"死者什九"，尹谷则举家自焚，以身殉国，表现出大无畏的爱国精神。①白鹭洲书院的学生、状元宰相文天祥的"成仁取义"，更是广泛流传的英雄事迹。元初，当武装抗元也改变不了亡国的现实时，忠节之士选择了不与元政权合作的非暴力抗元斗争之路，做起了宋遗民。

---

① 杨慎初, 朱汉民, 邓洪波. 岳麓书院史略 [M]. 长沙: 岳麓书社, 1986: 64–65.

宋遗民各种各样，一部分人或身随国去，或悲哭终生，或活埋土室，或平居丧服，或落发为僧，或隐而为道，以极端的方式表现了誓死不做元朝臣民的决心。典型的代表有郑思肖、谢翱、方凤、吴思齐、汪元量等人，行为决绝激烈而悲壮，甚至有某种公然抗衡的意味。如至元二十三年（1286）十月，由浦江人、前任宋义乌县令吴渭主持的月泉吟社，以《春日田园杂兴》为题，限五言、七言四韵律诗，向社会征诗，次年正月收卷，凡收2735首，请方凤、谢翱、吴思齐评定甲乙，入选者凡280人，三月三日揭榜颁奖。一个亡宋县令竟能号动数千遗老，发布《誓诗坛文》，自定名次，高悬"赏格"，很难说没有暗中较劲的成分。所选之诗，集为《月泉吟社诗》刊印，到清代乾隆年间，四库馆臣对这些诗的评价还是"多寓遁世之意，及听杜鹃、餐薇蕨语"，有一种明显的遗民色彩。①宋遗民中的大部分人，选择的是归依山林，不仕新朝，身食元食，心系南宋。"此身虽坠胡尘里，只是三朝天子臣"，是其心态的真实写照。虽然有一种无可奈何的悲哀，但看不出亡国的自卑。"文王既没，文不在兹乎？"圣人之徒不仅没有自卑，在"以夷变夏"的危急关头，他们仍然没有忘记读书人应肩负的文化与历史使命，强忍悲伤，以为天地立心，为生民立命，为往圣继绝学，为万世开太平的崇高与自信，教授生徒，倡明理学，以延续"圣贤一脉"于滚滚"胡尘"之中。这样，绝意仕进、退避书院讲学就成了众多宋遗民的共同选择。

以湖南为例，受湖湘学派陶冶，宋代湖南形成了"士习好文""乡俗尚义"的特色，"士风纯古"，"往往恬于世利而好修"，"尚节义而耻为不义"。②宋亡之后，很多人即遁入山林，不仕新朝。如攸州人谭渊，家世尚义，其先祖谭介之忠节著称于靖康年间，曾被张栻奉祀于岳麓书院。他自己年轻时又

① 月泉吟社诗［O］// 四库全书. 文渊阁四库全书本.
② 潭州·风俗形势［M］// 赵万里. 元一统志: 卷十. 北京: 中华书局, 1966.

从游于吴子良、叶梦鼎、江万里等讲学名儒，"习闻理要，公车交辟，有声于时"。宋亡，则"戢影田园"，二十年"周旋群公先正间"，时称其贤，目为"犹能衣被乾淳以来之风裁者也"。元贞二年（1296），以其里居之地距州城近二百里，"庙学瞻仪、讲肄之弗及"，乃度地创建凤山书院讲学，"一时彬彬称盛，学者称古山先生"。①常宁人刘恢，"入元，避地静江，为宣成书院山长，有学行，竟以老终"。临武人、衡阳石鼓书院学生李如雷，"宋亡，隐居办学，所为诗文甚富，爱贝溪山水之奇，自号贝溪居士"。慈利人田希吕，"宋末守节，不仕，居天门山，创书院以讲学，诱掖后进，当路以为书院山长"。②龙阳人丁易东，号石坛，宋咸淳进士，枢密院编修。"入元，屡征不仕，筑石坛精舍教授生徒，捐田千亩以赡之，著《周易传疏》。事闻，授山长，赐额沅阳书院"。③浏阳人欧阳龙生，从醴陵田氏受《春秋》三传，"试国学，以《春秋》中第二"。入元，以亲老辞左丞崔斌之召，"居霞阳山之白云庄十有七年。浏有文靖书院，祠龟山杨时，沦废已久，部使者至，谋复其旧，以龙生为山长。升堂讲《孟子》承三圣章，言龟山传周程学，而及豫章、延平、紫阳朱子，实承道统，其功可配孟子。山林老儒闻讲筵之复，至为出涕。秩满，改本州教授，迁道州路教授，朔望率诸生谒濂溪祠。祠东为西山精舍，祠祭元定，龙生为修其祠"，志在表彰理学，垂范后人。其子浩曾任龙洲书院山长，孙贞任石林书院山长。④茶陵人陈仁子，咸淳十年（1274）漕试第一。"属国亡，绝意仕进，营东山书院居之，终身不出。博学好古，著述甚富"。⑤

① 光绪湖南通志：第二册［M］. 长沙：岳麓书社，2009.
② 光绪湖南通志：第五册［M］. 长沙：岳麓书社，2009.
③ 大清一统志：卷二八〇［M］. 上海：上海古籍出版社，2008.
④ 光绪湖南通志：第五册［M］. 长沙：岳麓书社，2009.
⑤ 乾隆长沙府志：第二册［M］. 长沙：岳麓书社，2008.

宋遗民兴学，最直接的结果是促成了元初书院的兴盛，建国初期，即出现了书院发展的高潮。这在整个书院发展史上是一个特例，前不见于赵宋，后不见于明清。一般而言，改朝换代之时，历经战乱，官力民力受损，立国之初的书院都不很发达。宋末元初，战乱连年，破坏尤甚，照常理书院是不会出现发展高潮的。因此，我们可以说，元初书院的发展全赖宋遗民爱国热情的支撑。此其一。

其二，宋遗民兴学，影响了元代的书院政策，而这一政策反过来又促进书院的发展，是谓良性互动，有关情况以下当另作讨论。

其三，宋遗民兴学造就了元初书院的独立性格。不与新政权合作的心态，使得宋遗民创办的书院有意无意间皆与政府保持了一定的距离，可以说，书院既是现实世界中的讲学传道之所，也是遗民在心灵守护故国的圣洁之地。元政府对其莫之奈何，虽然承认既成现实，授予山长之职，但徒有其表，其结果仍然是山长食元禄而做宋遗民。遗民的遗恨与理想及其由此而形成的特有性格气质，决定了元初书院具有更加独立的精神与风貌。而元初三四十年间没有开科取士，科举不可能对书院形成侵蚀困扰，使得书院师生可以专心于讲学明道，落实对"圣贤一脉"的传承。因此，我们完全有理由相信，"宋儒开创的书院精神，在注入元儒的退隐理想之后，继续充满活力，发展下去。不仅把理学家的学术和理想加以发扬光大，也替异族统治下的汉人保存了一份珍贵的遗产"。①这就是宋遗民讲学的最大意义之所在。

---

① 李弘祺. 绛帐遗风——私人讲学的传统［M］// 刘岱. 中国文化新论·学术篇·浩瀚的学海. 台北：联经出版社，1981：386.

二、元代的书院政策

元政权是蒙古贵族凭借强大的武力建立起来的，前期统治者所面对的是一个庞大的、曾经与其拼死争斗而当下又自视清高不愿合作的群体。这些人在复辟赵宋政权没有可能的情况下，虽然放弃了武力对抗，但怀念故国之心不泯，以纲常伦理为主要内容的理学教育、传统的夷夏观念，使得他们从心理上排斥异族统治，尤其是在政治、经济、文化等方面都明显落后于当时中原的蒙古贵族的统治。因此，他们视入仕新政权为奇耻大辱和不忠不节，于是就趋避田园，归依山林，或教授生徒，企盼教育救国，或躬耕畎亩，聊以度过余生，步入了另一条抵抗道路。

元政府的书院政策随着其政治形势的变化经历了一个调整过程。与南宋政权对峙时期，主要是保护书院，并仿而建院讲学，宣扬理学于北方，以彰明崇圣重儒的姿态，从而与南方政府争夺士民之心。夺取全国政权之初，主要采取了准许招师讲学，提倡在先儒、名贤过化经行之地建立书院的措施，以顺其怀念故旧的"遗民心态"，实际上是以学术自由来缓解政治上的普遍的反抗情绪。同时又将山长纳入官僚体制，通过行政运转如升迁、调动等来防止学术自由发展为政治不满或反对势力。经过30余年的经营，到仁宗时期，恢复了科举考试，以功名招纳士人，将反对者变成支持者，进而成为自己队伍中的一分子，随后"恩赐"六七十岁的做了几十年"遗民"的下第举人任书院山长，入官食禄，最后完成了变"遗民"为"臣民"的工作，进一步扩大了统治基础。

元政府的书院政策是比较成功的，这从很多汉族士人的个人经历与其有着合乎情理的变化这一事实中可以得到印证。如浏阳人欧阳龙生，他本人年轻时，"从醴陵田氏受《春秋》三传，试国学，以《春秋》中第二。至元丙子（即宋景炎元年，1276），侍逢泰返浏阳，左丞崔斌召之，以亲老辞，居霞阳山之白云庄十有七年。浏有文靖书院，祠龟山杨时，沦废已久，部使者至，谋复其旧，以龙生为山长。升堂讲《孟子》承三圣章，言龟山传周程学，而及豫章、延平、紫阳朱子，实承道统，其功可配孟子。山林老儒闻讲筵之复，至为出涕。秩满，改本州教授，迁道州路教授"。①这是一个遗民从隐居不仕，到以当山长复出，走向仕途，最后成为统治阶级的一分子的变化轨迹。《元史·董文炳传》也称："诸老儒及西蜀遗士，皆以书院之禄起之，使以所学教授。"可见全国的情况大体都是这样。

第三节　书院的推广与官学化

当宋理宗为朱熹平反，颁行《白鹿洞书院学规》于天下，扶植程朱理学为官方哲学的时候，元统治者也于窝阔台十二、十三年（1240—1241），创办太极书院于燕京（今北京），建周敦颐祠，以程颢、程颐、张载、杨时、游酢、朱熹六人配祀，选刻周氏遗书，礼聘江汉大儒赵复在那里讲学。史称"北方知有程朱理学，自赵氏讲学太极书院始"。在元朝统一全国的前后，忽必烈曾多次颁布法令保护书院和庙学，后来又将书院等视为官学，书院山长也定为学官。因此，元代书院不仅在南方得到继续发展，而且以强劲之势向北方推进。《日下旧闻》讲，"书院之设，莫盛于元，设山长以主之，给廪饩以养之，几遍天下"。民族文化不绝于金戈铁马的元代，理学之传于北方，主要的功劳应当归于书院。这些都是元代书院推广的表征，而在这个推广过

---

① 光绪湖南通志: 第五册 [M]. 长沙: 岳麓书社, 2009.

程中，还出现了所谓官学化的问题，值得我们的重视。

一、书院向北方地区的推广

纵观元代书院的发展历史，它有一个最重要的特点，那就是填补金代留下的空白，呈现向北推广之势。虽然元人王旭所持"书院一事盛于南国，而北方未之有"的说法有欠精当之处，但它反映的却是一种基本事实。北宋时期北方有过以睢阳、嵩阳、徂徕、泰山等为代表的一批书院，但在全国范围来讲毕竟是少数。宋室南迁之后，代之统治北方的金代对书院并不重视，百余年间，我们只能找到今属山西的浑源翠屏、宁乡龙泉、绛县涑阳、祁县昭余，河北的元氏封龙，山东的武城弦歌、日照状元，河南的应天府、林县黄华，湖北的谷城文龙等 10 所书院的记录，无论是比之同期的南宋，还是比之后代的元朝，它仅仅是处于维其坠绪、继其气脉的地位而已，对大局无足轻重。到元代，则改变了这种落后局面。

首先，从书院在以黄河、长江、珠江三大水系为单位的分布情况来看。元代比宋代的增长同样也是十分明显的，而且北京市还实现了零的突破。又如张洪生先生于 1987 年发表的《山东书院一览表》[①]所收唐、宋、金、元历代书院数分别是 1、4、1、21 所，元代书院分布在 15 个县，其总数则相当于前三代总和的 3.5 倍。又据王颋先生的统计，山西计有榆次源池，西河（今汾阳）卜山，乐平（今昔阳）松峰、冠山，临汾晋山，河东（今永济）首阳，降县涑阳，上党雄山，屯留藕池，陵川文忠，闻喜董泽，夏县温公等12 所书院，分布在 11 个县，估计实际的数目比这还要大。这些数据可以更加具体地告诉我们，书院在北方地区已有相当的密度和广度。这些书院中，

---

① 张洪生.山东乡村建设研究院"乡农教育"的实施概况［J］.山东教育史志资料,1987（4）.

以首都大都（今北京）附近的太极、谏议、文靖、益津、老泉、暖泉等书院的位置最靠北，其中昌平县的谏议书院在北纬41°左右，算是元代最北的书院了。

书院向北方地区的推广，是元代书院发展的特色，在当时就为学者们所注意。如前述王旭《中和书院记》之所谓"书院一事盛于南国，而北方未之有，今高君营此，盖将以为北方倡"。又如郝经《太极书院记》也说："今建书院以明道，又伊洛之学传诸北方之始也。"而萧䥇为陕西三原学古书院作记时，讲得更为明白，其称：宋代"天下有四书院之称。是后，江南诸郡凡先正过化之地，皆置书院，敬延儒先，昭明斯道，以遵前轨。北方金氏，百年所无也。皇元奄有九围，教尚儒术，屡敕有司勉励学校。世祖渊龙，书召鲁斋许公畴咨启沃之余，命教人于京兆，成德者多为时用，今悉物故。陕西行台立鲁斋书院，以绍前人淑后学，邦人兴起焉。是时湍阳、平水、渭上亦有书院，籍籍有成。于是三原民李子敬聚弟子，懋以民钱五万缗，筑室储书，号曰'学古'"。①萧记虽以陕西为例，但由行台而及湍阳、平水、渭上、三原各地，书院之推广于北方的情形跃然可见。

元代书院之所以北移，有一个重要原因，那就是受到科举取士南北配额并倾向于北方这一政策的刺激。按《元史·选举志》载，书院诸生可以参加科举考试，而皇庆初年恢复科举考试时规定，北方的中书省及河南、陕西等行省取士额要比南方各行省高很多，这促进了北方书院的发展。如延祐年间全国新建13所书院，北方地区就有属于今陕西、河南、山东三省的性善、历山、洛西、伊川、鲁斋、渭上、学古等7所书院，占总数的53.8%；泰定年间新建8所书院，其中北方就有属于今山西、北京、陕西的谏议、晋山、

---

① 萧䥇. 学古书院记[M]//陈谷嘉, 邓洪波. 中国书院史资料. 杭州: 浙江教育出版社, 1998: 397.

涑阳、雄山、横渠等 5 所书院，占总数的 62.5%。

除此之外，元政府为巩固其统治而利用书院推动理学的北移与发展，以及接受"汉化"的蒙古、色目等少数民族士人急起直追，参与书院建设，也是书院向北推进的重要原因。有关情况，以下将作专题讨论。

二、理学与书院的同步北移

元代书院的北移，还有一层意思，即程朱理学随书院一体推广应用于北方。由于南北"声数不通"，盛于南宋的理学，并未传到金代统治的北方，北方士大夫津津乐道的儒学还只是经学章句之学。诚如元儒许有壬所言："金源氏之有中土，虽以科举取士，名尚儒治，不过场屋文字，而道之大者盖漠如也。天相斯文，新安朱夫子出，性理之学遂集大成。宇宙破裂，南北不通，中原学者不知有所谓四书也。宋行人有箧至燕者，时有馆伴使得之，乃不以公于世，时出一论，闻者竦异，讶其有得也。皇元启运，道复隆古，倡而鸣者则有雪斋姚公焉。"①

上文"雪斋姚公"，指元初著名儒臣姚枢（1202—1280）。他家居营州柳城（今辽宁朝阳），后迁于洛阳，是典型的北方人。历仕蒙古太宗、定宗、宪宗及世祖四朝，官至中书左丞相、昭文馆大学士、翰林学士承旨，卒于至元十七年（1280）。追赠太师、鲁国公，谥文献。他的最大贡献是在元代开国之时，和杨惟中一起创建太极书院于大都，请江汉大儒赵复讲习理学，此所谓"阐明道学"，"首陈二帝三王之道，佐立万世无疆之基"，许有壬称之

---

① 许有壬. 雪斋书院记 [M] // 陈谷嘉，邓洪波. 中国书院史资料. 杭州：浙江教育出版社，1998: 375.

为"开国大功源于道学而其流发见之尤较著者也"。①

太极书院是元朝第一所书院，其创建时间在元朝还没有建国的太宗十二、十三年间（1240—1241），②其事则缘于太宗七年（1235）随二太子库春南征伐宋。据史书记载，当时"杨惟中行中书省军前，姚枢奉诏即军中求儒、道、释、医、卜士，凡儒生挂俘籍者，辄脱之以归"。③德安城破，江汉先生赵复被俘，姚枢"与之言，信奇士，出所为文献数十篇"求教，于是战俘成了"老师"。赵"以九族殚残，不欲北，留帐中一夕，惟寝衣求存，至水裔，欲投溺而未入也。公晓以徒死无益，遂还。尽出程朱性理之书付公。公得之，躬行实践，发明授徒，北方经学盖自兹始"。④这段史料很重要，它说明姚枢当初并没有强行将赵复带到燕京，随其北归的只是赵复赠送的程朱性理之书，姚赵二人因此也各倾其心而交谊。这可以修正《元史·赵复传》赵随姚到燕京的说法。五年之后，即太宗十二年（1240），姚枢协助杨维中创建太极书院，遂聘请赵复主持教学。

太极书院的创建目的、意义和经过，郝经曾作《太极书院记》予以记载："庚子、辛丑间（太宗十二、十三年，1240—1241），中令杨公当国，议所以传继道学之绪，必求人而为之师，聚书以求其学，如岳麓、白鹿建为书院，以为天下标准，使学者归往，相与讲明，庶乎其可。乃于燕都筑院，

---

① 许有壬. 雪斋书院记［M］// 陈谷嘉，邓洪波. 中国书院史资料. 杭州：浙江教育出版社，1998：378.

② 太极书院的创建时间，史有蒙古太宗八年（1236）、宋理宗嘉熙二年（1238）冬十月、庚子辛丑间即太宗十二、十三年（1240—1241）三说。太宗八年说见《续文献通考》卷五十、《元朝典故编年考》卷一，皆出自后世所编政书。嘉熙二年即太宗十年（1238），其说见《宋史纪事本末》卷二十六，其书亦出后人之手。太宗十二、十三年说见元儒郝经《太极书院记》，属当朝人记当朝事。三说之中，本书取太宗十二、十三年说。

③ 元史卷一百八十九：列传第七十六［M］// 元史：第14册. 北京：中华书局，1988.

④ 许有壬. 雪斋书院记［M］// 陈谷嘉，邓洪波. 中国书院史资料. 杭州：浙江教育出版社，1998：376.

贮江淮书，立周子祠，刻太极图及《通书》《西铭》等于壁。请云梦赵复为师儒，右北平王粹佐之，选俊秀之有识度者为道学生。""书院之名不以地，以太极云者，推本而谨始也。书院所以学道，道之端则著于太极。""今建书院以明道，又伊洛之学传诸北方之始也。""使不传之绪，不独续于江淮，又继于河朔者，岂不在于是乎！"①

关于赵复主讲太极书院的情况，《元史·赵复传》有比较详细的记录，其称：

> 杨惟中闻复论议，始嗜其学，乃与姚枢谋建太极书院，立周子祠，以二程、张、杨、游、朱六君子配食，选取遗书八千卷，请复讲授其中。复以程朱而后，其书广博，学者未能贯通，乃原羲、农、尧、舜所以继天立极，孔子、颜、孟所以垂世立教，周、程、张、朱所以发明绍续者，作《传道图》，而以书目条列于后，别著《伊洛发挥》，以标其宗旨；朱子门人散在四方，则以见诸登载与得诸传闻者，共五十三人，作《师友图》，以寓私淑之志。又取伊尹、颜渊言行，作《希贤录》，使学者知所向慕，然后求端用力之方备矣。枢既退隐苏门，乃即复传其学，由是许衡、郝经、刘因皆得其书而尊信之，北方知有程朱之学，自复始。②

从《元史》的记载中可以看出，除太极书院之外，姚枢和赵复的苏门讲学对程朱理学的北传做出了同等重要的贡献。至于苏门讲学之地的名称，清初继而居此讲学25年之久的理学名家孙奇逢认为是太极书院，并作有《太极书院考》，文载道光《辉县志·艺文考》。其称姚弃官隐居苏门，辟书院，

---

① 郝经. 太极书院记 [M] // 陈谷嘉，邓洪波. 中国书院史资料. 杭州：浙江教育出版社，1988：371–372.

② 元史：卷一百八十九：列传第七十六 [M] // 元史：第14册. 北京：中华书局，1988.

以太极为名，延赵复相与讲明濂洛之学，许衡、窦默等名儒慕名而至，倡道授徒，凡经、传、子、史、礼、乐、格物、星历、兵刑、食货、水利之类无所不讲，来学者甚众，"几与鹅湖、白鹿洞并传"。而据元人许有壬《雪斋书院记》记载，讲学当时似不以书院相称，至正七年（1347）始立雪斋书院以为纪念。其称：姚枢"携家来辉，垦荒粪田，诛茅为堂，置私庙奉祠四世，中堂龛鲁司寇容，傍垂周、程、张、邵、司马六君子像，读书其间，衣冠庄严，以道学自鸣，汲汲以化民成俗为心。板《小学》《论孟或问》《家礼》，俾杨中书板《四书》，田尚书板《诗执衷》《易程传》《书蔡传》《春秋胡传》。又以《小学》流布未广，教弟子杨古为沈氏活板，与《近思录》《东莱史论说》诸书散之四方。时鲁斋许公在魏，公过魏与窦汉聊相聚，茅斋、鲁斋听公言议正粹，遂造苏门，尽录是数书以归，谓其徒曰：'曩所授皆非，今始闻进学之序，必欲相从，当尽弃前习，以从事于《小学》《四书》为进德基。不然，当求他师。'众皆曰'惟先生命'。鲁斋尽室来辉，相依以居，卒为大儒。"[①]

综上所述，我们完全有理由相信，太极、雪斋（太极）书院是理学在北方传播的大本营，而二书院的学生则成为薪传之火散布于北方大地，最终实现了理学的北移。这些学生以许衡、刘因最为有名，他们同为"北方两大儒"，与南方的吴澄一起，被黄宗羲尊为元代学者中的"三先生"。刘因以父祖为金朝臣民而不仕于元，是与"宋遗民"并存于元初的"金遗民"，在静修书院讲学20余年，人称静修先生，门人甚众，其学"昌大于时"，著有《四书精要》30卷等阐发程朱理学，《宋元学案》特列《静修学案》以记之。许衡是元代理学重臣，元代学者尊其为"儒师""儒宗"，明清学者称他是

---

① 许有壬. 雪斋书院记［M］// 陈谷嘉, 邓洪波. 中国书院史资料. 杭州: 浙江教育出版社, 1998: 376.

"朱子之后一人"，长期以来被看作是儒家道统在元代的接续者。他又历官京兆提学、国学祭酒、左丞等，位列台辅，是元代实行"汉化"的主要策划者之一。他通过其影响力将其师传的朱熹《四书集注》定为科举考试的程序，使其成为真正影响全社会读书、讲学之风的官方之学。诚如虞集所说："国家提封之广，前代所无，而自京师通都大府至于海表穷乡下邑，莫不建学立师，授圣贤之书以教乎其人。群经四书之说，自朱子折衷论定，学者传之，我国家尊信其学，而讲诵授受必以是为则，而天下之学皆朱子之书。书之所行，教之所行也，教之所行，道之所行也。今郡县学官之外，用前代四书院之制，别立书院以居学者，因朱子而作者最多。"①正因为如此，北方虽然在孔子、颜子、孟子、董仲舒、毛苌、伏生等先秦两汉先儒名贤过化存神之地创建了一些书院以为纪念，但院中讲学主题仍然是阐发程朱理学的意蕴，尤其是朱熹的学说，因而也就有"书院遍天下"，"大率祠徽国朱文公师弟子居多"②的说法。至元代后期，那些传播理学的元儒如姚枢、刘因、许衡、虞集等人，也多入祀于书院的礼殿祠堂之中，如许衡本人就有怀庆路河内县（今河南沁阳县）的鲁斋书院、庆元路鄞县（今浙江宁波）的鲁斋书院、奉天路咸宁县（今陕西西安）鲁斋书院立专祠奉祀。一南二北三所鲁斋书院同祀理学名臣许衡一人，这也是理学与书院一起昌盛于北方的一个鲜活反映。

三、书院的官学化趋势

在元代书院的发展史上，与书院北移同等重要的问题是书院的官学化

① 陈谷嘉，邓洪波.中国书院史资料［M］.杭州：浙江教育出版社，1998：429.
② 贡师泰.勉斋书院记［O］//玩斋集：卷七.文渊阁四库全书本.

趋势。我们知道，书院起源于官府和民间，历代皆有官办和民办的书院，但官办书院不等同于官学，民办书院也不等同于私学。官学是古代中央和地方政府创办并管辖的学校，其管理者由政府委派，经费由政府提供，教学内容由政府规定，完全服从国家需要，纳入统一的国家学制系统。书院是中国士人为了满足自身日益增长的文化教育需求，在新的历史条件之下，整合传统的官学、私学以及佛道宗教教育制度的长处之后，创造并日渐完善的一种全新的学校制度，它既与官学、私学相联系，又独立于官学和私学。而书院的官学化，就是书院朝向官学变化，失去其独立性，亦即将书院变成官学。

元代书院的官学化是政府采取一些重要措施而逐步实现的。严格报批手续，以申报制度控制书院的创建与兴办，是官学化的重要措施之一。一般来讲，书院兴办前要层层申报，待批准之后才能动工，建成后还得向官方报备，请设山长等教官管理。申请创建书院的文书，现存有吴师道的《代请立北山书院文》，载于《礼部集》卷二十。[①]这个申请报告的内容有些程序化，首先，是为"圣朝""皇元"歌功颂德，对官学之外复有书院之置，大加赞词。其次，结合具体情况，对先贤、先儒生平事迹、道德学问简要介绍，即提出"宜有专祠""宜建书院"的理由，强调在其地为其人创建书院的合理性。最后，是申述创建书院的必要性。批准创建书院的文书，现存有程巨夫（文海）《雪楼集》卷一的《谕立鲁斋书院》。[②]胡炳文《云峰胡先生文集》卷九附录上的《明经书院赐额缘由》一文，也可看作是批复性质的公文，它作于延祐二年（1315），记录婺源州以一级官府的名义，为给明经书院赐额而向上级"状申"。行江南东路转运司得到状

---

① 陈谷嘉，邓洪波. 中国书院史资料［M］. 杭州：浙江教育出版社，1998：298-299.

② 陈谷嘉，邓洪波. 中国书院史资料［M］. 杭州：浙江教育出版社，1998：292.

申之后，先后两次派人到实地"体究"，并"保明是实"，再批送到礼部，礼部再交太常寺勘会，最后由行在尚书吏部具体实施。由此可见，创建一所书院或给书院赐额，要经过多少环节，程序是多么繁难，元政府对此又是何等重视。①

申报创建书院的公文需经县、州、府、廉访司、都使者、路、行省、宣慰使、中书省、吏部、礼部、集贤院、国子监等各级职能部门审查核准，逐级上报，批准之后，又要次第返回，其间是一个漫长的历程，甚至还要通关节走后门，因此，拿到批文并不容易。以纪念孔子诞生的尼山书院为例。至顺三年（1332），五十四代袭封衍圣公孔思晦，根据林庙管勾简实理的建议，决定修复尼山祠庙，置官奉祠，扩建成尼山书院，并推荐江西临川人彭璠为首任山长主持院务。为此，他具文向中书省报告。"中书送礼部议。奎章大学士喀喇公库时为尚书，力言其事当行，议上。至元二年丙子，中书左丞王公懋德率同列执政者白丞相，置尼山书院，以璠为山长"。②由衍圣公府出面，创建纪念至尊如孔子的尼山书院，从至顺三年（1332）动议，到至元二年（1336），前后历时五年之久，因为礼部尚书、中书左丞的大力支持，才最后得到批准。

以上的例证说明，自元世祖忽必烈至元末年开始，无论是官府还是民间，创建书院变得越来越不容易，没有五六年时间拿不到申请批复，而究其主要原因就是报批程序复杂，各职能部门层层审查。恰恰是这些复杂的程序，繁难的手续，层层的审核，使得元政府加强了对书院的控制，它从源头上杜绝了书院游离于政府之外的可能。这样，书院从诞生的第一天起，就被政府牢

---

① 徐梓.元代书院研究［M］.北京：社会科学文献出版社，2000：63.

② 虞集.尼山书院记［M］// 陈谷嘉，邓洪波.中国书院史资料.杭州：浙江教育出版社，1998：393.

牢地控制在手上。

委派山长，并将其纳入学官体制，一体铨选考核升转，是元政府控制书院，实施官学化最重要的措施。此事实施比创建申报还要早，从至元二十八年（1291）就开始了。当时规定，地方学校由路、府、州、县各级官学以及书院、小学构成。"凡师儒之命于朝廷者，曰教授，路府上中州置之。命于礼部及行省及宣慰司者，曰学正、山长、学录、教谕，路州县及书院置之。路设教授、学正、学录各一员，散府上中州设教授一员，下州设学正一员，县设教谕一员，书院设山长一员。中原州县学正、山长、学录、教谕，并受礼部付身。各省所属州县学正、山长、学录、教谕，并受行省及宣慰司札付。凡路府州书院，设直学以掌钱谷，从郡守及宪府官试补。直学考满，又试所业十篇，升为学录、教谕。凡正、长、谕（学）录、教谕，或由集贤院及台宪等官举充之。谕、录历两考，升正、长。正、长一考，升散府上中州教授。上中州教授又历一考，升路教授。教授之上，各省设提举二员，正提举从五品，副提举从七品，提举凡学校之事。后改直学考满为州吏，例以下第举人充正、长，备榜举人充谕、录，有荐举者，亦参用之"。①由此可知，山长的任免权掌握在礼部、行省、宣慰司手中，政府通过山长可以控制书院的内部事务。山长与教授、学正、学录、教谕一样，同属地方教官，并且一体参加考试、升迁，政府正是通过这种考选升迁，而将山长纳于学官系统，并置书院于官学体制之中。山长虽然地位较低，被称作"冷官"，但它毕竟是作为"正员"而列入国家官制系统，并通过这个系统的升迁转任机制，可以名正言顺地进入其中，实现"做官之梦"。

拨置学田，设官管理钱粮，控制书院的经济命脉，这是元政府实施官学

① 元史: 卷八十一: 志第三十一[M] // 元史: 第7册. 北京: 中华书局, 1997.

化的第三大措施。如前所述，元世祖至元二十三年（1286）二月，曾诏令江南诸路学田"复给本学，以便教养"。至元二十八年（1291），又令各地书院在山长之下，"设直学以掌钱谷"；至元三十一年（1294）七月，成宗即位，也令各地庙学、书院的"赡学土地及贡士庙，以供春秋二丁朔望祭祀，修完庙宇"。这些政策在南北各地得到了执行，宋禧《高节书院增地记》就有"国朝于天下祠学，所谓书院者，例设官置师弟子员，与州学等。尝诏有司，以闲田隙地系于官者归之学、院，以赡廪稍之不足"①的记录。其他如西安鲁斋书院有朝廷"谕陕西省给田、命官、设禁，如他学院故事"；②滕县性善书院之知州尚敏于大德年间拨"礼教乡官地三顷给之"，天历年间知州曹铎"增给礼教乡官地五顷"；③当涂县丹阳书院之经由省、郡两级官府拨"天门书院之有余以补不足"，"以亩计凡四百"，④等等，都是官府拨置田产给书院的实例。当然，书院的产业，除了官府拨置之外，还有士民官绅捐置、书院自置等其他来源。必须指出的是，无论其田地产业来源于何处，一入书院，即成"学产"，皆由"直学"掌管出纳。"直学"的职责是"掌管学库、田产、屋宇、书籍、祭器、一切文簿，并见在钱粮，凡有收支，并取教官、正、录公同区处，明立案验，不得擅自动支"⑤。在当时的文献中，"直学"又有称作"钱粮官""提点钱粮"的，元政府就是通过这样一些官职，将书院所有的产业掌握手中的。

---

① 宋禧. 庸庵集: 卷十四[O]. 文渊阁四库全书本.

② 程文海. 鲁斋书院记[M]// 陈谷嘉, 邓洪波. 中国书院史资料. 杭州: 浙江教育出版社, 1998: 396.

③ 虞集. 滕州性善书院学田记[M]// 陈谷嘉, 邓洪波. 中国书院史资料. 杭州: 浙江教育出版社, 1998: 436–437.

④ 吴澄. 丹阳书院养士田记[M]// 陈谷嘉, 邓洪波. 中国书院史资料. 杭州: 浙江教育出版社, 1998: 439.

⑤ 学官职俸[M]// 陈谷嘉, 邓洪波. 中国书院史资料. 杭州: 浙江教育出版社, 1998: 279.

元政府对书院的肄业学生也有严格的要求，规定"自京学及州县学以及书院，凡生徒之肄业于是者，守令举荐之，台宪考核之"。学成之后，则视情况给予出路，"或用为教官，或取为吏属"。①恢复科举制度之后，书院生徒与各级官学生徒一样，有资格参加考试，进入仕途。在现实生活中，也不乏这样的例子，如建康路有建康路学、上元县学、江宁县学、明道书院、南轩书院5所学校，大德元年（1297）在"申明学校规式"时规定，各校在籍儒生一体分治经、治赋名目"坐斋读书，延请讲书训诲"，"晡后书名会食"，都享受免费"午食"，每月出赋论、经义、史评之类的题目考试，"路学，明道、南轩书院，上元、江宁两县学，考中儒人花名，试中经赋，每月开申本路儒学，转申总管府照验，仍将试中经赋装褙成册，每季申解合干上司，以备岁贡相应"。②这说明，书院被纳入国家统一的学制系统，与各级官学一体看待，书院生徒享有各级官学学生同样的权利，同样的待遇，同样的出路。

由各级官府直接创办书院，是元代书院官学化的一个标志。元代中央政府除创建太极书院于大都之外，还以谕旨形式下令创建过西安鲁斋书院、南阳诸葛书院。地方政府除借审批制度参与书院建设之外，各级官府都曾创建书院，出现了一批以兴学为己任的地方官员，如陈友龙任江浙儒学提举时，就"创置书院凡九所，复升润、宜兴来学之田万八千亩"。③又如毋逢辰，元初，"其仕闽以化为政，道南七书院皆其再造也"。④正因为这样，在全国就有50所以上的官办书院，其基本情况已叙述于本章第一节。官

① 元史: 卷八十一: 志第三十一[M]// 元史: 第7册. 北京: 中华书局, 1977.
② 行省坐下监察御史申明学校规式[M]// 陈谷嘉, 邓洪波. 中国书院史资料. 杭州: 浙江教育出版社, 1998: 424-425.
③ 任士林. 重建文公书院记[O]// 元松乡先生文集: 卷一. 文渊阁四库全书本.
④ 熊禾. 考亭书院记[M]// 民国建阳县志: 卷六. 上海: 上海书店出版社, 2000.

办书院与官学同创于官府，具有同源性。这种同源性使书院拥有官府的巨大支持，可以获取合法甚至正统的社会身份，克服官本位社会大环境对其造成的生存困难，从而发展壮大；这种同源性带来了官学的影响与传统，使书院具有某些与官学相似甚至相同的组织形态特征，形成正规化、制度化特色。

综上所述，皆为元代书院官学化的种种表现，说明在当年确实出现了一种官学化的趋势。书院的官学化既能使书院获取一种与各种危害书院发展的恶势力作斗争的政治力量，也能保学田裕经费，使书院获得一种维持发展的经济力量，对于书院的发展是有可纪之功的，《日下旧闻》称："书院之设，莫盛于元，设山长以主之，给廪饩以养之，几遍天下。"指的正是这种情况。甚至我们还可以说，没有官府的支持就不可能有元代书院的推广。

书院官学化对元代书院发展的积极作用，具体而言，有如下几个方面。其一，官府的介入，扩增了书院的数量，维持了书院的正常运作。如果说，在创建书院方面，是以民间力量为主的话，那么，在维持书院的日常经费开支以及院舍维修方面，则是以官府的力量为主。各级官府的官员，在自己的任期内，动用"官费"，对破败或简陋的书院进行改造、重修与扩建，并且想方设法为书院置备学田，使其拥有恒产。他们或利用手中的权力，将荒闲的土地、官地、没官之田划给书院，或带头捐资，倡率官绅买田，其规划之周全，用意之深远，实属难能可贵。其二，官学化使得书院及其产业成为官府财产的一部分，政府的保障措施为其提供了法律保证，使得有责任心的山长、学官、地方官府在与侵夺书院财产的各种势力进行斗争时，可以立于不败之地。可以说，书院的官学化，为保护书院财产，维持正常的教育秩序，树起了一道有力的屏障。其三，书院的官学化，将书院纳于国家统一的学制体系，从法律上讲，书院与路、府、州、县各级官学，有着同样的身份，享受同样的待遇，书院山长本身就是学官，书院的生徒与官学生徒有着同样的出路。这种措施保障了书院师生的权益，无疑会有力地推动书院事业的发展。①

不可否定，书院的官学化倾向也有很多弊端，对书院的发展带来了消极的影响。我们知道，设山长为学官，用直学管钱粮，即"置官师"与"官总其费"，是书院官学化的最主要标志，而其弊病也主要由此而来。吴澄就说："今日所在，书院鳞比栉密，然教之之师，官实置之，而未尝甚精于选择，任满则去矣；养之之费，官虽总之，而不能尽塞其罅漏，用匮则止矣。是以学于其间者，往往有名无实，其成功之藐也固宜。"②程文海（巨夫）也说："国家树教育材之本，莫先于学校，而天下之学廪稍不足者，士既无所于养，廪稍之有余者，祇益郡县勾稽觊望之资，教官率以将迎为勤，会计为能，而怠于教事。非其人皆不贤，其势然也。惟书院若庶几焉，而居城邑隶有司者，其弊政与前等。近世士君子之贤者，往往因前修之迹，据江山之会，割田析壤，建为书院，既不隶于有司，而教育之功乃得专焉。"③这些都是从制度方面对官学化提出的中肯批评。

之所以出现"书院之设日加多，其弊日加甚"的原因，就在于书院的建设者"徒知假宠于有司，不知为教之大，徒徇其名，不求其实然耳"。要克服这种毛病，那就只有反其道而行之，实行"去官学化"。"书院之建既不隶于有司，无势以挠之，岁时假给从己出，无利以汩之，又必择良师友而为之教，则无庞茸冗秽之患矣。"④需要指出的是，"去官学化"的呼

---

① 关于元代书院官学化的积极作用，参见徐梓《元代书院研究》第133—134页。

② 吴澄. 儒林义塾记［M］// 陈谷嘉, 邓洪波. 中国书院史资料. 杭州: 浙江教育出版社, 1998: 301.

③ 程文海. 代白云山人送李耀州归白兆山建长庚书院序［O］// 雪斋集: 卷十五. 文渊阁四库全书本.

④ 程文海. 东庵书院记［M］// 陈谷嘉, 邓洪波. 中国书院史资料. 杭州: 浙江教育出版社, 1998: 381.

声一直不断，著名学者吴澄、虞集、程文海等都是重要的成员，他们对消弭官学化所带来的弊端起了积极的作用，在一定程度上阻止了元代书院的官学化进程，使得书院从整体上不至于完全变成官学。这是一方面。另一方面，民间一直存在着"不隶于有司"的书院，并且受到社会舆论的表彰。如吉水文昌白沙书院，就以捐田而无"长院之意"，"延名师与族里讲求圣贤之学"，不"坏于有司"等特点深得刘岳申的赞扬，称其为"用意公平久远而不近利要名"。①这种"不隶于有司"的民办书院，和私学具有同根性，同创于私人，它使得书院可以赢得民间广大士绅留意斯文的热情与世世代代的支持，其力量较之官府的强大，虽然显得有些单薄，但它绵长、持久而深厚，众志成城，可以化解官力式微或消失所带来的困境，以天长地久的滋润推动书院的成长与发展。同时，它也同样带来了私学的传统和影响，使书院具有某些与私学相似、相近甚至相同的精神风貌，形成自由讲学、为己求学、注重师承等气质性特色。所有这些对书院的官学化会有一种无形的影响与制约。

因此，官学化终究只是一种趋势，尽管势头强劲，但书院与官学之间还是不能画上等号。事实上，元朝学者对官学与书院之间的分野也有清楚的表述，如嵇厚就说："学有专官，论其秀者为博士弟子，惟本州之人士肄业于斯，吉凶乡射宾燕之时，惟本学之人士礼于斯。若书院则不然，即乡塾之髦士，皆得进而问业焉，邻州远邑之士，皆得聚而考道焉。"②

---

① 刘岳申. 白沙书院记［M］// 陈谷嘉, 邓洪波. 中国书院史资料. 杭州: 浙江教育出版社, 1998: 464.

② 嵇厚. 长芗书院记［O］// 乾隆浮梁县志: 卷三. 清乾隆七年刻本.

第四节　元代书院空间的拓展

蒙古族入主中原的元代，有着骏马奔腾的热情，弯弓劲射的精神，其主导书院尽管不到百年时间，在书院1300多年发展历程中只能算作是一个小小的驿站。但驿站虽小，却勇于尝试与拓展。不断地进取与开拓，使得书院获得了更大更广阔的发展空间。以下我们将主要从书院建设队伍的扩大，书院教学内容的扩展，书院制度的创新与变革这三个方面来讨论这个问题。

一、少数民族的加入：书院建设队伍的扩大

中国自古就是一个幅员辽阔、民族众多的统一国家。历史上，除了汉族之外，其他各兄弟民族也多有加入到书院建设者行列的，为书院的发展做出了各自的贡献。唐宋之世，史实难征，略而不论。到元代，至少有蒙古族、女真族、苗族参与书院建设。少数民族的加入，标志着书院建设队伍的扩大，它是元代书院的特色和贡献所在。

蒙古族作为元代的"国族"，有很多官绅加入到了创建书院的行列，成为书院建设中不可忽视的力量。如至正年间，县尹帖木儿不花建温公书院于夏县；至正十八年（1358），浙西道肃政廉访使丑的重修杭州西湖书院；至元六年（1340），浙东道都元帅锁南班建鲁斋书院于宁波；天历二年（1329），知县燮理溥化建龙眠书院于舒城县；至元年间，唐兀崇禧建崇义书院于鄄城县；千奴建历山书院于鄄城历山；县尹贯阿思南海牙建天门书院于天门；泰定年间，监察御史忽鲁大都兴亚中创建文贞书院于剑阁；达可建

墨池、草堂、石室三书院于成都；等等，不胜枚举。兹以达可为例来作具体的说明。

达可，为生长于蜀中的蒙古族人，约在泰定帝至惠宗朝为官，官至从三品的秘书太监（为监中副长官），告老还乡后居于成都，以私财创建石室、草堂、墨池三书院，招各族生徒肄业其中。其请赐额、置学田、购书籍、添祭器，多方谋求，可谓竭尽全力。刘岳申《西蜀石室书院记》称："秘书蒙古人，生长蜀中，承恩入侍三朝，累官至太监，告老还乡，既以私财建书院，又购古今书籍，备礼乐器，载与俱归，托不朽焉。……今又闻秘书能为墨池、草堂二书院求赐额，又为之增益其田庐书籍，是何恢恢有余裕也。"①李祁在《草堂书院藏书铭》中，对其藏书来源、征购运输过程都有记述，其称："矧兹蜀都，阻于一隅。去之万里，孰云能徂。惟兹达可，有恻斯念。稽于版籍，询于文献。北燕南越，西陕东吴。有刻则售，有本则书。仆输肩靫，车递牛汗。厥数惟何，廿有七万。载之以舟，入于蜀江。江神护河，翼其帆樯。爰至爰止，邦人悦喜。藏之石室，以永厥美。昔无者有，昔旧者新。畀此士子，怀君之仁。"②此种义行善举，虽有化浮财而"托不朽"之意，但仍然得到世人称颂，刘岳申即盛赞："贤哉秘书！古之人不羁縻于君臣之恩，不推挽于妻子之计，能知止知足者罕矣；不市便好田宅以遗子孙，能以赐金日燕饮自虞乐又罕矣；不私宝剑遗所爱子弟，教以一经，遗之长安佚殆绝未有闻者。贤哉秘书，辞荣蚤退，不田宅于家而书院于其乡，不书籍于家而于书院，盖将以遗乡人子孙于无穷，谓非贤者可乎？谓不贤而能之

---

① 刘岳申. 西蜀石室书院记 [M] // 陈谷嘉, 邓洪波. 中国书院史资料. 杭州: 浙江教育出版社, 1998: 398.

② 李祁. 草堂书院藏书铭 [M] // 陈谷嘉, 邓洪波. 中国书院史资料. 杭州: 浙江教育出版社, 1998: 445.

乎？贤者有不能者矣，故曰贤哉秘书。"①达可老而有为，致力于家乡的书院建设与藏书事业，其情感人，其举甚伟，因而世人将其与汉代文翁建学相比，其称："昔在文翁，肇兹戎功。建学立师，惠于蜀邦。维兹达可，宜世作配。惠兹蜀邦，罔有内外。嗟嗟士子，尚其勉旃。毋负于君，惟千万年。"②

元以武力得天下，但其中的远见卓识之士，既能看到"武功迭兴，文治多缺"的问题，更"知夫文武之道，寓于干戈羽钥，而以筑宫育士为急，其贤乎人远矣"！正是这些处于各个不同阶层的蒙古族士人的努力，使得金戈铁马渐至于郁郁乎文明之境，这是元代书院建设的特点，也是元代书院藏书事业的一大特色。

与蒙古族具有同等地位的"色目人"，包含了北方诸多少数民族。受数据限制，我们现在难以一一分梳，兹以其中的女真族为例来作说明。还是在成都，有云南元帅舒噜多尔济（字存道，又作述律杰），③将家宅改作书院，"割俸购书"，事迹具载于王沂《石室书院记》中，其称："侯有宅承教里，其地亢爽宜讲艺，其位深靖宜妥神，谋斥新之为书院。乃请于省，部使者相与图之如不及，故材不赋而羡，工不发而集。为殿以祀先圣，为室以祀公（按，公指汉代文翁），讲（学）有堂，栖士有舍，重门修庑以制，庖湢库厩以序。又割俸购书，作祭器于吴，而俎豆笾筐樽爵簠簋皆具，而经史百氏无外求者，祀敛其新都膏腴之田亩一百五十所入，庙干其家僮二百指。既成，

① 刘岳申. 西蜀石室书院记 [M] // 陈谷嘉, 邓洪波. 中国书院史资料. 杭州: 浙江教育出版社, 1998: 398.
② 李祁. 草堂书院藏书铭 [M] // 陈谷嘉, 邓洪波. 中国书院史资料. 杭州: 浙江教育出版社, 1998: 445.
③ 舒噜多尔济, 又作述律杰, 为女真族人, 见胡昭曦:《四川书院史》, 成都: 巴蜀书社, 2000年, 第65—66页。

而岩才里秀接踵来学。"①这是以现职军政长官的身份关顾书院，其斥私宅而为"岩才里秀"之书院，分俸禄不远千里到吴地购书作祭器，足以明证舒噜氏"知夫文武之道，寓于干戈羽钥，而以筑宫育士为急，其贤乎人远矣！"此外，女真族人富珠哩翀（字子翚）在其家乡顺阳（今河南内乡县）建博山书院，分六斋教学，"以淑其人"，②也是一个明显的例证。

苗族人创建书院亦始于元代。最早的苗族书院在武冈路儒林乡（今属湖南城步），叫儒林书院。地方志载为路总管延承直建，实为杨再成等人"创制"，事见元人赵长翁《儒林书院记》，其称：

> 武冈郡僻在万山，一郡三邑，庙学皆称。儒林乡地名城步寨，自古屯兵控制溪洞，其地八十四团，盘错联络，延袤千里，东邻荆湘，南通广桂，西接古徽，北界大水，其俗居民知书尚义。皇庆二年，县尹延公承直因公委经其地，目击山川秀丽，民俗质朴，叹曰："胜概若是，惜未有申孝弟，明教化以淑人心者。"言未既，绥宁杨再成者自陈愿捐己财创建书室，招集团峒子弟，立师帅之，助化民成俗之万一。公嘉其志，申于府，敦勉劝谕，克竟其事。再成幼知书，长好义，见善信明，道笃不谋利，刻意儒风，确乎不可拔。爰筮爰卜，乃经乃营，正殿、讲堂、门壁、斋庑、墙垣、厨湢，内外完具，先圣先师，十哲从祀，塑绘森严，庙貌相称。③

据记载，杨再成为苗族同胞，"团峒子弟"即苗族子弟（可能也有侗族

---

① 王沂. 石室书院记 [M] // 陈谷嘉, 邓洪波. 中国书院史资料. 杭州: 浙江教育出版社, 1998: 399.

② 苏天爵. 元故中奉大夫富珠哩公神道碑铭 [M] // 陈谷嘉, 邓洪波. 中国书院史资料. 杭州: 浙江教育出版社, 1998: 465.

③ 光绪湖南通志: 卷六十九 [M]. 长沙: 岳麓书社, 2009.

子弟），创建于皇庆二年（1313）的儒林书院，为我国第一所苗族书院。[①]
书院环境清幽，而且化民成俗卓有成效，诚如赵长翁所记，"殿前一峰，高
矗云表，四山如屏，层环迭拱，一水涟漪，横练映带，堂右古杏，合抱数
围，真天造地设素王之居也。呜呼，昔为要荒鳞辏之地，今为甲天燕居之
堂，子衿子佩，游息休藏，冠带如云，弦歌盈耳，化其民为君子士大夫，易
其俗为礼义廉耻，乃教成之效也"。儒林书院绵延办学，毁于明代天启年间，
其间三百余年，为苗乡培养了大量的人才，更为移风易俗、民族融合做出了
重大贡献。[②]

二、医师、方书与门诊：书院教学内容的扩展

书院之研究、传播程朱理学，以及攻习帖括时艺之学而求科举及第，这
是理所当然的事情，也是人所共知的书院的教学内容，到元代，这种格局有
所突破。如女真族人富珠哩翀，从中奉大夫浙江行中书省参知政事退休后，
"欲于顺阳建博山书院，以淑其人"。当时规划，"分置六斋：治礼、治事、
经学、史学、书学、数学"。[③]前四者为传统学科，书学、数学则已涉及艺
术、自然科学等门类，是教学内容方面富有创意的拓展。这种分设专科组织
教学的创意，以及由此而展示书院多姿多彩的文化教育功效值得我们特别
注意。

---

① 《城步苗族自治县概况》编写组. 城步苗族自治县概况［M］. 长沙：湖南人民出版社，
　1984.
② 杨进廉，胡能益. 从儒林书院的创建谈古代城步教育之发达［J］. 岳麓书院通讯，1986，2：
　62-63.
③ 苏天爵. 元故中奉大夫富珠哩公神道碑铭［M］// 陈谷嘉，邓洪波. 中国书院史资料. 杭州：
　浙江教育出版社，1998：465.

诚然，最能体现元代书院努力拓展教学内容的，还是教学内容包括文、武、医三者的历山书院。历山书院在山东省鄄城历山下，由元人千奴创建。千奴姓玉耳别里伯牙吾台（一作伯岳吾），蒙古人。其祖忽都思，元初定居历山。其父和尚，随征南军攻宋，但不嗜攻杀，力免屠城，为元代的统一及建设做出了较大贡献。千奴"笃于学问，博通古今，有经济之具"，学者称"历山公"。历任武德、明威将军，江南浙西、江北淮东等道提刑按察使，肃政廉访使等，官至大都路总管，授嘉议大夫，参与中央政务。作为一个文武兼备、博学多才的官吏，他对立国之本的教育非常关心，在地方即"勤于劝学，所至必先之"，总管大都则"兴工"国学，"尤尽其力"，对于乡里子弟更是不能忘怀，"莅官之余，且淑于其乡"，创建了历山书院。①

历山书院的创建时间，地方志语焉不详，如光绪《山东通志》卷十四仅有"历山书院在（濮州）东南历山下，元历山公千奴建"的记载。元人程文海《雪楼集》卷十二《历山书院记》是记其创建的最早文献，但也不详载其创建时间，唯称"历山公名千奴，今为嘉议大夫参议中书省事"。查《元史》卷一百三十四千奴本传载："（大德）七年，授嘉议大夫，大都路总管兼大兴府尹。……未几，迁参议中书省事，赞议机务，精练明敏。"②据此我们始知历山书院的创建时间为千奴以嘉议大夫身份参知中书省事的大德七年（1303）或稍后。

对书院的规制、师生情况及教学内容等，程文海的《历山书院记》有较详的记载，其称：

---

① 程文海. 历山书院记［M］// 陈谷嘉, 邓洪波. 中国书院史资料. 杭州: 浙江教育出版社, 1998: 465–466.

② 元史: 卷一百三十四: 列传第二十一［M］// 元史: 第11册. 北京: 中华书局, 1977.

聚书割田，继以廪粟，以曹人范秀为之师，其子弟与乡邻，凡愿学者皆集。又虑食不足，率昆弟岁捐粟麦佐之。提刑公（按，指千奴之父和尚）之封树在焉，则为书与昆弟约，谨烝尝护椟，相与为忠信孝弟之归。又与子侄约，凡胜衣者悉就学，暇日习射御，备颜行，曰："毋荒毋逸，毋为不善，以忝所生也。"又曰："再舍而谒医，若疾何？"复藏方书，聘定襄周文胜为医师，以待愿学者与乡之求七剂者。于是郡邑上其事，有司乃定名曰历山书院，就俾范秀为学官而督教事焉。

前引《元史》本传亦载：

延祐五年，乞致仕，帝悯其衰老，从其请，仍给半俸终其身。退居濮上，筑先圣宴居祠堂于历山之下，聚书万卷，延名师教其乡里子弟，出私田百亩以给养之。有司以闻，赐额历山书院，家居七年而卒，年七十一。

从上引材料可知，第一，历山书院虽设于远离城市的山村，但规制完备，经费充足，藏书丰富。它除了开展教学的讲堂、斋舍外，还另设专祠祀孔子，其制乃仿州县学，为当时一般书院所不备，而其习射御之场所及接待求药剂者的建筑，就更有别于其他书院了。田产百亩，外加岁捐粟麦，足可以维持书院的正常运行。书楼藏书万卷，已属少见，师生凭此完全可以开展学术研究，对于保证教学则更无问题。所有这些都说明它是一所条件完备的教育机构。第二，它是一所多学科多专业的综合性书院，设文学之师与医学之师，开展文、医两科教学，学生除专攻文学或医学外，还得兼习军事，进行操练。第三，主持医科教学的医师，除课堂教学外，还得接待"乡之求七剂者"，设立门诊，开展实际的医疗活动。

要指出的是，历山书院所取得的成就不仅仅是一般意义上的，更重要的还体现在它对中国书院制度及对中国医学教育的贡献上。首先，到目前为止，历山书院还是我们发现的中国古代第一所也是唯一的一所实行医科教学并开办门诊业务的书院，这两个"一"所构成的创造性本身，使其具有特殊的研究价值。其次，将医学研究、教学与医疗治病引入历山书院，使中医理论与实践得以与儒家学术思想的理论与实践并行共存于书院，这说明了古代书院对传统文化的涵容比我们所想象的要大，也从一个侧面反映了书院其文化功效的多样性。再次，医师教学兼开门诊，将医学理论与临床疗病联系到一起，是学习医理与实践医术的范例，对传统的医学教育来说，它为其教学理论与教学实践的发展做出了贡献。而其所透示出的理论与实践相结合的原则，无论是对教学教育理论，还是对思想文化的进步与发展，都是一个永恒的主题。

三、教授与训导：书院制度的革新

元代书院不仅在教学内容、建设队伍方面有过锐意而积极的拓展，在制度建设方面，也曾作过有益的尝试性变革，其主要表现在围绕着山长的设置与职责做文章，实行过一院二山长、改山长为教授、山长之下设训导主持教学等有关体制的变革措施。这种变革，有成功的经验，也有失败的教训，值得我们总结与借鉴。

在元代，山长作为书院的首脑，是属于"正员"的正式学官，其任免权归于中央礼部及地方行省、宣慰司，按照国家的任官制度运作，山长与学正平级，上有教授，下有教谕、学录及直学，通过考核，可以升转，可谓标准化管理。其任职特点，前期以安置前宋讲学而不仕新朝的遗民为主，以化解政治矛盾为主要任务，凡建院讲学者大多将遗民任命为山长，其中不乏名宿大儒、昔贤裔孙。皇庆年间恢复科举制度之后，将下第举人任命为山长成为每每下不为例的通例。一般来讲，蒙古、色目人年满三十以上充教授，以下授学正、山长，汉人、南人则年满五十以上与教授，以下授学正、山长，其年龄的限制明显倾向于蒙古与色目人，是为元代典型的时代烙印。这是一般的情形，为大家所熟知，此不赘言。本书在这里要作首次披露的是，元代书院有一段时间曾实行过双山长制，以及改书院山长为教授。

1. 双山长制

一所书院设山长二员的情况，始见于元世祖至元十九年（1282）正月行中书省为浙西、浙东两道宣慰司所规定的"郡县学院官职员数"之中。当时，据浙西道提刑按察司的建议，裁减儒学冗滥人员，各处训导官及各县学正、学录职名，"并行革去"之后，各级儒学及书院皆确定"官职员数"。按规定，"总管府：教授二员，钱粮官一员，学录、学正各一员，斋长、谕各一员。散府：教授二员，钱粮官一员，学录、学正各一员，斋长、谕各一员。书院：山长二员，钱粮官一员，学录、学正各一员，斋长、谕各一员。县学：教谕二员，钱粮官一员，斋长、谕各一员"。① 从中可以看出，定编定员后的书院，设有六种职事凡七员作为管理者，是双山长负责制的管理体制，山长的地位已高于学正。

2. 山长改教授

书院山长改教授，是江淮地区首先提出来的，时在至元二十一年（1284）二月。当时的理由是，"江淮见设提举学校官，各路亦有设者。此职与教授等学官，其品级相悬，于义未当。兼南方府、州、军、县学校、书院所在皆

---

① 郡县学院官职员数[M]//陈谷嘉，邓洪波. 中国书院史资料. 杭州：浙江教育出版社，1998：278.

有，若不定立学官员数及各分品级，使高下合宜，以备将来升转，南方选到文儒之士，可为后进师范者，何以处？"因此，提出了一个江淮学官格例的方案，主要内容是确立江浙学官的组织体系与品级升转方法。它规定："江浙学官，各路拟设儒学提举一员，教授一员，学正一员，学录一员，直学二员；散府、诸州并各级书院，拟设教授一员，学正一员，学录一员，直学一员。"路学教授的品级为从八品，"三年一为任，满日再历别路一任"，才能升儒学提举。"散府、诸州并各处书院教授，正九品"，也是"以三年为一任，迁充各路教授。"

吏部认为，"江南各道书院山长，俱各不曾换授敕牒，止令行省就委，每处别无额员勾当，一考转充府、州教授，今见到部者已积二百余员，不能迁调。"遂向都省与翰林、集贤院提出，"比依府、州，设立教授，其行省所委山长并行革去，实为便益"。于是，经研究决定，就下达了改山长为教授的正式文件，其称：

> 江南书院始因前贤而置，其训诲生徒，作养人材，与夫地产钱粮，不在府、州学校之下。且山长俱系行省委用，别无额员，止历一任，转充府、州教授，致使员多壅滞，不能调用。宜准吏部已拟额设书院四十六处，每处改设教授一员，却将见有山长尽行革去，岂增广窠阙，实塞行省冗滥之源。外据新设书院三十七处，若便一体置立，未谂是否必合专设，或宜减并，合咨行省，从公讲究，各各应设处所同地产钱粮，一就开咨，至日定夺相应。[1]

---

① 本段引文及以上所有关于山长改教授的引文，诸见《山长改教授及正录教谕格例》，见陈谷嘉、邓洪波：《中国书院史资料》，杭州：浙江教育出版社，1998年，第287—290页。

从这个文件可以看出，书院山长改教授的理由有二，一是疏导壅滞而便调用，二是"塞行省冗滥之源"。我们注意到，这和至元十九年（1282）书院实行双山长制的理由大体一致，立足点主要是裁减冗滥。

山长改教授的文件下达后，我们从大德五年（1301）六月江浙等处行省札付中书省呈文中可以看到"近为江南儒学教官员多阙少，不能调用，拟将各处书院山长罢去，照依旧例改设教授，品同府、州升转，庶革泛滥"，以及"除书院已设教授外，行省所辖学校教官额员，并升转等事，合依吏部已拟相应"等记载。①由此可知，在江浙行省，书院山长改教授是真正切切地实施过的。

诚然，以教授取代山长，提高书院的实际地位，是作为一种裁减冗滥的改革尝试提出来的，有可取之处。但这种尝试是否真正有效，却令人怀疑。因为与学正同级的山长可以因此裁减不少，但江南书院所在皆有，仅上述文件中提到的就有吏部拟准额设书院 46 所、新设书院 37 所，如此众多的低一级的书院山长是没有了，但他却被高一级的书院教授所取代，两者折算，其裁员实效如何，明眼人心中应该有数。

或许正是因为成效不佳，地方执行时就打了折扣，这种情况，在至元二十七年（1290）三月集贤院给国子监的札付呈文中有所反映，其称："奉尚书吏部符文该来呈，江淮拟设教官数节，该散府、诸州并各处书院，拟设教授、学正、学录、直学各一员。……即不见各处书院自几年分额设教授，已后缘何不曾差设，及各处书院应设去处，难便施行。"②一项制度实行了六七年，作为中央主管部门的集贤院和国子监还没有看到地方各书院"额

①　山长改教授及正录教谕格例［M］// 陈谷嘉, 邓洪波. 中国书院史资料. 杭州: 浙江教育出版社, 1998: 291.

②　江淮拟设学官员数及升转格例［M］// 陈谷嘉, 邓洪波. 中国书院史资料. 杭州: 浙江教育出版社, 1998: 283.

设教授"的报告，也不知其"不曾差设"的原因，可见真正是"难便施行"了，宜乎在有关历史文献中，我们至今也没有找到过元代书院实际设置教授的记录。

3.训导主持教学

训导本为官学之职，专司训课。元代书院职事纳入官学系统，故其书院多设此职，如湖州府安定书院，即设训导二员，地位仅次于山长，由行省任命。但在世祖至元年间，它曾被作为滥设冗员裁减。前述至元十九年（1282）正月，首行双山长制时，就有"各处见设训导官，并各县学正、学录职名，并行革去"的记录。山长改教授时，也提到教授而下又有训导、钱粮官等职名，属于官冗人滥现象，一并划入"革罢"之列。这说明，训导在元初命运不济，被斥为清洗对象。

随着官学化的日益严重，尤其是山长日益成为"正员"学官，以"法人"身份参与社会活动，而不断弱化其主持教学、领引学术、掌管祭祀的职责的时候，训导之职重新回到人们的视野，逐步受到重视，主掌起书院的主要教学事务了。如宁波鄞城东湖书院，就是"训导陈君某专其教"。[1]元代后期，训导教学的事例更多。在这种情况之下，山长选聘训导之师作为自己的助手，代行其教学之责，就成了元代书院师资管理体制的重要特点。元人郑元祐《颍昌书院记》称，"官设山长固不问，若训导之师，则慎严其选，必经明行修，可以成就人才者"才能充任，[2]明确提出了任职条件。训导在书院的重要地位，由此可见一斑。山长选聘训导做书院师儒，往往要致送聘书，

---

① 程端学. 东湖书院记［M］// 陈谷嘉, 邓洪波. 中国书院史资料. 杭州: 浙江教育出版社, 1998: 345.

② 郑元祐. 颍昌书院记［M］. 陈谷嘉, 邓洪波. 中国书院史资料. 杭州: 浙江教育出版社, 1998: 446.

以示尊重。

　　必须要指出的是，当山长成为学官而日益官僚化的时候，训导即成为主持教学的重要职位，开始承担起书院教育的主要任务了。这是一方面，说明元代书院在官学化的格局下，其制度建设出现了新的变革。另一方面，元代开创的训导聘于山长并主持教学的传统，在明清得到了延续与发扬。明代白鹿洞书院就曾设此职，清代乐安县鳌溪书院也在山长之下设《大学》训导一员，教育生徒。因此，训导的设置与主持教学，可以视作元代对于书院制度建设所做的贡献，理应引起我们的注意。

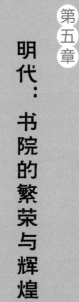

第五章

明代：书院的繁荣与辉煌

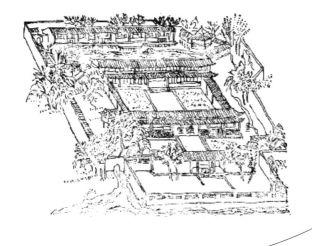

　　在书院发展史上，明代承前启后，地位十分重要。虽然，书院因为明初以官学结合科举制度推行程朱理学，而有过将近百年的沉寂，但在和王湛之学重新结合以后，带着冲决长久压抑的力量，造就了一场倾动朝野的思想解放运动。于是，远近景从，讲会相连，书院再度辉煌，得到了突飞猛进的发展，数量超过自唐宋以来历代书院的总和，出现前所未有的盛局。其分布，总体上是由先进发达地区向边远落后地区推进，读书种子已经撒向神州边陲和发达省份的穷野之地，这标志着书院的发展进入了成熟的繁荣阶段。更有甚者，乘学术辉煌之势的读书人，结成诸多学派，不仅涉足地方文化建设，在民间规范百姓，移风易俗，使书院具有了平民化特色，而且以同志相尚，品评人物，讽议朝政，使书院又具有了社团化、政治性的倾向。当然，书院输出到朝鲜，更是这个时期的亮点。

第一节 明代书院发展概况

明代历太祖、惠帝、成祖、仁宗、宣宗、英宗、代宗、宪宗、孝宗、武宗、世宗、穆宗、神宗、光宗、熹宗、思宗十六帝，共 277 年（1368—1644），有书院 1962 所，此前唐、五代、宋、辽、金、元所有书院的总和，也不及其数的一半，这标志着书院在经过 750 余年的发展之后，到明代出现了繁荣昌盛的局面。

一、明代书院的区域分布

明代 1962 所书院，分布在直隶、河南、山西、陕西、甘肃、辽东、山东、江苏、安徽、浙江、江西、福建、湖北、湖南、广东、广西、云南、贵州、四川等 19 个省区，每省区平均 103.263 所，大大高于元代的 27.067 所，书院繁荣的情况于此可见一斑。

依据每省区 103.263 所的平均数值，我们可以将明代各地书院的分布情况划作三个区级。

一级：书院低于平均数，有直隶、河南、山西、陕西、甘肃、辽东、山东、湖南、广西、云南、贵州、四川等 12 个省区，属于明代书院的不发达地区，其中陕西、甘肃、辽东、贵州 4 省区的书院皆在平均数的一半以下，属于最不发达的地区。

二级：高于平均数，但低于 200 所，有江苏、安徽、浙江、福建、湖北等 5 省区，属于明代书院发达地区。

三级：200 所以上，有江西、广东 2 省区，是明代书院的最发达地区。

考察以上明代书院的区域分布情况，有几个特点值得注意。第一，书院向边陲之地推广，西南的云南，西北的甘肃，东北的辽东地区，都是第一次出现书院的记录，虽然数量不是很多，但开疆拓土，填补空白，意义非比寻常。

第二，书院的分布仍然呈现地区的不平衡性。首先是书院最多的江西省有 270 所，最少的辽东地区只有 6 所，两者悬殊极大。其次是东北、西北、西南地区的书院较少，不可能与江南、中原地区相比。再次是北方书院比南方少，东部书院比西部多。

第三，江西以绝对优势，继五代、北宋、南宋、元代之后，连续第五次高居榜首，仍然是全国书院建设的发动机，引领着明代书院向前发展。

第四，以江西为中心的书院密集区继续存在，但与元代相比则出现了一些变化。首先，范围扩大，由浙江、福建、湖南、安徽四省，外扩为江苏、浙江、安徽、福建、广东、湖北六省，湖南以少于平均数 3 所而被淘汰出局。其次，广东以猛增到 207 所而进入书院最发达省区，成为书院发展的明星，与老牌的江西初现争锋之势。

二、明代书院的时间分布

明代 1962 所书院，能够确考其创建或修复年代的有 1531 所，占总数的 78.03%，兹以 16 个皇帝 17 个年号来作统计分析。要说明的是，仁宗仅洪熙元年（1425）在位一年，光宗仅泰昌元年（1620）八至九月在位，时间都太短，都没有创建或兴复书院的记录；英宗前后有正统、天顺两个年号。明代各朝中，书院最多的是嘉靖朝，有 596 所，其次是万历朝，有 295 所，第三是正德朝，为 150 所，三朝合计 1041 所，占已知年代书院总数的 67.99%。以下依次是弘治、崇祯、成化、隆庆、洪武、正统、天启、永乐、天顺、景泰、宣德、建文朝，分别是 95、86、78、67、43、31、21、19、19、17、3、1 所，另有洪熙、泰昌二朝皆为零的记录。兹依据各朝书院数量，制作成图 5.1。

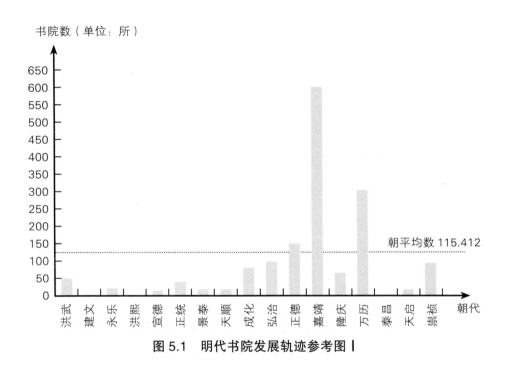

书院数（单位：所）

朝平均数 115.412

洪武　建文　永乐　洪熙　宣德　正统　景泰　天顺　成化　弘治　正德　嘉靖　隆庆　万历　泰昌　天启　崇祯　朝代

图 5.1 明代书院发展轨迹参考图 |

如图 5.1 所示，明代前期自洪武至天顺年间，书院处于发展低潮，基本是维持状态，属于沉寂阶段。自成化、弘治，书院开始发展，正德年间超出各朝平均数 115.412 所大关，并继续攀升，到嘉靖年间达到最高峰。隆庆时又跌落至各朝平均数以下，但很快就在万历朝再度攀高，形成第二个高峰。自后，泰昌、天启、崇祯三朝再次下降到平均数以下。因此，从总体上看，明代书院的时间分布是前期很少，中间大量集中，在正德、嘉靖、隆庆、万历四朝形成高潮，后期较少，但比前期热闹。

明代 277 年，每年平均建复书院 7.083 所。各朝的年平均数，以嘉靖年间最多，为 13.244 所，其次是隆庆年间，为 11.166 所，第三是正德年间，为 9.375 所，皆在平均值以上。第四是万历年间，为 6.276 所，已经在平均值以下。兹以年平均数为依据，绘制成图 5.2。

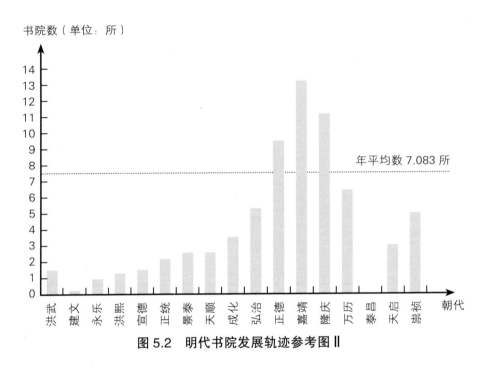

图 5.2　明代书院发展轨迹参考图 Ⅱ

比较图 5.1 和图 5.2，我们可以知道，明代书院的发展大势如前所述，是前朝沉寂，中期大发展，后期回落。两图的轨迹大体合拍，唯一的例外是隆庆朝的变化。按各朝书院数描绘，隆庆成为嘉靖、万历两个高峰之间的低谷，而按年平均书院数描绘，隆庆则地位上升，居于万历之上，于是就没有双峰并峙的图像出现。

还要指出的是，明代创建兴复书院的年平均数 7.083 所，比元代的年平均数 4.143 所，增长率达到 171%。如此大幅度的增长，也从一个侧面反映出明代书院的繁荣与辉煌。

三、明代书院建设力量的对比分析

与宋、元时期官民两种力量在书院建设中所起的作用相比，明代出现了新的变化，其最大的特点是官方力量超过民间力量，成为推动书院发展的主要力量。关于这种变化，20 世纪 30 年代曹松叶先生有过一个统计与分析，兹据以制作成表 5.1。

表 5.1　明代书院创建、兴复、改造人物统计表

统计	类别							
	民	不明	地方官	督抚	京官	敕奏	其他	合计
书院数（所）	184	180	635	135	58	4	21	1217
	364		832					
百分比（％）	15.12	14.79	52.18	11.09	4.77	0.33	1.73	
	29.91		68.37					

其结论主要有如下几条：第一，"最引人注意的是，地方官设立的书院"，"超过全数之半，由次要的位置，爬到第一位，这是同宋元相反之点"；第二，督抚一项，也"比宋元两代增多，这是官力增大的证据"；第三，民办的书院，"同宋元两代相差很远，可看出民力衰退的现象"。总之，"明代书院，以官力做主干，民力已不如宋元两代那样重要了"。

我们最近对明代创建的 1699 所书院，也作了一个创建人物统计，兹列作表 5.2。

表 5.2　明代书院创建情况统计表

统计	类别				
	民办	不明	官办	其他	合计
书院数（所）	507	216	972	4	1699
	723				
百分比（%）	29.84	12.71	57.21	0.24	
	42.55				

我们认为，明代书院建设中官力增加、上升，超过民力，这是一种基本事实，也是它不同于宋元时期的一种新的发展趋势，这是肯定的，与曹先生的结论相同。但如果去掉官办书院中因为官本位而造成的大量水分之后，我们总体认定，明代书院是官民二种力量基本相当的时代，虽然官力上升，民力下降，但民力仍然占有重要的地位。

另外，继元代少数民族成为书院建设的重要力量之后，明代又出现了皇室成员、武官这两种生力军，造就了藩府书院、肄武书院，是为明代的一大特色，值得引起注意。

第二节　明代前期书院的生存状态

元代末年，战火纷繁，大江南北，灰飞烟灭，宋元以来兴盛于全国的书院大多毁于战乱之中。20 余年残酷的战争，使得书院这一文化教育组织勃兴的势头大大削弱，明代初年，它步入其发展的"低谷"。以下我们将着重分析处于"低谷"的明初书院的生存状态及其摆脱困扰走出"低谷"的历程。

一、百年沉寂

明代前期书院的发展历程，又可以分为两个阶段。第一阶段，自洪武至天顺年间（1368—1464），共97年，创建兴复书院共计143所。这个纪录非常可怜。和元代相比，时间仅少一年，书院总数却只有元代的35％，此所谓比上严重不足，而放在整个明代比较则更差。时间占1/3，书院数量则只占总数的7.3％，可谓微不足道。因此，明初近百年的书院，基本处于沉寂而无闻的状况。与此形成鲜明对照的是明代官学的兴盛。《明史·选举志三》载："天下府、州、县、卫、所，皆建儒学，教官四千二百余员，弟子无算，教养之法备矣。……盖无地而不设之学，无人而不纳之教。此明代学校之盛，唐宋以来所不及也。"

导致官学兴盛、书院沉寂的原因是多方面的。首先，它是明初朝廷书院政策的必然结果。洪武元年（1368），明太祖朱元璋下令"改天下山长为训导，书院田皆令入官"。[①]改山长为训导，实际上就是将书院降级，进行冷处理。而将书院赖以生存的学田入官，则其要从经济上搞垮书院之意不言自明。洪武五年（1372），又对书院采取了进一步的禁绝措施，下令"革罢训导，弟子员归于邑学，书院因以不治，而祀亦废"。[②]朱元璋定下的祖宗之法，其结果势必造成明初书院的冷寂无闻。

其次，与"革罢"书院同时并行的是，大力倡导和发展各级官学教育。明初奉行"治国以教化为先，教化以学校为本"[③]的思想，作为其文教政策

---

① 雍正宁波府志: 卷九[M]. 宁波: 宁波出版社, 2004.
② 雍正宁波府志: 卷九[M]. 宁波: 宁波出版社, 2004.
③ 明史: 卷六十九: 志第四十五[M] // 明史: 第6册. 北京: 中华书局, 1977.

的主干。早在元至正二十五年（1365），朱元璋就改应天府学为国子学，称帝后将其改建于南京鸡鸣山下，称国子监。永乐年间，国都北迁，又增国子监于北京，于是明朝有南、北国子监并立。洪武二年（1369），令郡县皆立学校，于是地方官学纷纷兴复。遍布全国的学校，优厚的生活和政治待遇，使天下士子无不乐而趋之，由是学校兴盛一时，以至有"无地而不设之学，无人而不纳之教"的记录出现。在城乡地区广泛设立社学，将其纳入官学体系，以教养童蒙子弟，是明代文教政策的重要内容。非常明显，社学的广泛设立，将原本属于乡村家族书院的生源抢占殆尽，严重制约了明初书院的发展。

再次，明代前期书院的落寞沉寂，还有一个重要原因在于明朝是推翻蒙古贵族而建立起来的汉族地主阶级政权，它以"驱逐胡虏，恢复中华"为口号，对于素有夷夏之防且处于被压迫之下的汉族士大夫有很大的感召力。因而，他们纷纷"出山"，参与其政。很少有士人不肯归服退而讲学书院，几乎不存在元初遗民推动书院发展的问题。

最后，明政府极力提倡科举，实行八股取士，并将举业与学校紧密结合。规定"科举必由学校"，学校教育与科举的联系更加密不可分。士人为博取功名则唯有趋就学校，书院之学遂日渐冷清；政府既获隽于学校、科场，更无意再兴书院。因此，明初百余年间，书院不得振兴，而处于沉寂状态。

随着时间的推移，明政府对书院的压制已经在民间，尤其是远离政治权力中心的乡村社会，开始解构于官绅士民对教育的渴求。事实上，正统以后，地方官绅致力于书院建设的举动，已经影响、感动朝廷，中央政府一改原来对书院的压制态度，转而开始支持书院。

二、近半个世纪的恢复

明宪宗成化和明孝宗弘治年间（1465—1505），共 41 年，为明代前期书院发展的第二个阶段。是期时间比第一阶段少 56 年，但创建兴复书院数量却多出 30 所，达到 173 所，从总体上显现出恢复性发展的势头。纵观其表现，主要有两个方面。首先，朝廷对书院之设已无禁止，皇帝赐予院额、令地方官建复书院的事时有发生。这些都说明，朝廷已开始改变近百年来轻视书院的政策，表明了对书院予以支持的态度，这为书院的复兴铺平了道路。

其次，宋元时期一些著名书院相继得到修复并开展了卓有成效的教学活动。如湖南长沙岳麓书院，宣德七年（1432）、成化五年（1469）曾两度修复了一些建筑，尽管没有恢复教学，但为重振奠定了基础。到弘治初年，经陈钢、杨茂元、李锡、彭琡、王瑶等历任长沙府行政长官的经营，岳麓书院得以规复旧观，生徒云集，在院长叶性的主持下，重新开始了其"振文教于湖南，流声光于天下"的辉煌历程。有如江西庐山白鹿洞书院，于正统三年（1438）重建，结束了其荒废 87 年的历史，并在天顺年间开始了教学活动。到成化年间，江西各级地方长官竭力经营，"务使今日白鹿洞，即昔日白鹿洞"，书院基本恢复宋元盛期的规模，吴慎、查杭、胡居仁、方文昌等先后主持洞中教学。正是这样一批宋元就享有盛誉的书院的兴复、讲学，带动了各地的书院建设，书院发展从此即成上升趋势。

成化、弘治年间，书院开始复兴，有诸多历史原因，其中最直接也最重要的原因是学校与科举的结合及其带来的危害。科举与学校的紧密结合，既促进了学校的发展，也给它的衰落埋下了种子。八股功名，本来引人于利禄之途，它使学校变成了科举的附庸，而其腐败更遗害学校教育。学校之弊有如下数端：一是师资不够，质量低下。洪熙元年（1425）就缺 1800 余员，即全国有 43% 学校的教官位置空缺。后来多次下令将举人充任教官，但"举人厌其卑冷，多不愿就"，不得已只得取用岁贡生，而岁贡生的"言行文章不足为人师范"。二是学生的质量下降。英宗之际，边储空虚，国家为巩固边防，始开生员纳粟免试进入国子监读书之例，于是在地方学校和南北国子监就出现了许多纳绢、纳粟、纳米、纳银等出身的生员、监生，他们只知"财利可出进身，则无所往而不谋利"。①三是学校成为利欲之所。明中叶以后，学校诸生认真读书的很少，即使用功，也是津津于八股，大部分人是冲着食廪免役等优待而入学籍的，形成了"衰老残疾并不堪教养之人滥溶在学"②的局面。

教育乃治化之本，出现这种情况使很多有识之士忧心于怀，历朝都不断有人提出整改措施，但累不见效。久而久之，人们对其渐失信心，并反其道而行之，转而向往并倡导书院教育。学校不行了，以书院取而代之，希企借以继续国家的教育职能，似乎成了当时知识界的共识。于是，久受冷落的书院又逐渐成为社会各界关注的"热点"，并得以开始走出低谷。

第三节　王湛之学与明代中期书院的辉煌

明代中叶以来，由于科举与官学的一体化，以程朱理学为代表的官方哲学，被演蜕成敲开科举之门的砖块，人们奔竞于科举仕途而变得不择手段。

---

① 明宪宗实录：卷四十 [O]. 北京大学图书馆红格钞本.
② 明孝宗实录：卷二百一十二 [O]. 北京大学图书馆红格钞本.

这与南宋初年的情形很相似，它说明官学教育的失败，同时也提出了重建新的理论以维系日益涣散和败坏的人心的任务。也和乾淳之际的南宋理学大师一样，以王守仁、湛若水为代表的学术大家从批判官方哲学入手，承担了重建理论、重振纲常、重系人心的艰苦工作。

王湛之学的崛起是从正德年间开始的，而且和南宋时期的程朱理学一样，是和书院一体化之后才得以实现的。嘉靖、隆庆、万历三朝，王湛弟子及其后学建书院，开讲会，倡导各地，又将二者一起推向极致，形成南宋以来中国书院与学术的再度辉煌局面。

一、王守仁与明代书院的兴起

王守仁（1472—1529），字伯安，号阳明，浙江余姚人，因曾隐居会稽阳明洞，又曾创办过阳明书院，故世称阳明先生。其家世为望族，虽然读书治学为阳明必做之事，但在弘治十二年（1499）中进士踏入仕途之前，他和书院似乎没有发生过联系。正德元年（1506），"始归于圣贤之学"的王守仁，刚获与湛若水"定交讲学"之乐不久，即因忤宦官刘瑾而遭贬谪贵州龙场驿之灾。从此，他开始了二十余年的书院实践活动，并形成了自己的书院观。

正德三年（1508），王守仁到达龙场驿，当地民众为其创建龙冈书院。其间王守仁订有《教条示龙场诸生》，是为龙冈书院学规，也是其长时间书院教学实践经验的理论总结。王守仁之学历经三变而最终定于龙场悟道，是为学术史上"王学"的真正成立，而王学的传播则开始于龙冈书院的讲学，其教习方法则是王守仁刚刚发明的"知行合一"之说。

正德四年（1509），王守仁在龙冈书院宣讲其知行合一的新学说，声名传到贵阳城主管贵州一省学政的提学副使席书处，于是就有往复问辨之后的贵阳文明书院讲学。王守仁的新学说开人心智，"士类感德，翕然向风"，借助文明书院中200余生徒，迅速在黔省传播，并且深入人心。

结束龙场谪贬生活之后，王守仁历任庐陵县、滁州等地的地方官，及南京刑部、鸿胪寺、太仆寺、北京吏部等两京京官。其间虽然也是到处讲学，但不以书院为讲坛。直至正德十二、十三年（1517、1518），他以巡抚身份在江西南安、赣州，福建汀州、漳州镇压农民起义，进行所谓"破山中贼"之时，感到有必要建书院讲学，以"破心中贼"。于是正德十三年（1518），在赣州，他建复六所书院，其中新建的义泉、正蒙、富安、镇宁、龙池五书院为社学性质，以教民化俗为主，修复的濂溪书院则以传播其心学为要。在庐山，他先是派门人蔡宗兖任白鹿洞书院洞主，于正德十五年（1520）正月、十六年（1521）五月，他自己又两次来到白鹿洞书院，集门人讲学其中，希望自己的门徒尽快占领白鹿洞，将这一朱学堡垒变为王学阵地。从此，王门弟子出入其间，昔日的理学圣地俨然变而成为心学的大本营。

正德十六年（1521）八月到嘉靖六年（1527）九月，王守仁因建奇伟之功而遭诽谤，其学被指为伪学，由江西返家，在余姚、绍兴等地专事讲学，日与门人讲明其"致良知"之说，门人则为他建复稽山、阳明二书院作为宣传、倡大其学的大本营。

嘉靖六年（1527）九月，居闲讲学六年之久的王守仁再度被朝廷起用，以左都御史总督两广及湖广军务身份，赴广西镇压田州、思恩岑孟之乱。赴任途中，他经瞿州、常山、南昌、吉安、肇庆各地，一路讲学不辍，大会士友三百余人于螺川，并曾致书浙中的钱德洪、王畿，要他们团结"绍兴书院中同志"，严守"会讲之约"，对家乡书院可谓是念念不忘。嘉靖七年（1528）六月，他在南宁创建敷文书院，聘其门人季本主讲。八月，发布《经理书院事宜》，要求书院"法立事行"，进行制度化建设。九月，又批复苍梧道梧州府，"照依南宁书院规制，鼎建书院一所"，"以淑人心"。十月，与钱德洪、王畿、何胜之通信时称：近来"余姚、绍兴诸同志又能相聚会讲切，奋发兴起，日勤不懈，吾道之昌，真有火燃泉达之机矣，喜幸当何如哉！"希望"早鼓钱塘之舵"，"一还阳明洞"，与浙中书院诸友聚会。①这些说明，晚年的王守仁书院情结日深。十一月，他不幸病逝于归家途中。

在长达二十余年的书院讲学实践中，王守仁形成了自己的书院观。首先，他将书院定位于"匡翼夫学校之不逮"，认为书院存在的意义就在于补救官学的流弊，而讲求古圣贤的明伦之学。既然书院和官学是同属国家学政队伍中的两支部队，当官学受科举之累而迷失讲求明伦之学的前进目标时，那就可以将其撤下，替换成书院，以便继续朝向讲求古圣贤的明伦之学的目标前进。以书院匡翼学校，就如部队换防。王守仁还认定书院是有等级差异的，书院讲学也有层次区别，也就是说，书院是一个有着不同层次、不同类型的文化教育组织，它自成一系，与官学并行，共同承担着国家所赋予的讲学明伦的责任。

其次，以书院作为宣讲、倡大自己学说的基地，并借讲学颠覆程朱理学的大本营，是王守仁书院观的重要内容。王守仁已经深谙利用书院传播学术之道，正是利用书院这块阵地，他将自己的思想理论迅速推广于东南各地，及至倾动朝野，取代程朱理学而风行数十百年之久。

再次，关注讲会，致力于讲会制度建设，是王守仁对书院的一大贡献。王门最早的讲会是由王守仁亲自主持的，始于嘉靖四年（1525）九月龙泉寺中天阁的讲学之会。为了使讲会正规，不致于因人之去留而聚散，他以书壁的形式对讲会的日期、原则和具体操作程序、方法等提出了要求。十月，阳明书院落成，讲会移至书院举行。其后，钱德洪、王畿等先生主持其事，讲会坚持数十年不断，成为浙中王门重镇。嘉靖五年（1526），江右王门开

---

① 年谱三［M］// 王守仁. 王阳明全集：三十五. 上海：上海古籍出版社, 1992: 1323.

惜阴会，他作《惜阴说》，大倡讲会之风。从此，讲会林立于东南各地，并形成社团书院（讲会式书院），开拓出新的书院讲学形式，极大地促进了学术和书院的一体化发展。

二、湛若水的书院活动与书院观

湛若水（1466—1560），原名露、雨，字符明，号民泽，广东增城县甘泉人，学者遂称其为甘泉先生，称其学为甘泉学。湛若水 29 岁师从陈献章于江门，悟出"随处体认天理"的心学方法。弘治十八年（1505）40 岁的湛若水中进士，在北京与王守仁定交，"共以倡明圣学为事"。弘治正德之际，在北京十年，历官编修、侍读等职。嘉靖三年（1524），升南京国子监祭酒，直至嘉靖十九年（1540）致仕，皆在南京，历任南京礼部侍郎，以及吏、礼、兵三部尚书等职。湛若水既与王守仁相约"共以倡明圣学为事"，故无论为官还是居家，皆以讲学为己任，在北京是这样，在南京主持学政更是这样。致仕之后则专事讲学，直至嘉靖三十九年（1560）四月十九日病重，弥留之际，还在叮咛学生要按照会约讲习，相观而善。二十二日，湛若水以 95 岁高龄逝世于禺山书院（精舍）。为了弘扬师说，为了与王守仁的共同约定，湛若水一生尤其是 40 岁至 95 岁这一段，半个多世纪，无日不在讲学。

湛若水所至必讲学，讲学之所或国子监，或州县学，或书院，或精舍，或会馆，或寺观，似乎并不拘泥，但对书院却情有独钟，"平生足迹所至，必建书院以祀白沙"。这一点和他的老师陈献章大不相同，湛若水书院情结很浓，这样做，或许也正是为了弥补白沙与书院失交的缺憾。与王守仁相比，他先生而后逝，以其老寿而阅历了更多的书院。据罗洪先为其所作墓志与相关地方志记载，他先后创建、讲学的书院总数不会少于 50 所，在整个中国书院发展史上，可与朱熹相媲美。

湛若水与书院的不解情缘，还体现在他为各地书院作记，关心地方书院建设方面。据嘉靖十五年（1536）、万历七年（1575）刊本《湛甘泉先生文集》统计，他为各地数十所书院所作的文献有数十篇之多，其内容已涉及建院、祭祀、学田、聘请主讲、会讲、作文等问题，说明他对书院建设的关心、支持与指导。除此之外，其文集中更直接记载了他在各地讲学的具体内容，而《大科训规》，更是他为书院制订的具体规章制度，有60余条之多。凡此种种，皆足以体现其拳拳经营书院的苦心。

湛若水的书院观也很有心学特色。他虽以"随处体认天理"相标榜，但和王阳明的"致良知"没有本质区别，皆以发挥心学为己任，钟情于书院的讲学、会讲，重悟性而轻积累，对宋元时期以程朱为代表的"道问学"的书院观多有批判。复兴书院会讲、讲会的传统，致力于讲会制度建设，是湛若水书院观的重要内容。其在南京周围各地讲学，首开富山、斗山、天泉、新泉诸书院讲会。年过90尚游南岳，过石鼓、白沙、甘泉各书院，遍与湘赣门人及阳明后学邹守益等讲学论道。湛若水还作有《大科训规》，致力于大科书院讲会建设。其中，有三条涉及院中讲会，摘引如下：

　　一、远方及近处有德行道艺先觉之人，可为师法者，必恭讲升堂讲书，以求进益。闻所未闻，孔子之圣，亦何常师？

　　二、朔望升堂，先生讲书一章或二章，务以发明此心此学，诸生不可作一场说话听过，亦必虚心听受，使神意一时相授，乃有大益。

　　三、诸生朔望听讲之后，轮流一人讲书一章，以考其进修之益。[1]

① 湛若水. 湛甘泉先生文集: 卷六 [M]. 桂林: 广西师范大学出版社, 2014.

以上迎请院外先觉之师讲书、院中先生朔望升堂讲书、诸生轮流讲书，实际上就是书院的讲会或会讲活动，先觉与先生之讲会安排在作为"师生讲学之地"的凝道堂进行，诸生轮讲除了凝道堂之外，也可以在作为"诸生会讲之地"的进修、敬义二斋进行。而先觉之临时恭请、先生之定期升堂、诸生之轮讲，也说明大科书院之讲会已经形成制度，且隐然包括学术（先觉升堂）、教学（师生讲书）两种类型。如果将这些条文和"诸生用功须随处体认天理"等规定一并考察，则其心学特色不言自明。

王守仁、湛若水两位大师，都很重视书院建设，将书院视作研究、宣传自己学术思想的阵地，其学几变而定于书院，其教亦传于书院，在书院的讲学过程中，不断完善、发展了自己的学术主张与思想体系。可以说，他们在正德、嘉靖年间的努力开启了中国历史上继南宋以来的书院与学术互为表里、一体发展的第二个趋势：新的理论在书院中崛起，新崛起的理论又一次推动了书院勃兴。史称："自武宗朝王新建以良知之学行江浙两广间，而罗念庵、唐荆川诸公继之，于是东南景附，书院顿盛，虽世宗力禁而终不能止"，"缙绅之士，遗佚之老，联讲会，立书院，相望于远近"，其"流风所被，倾动朝野"，势不可当。①这和数百年前南宋书院与程朱理学一体化发展的情况基本一致，它说明，包容文化创造功能的书院有着强大的生命力，任何人为的抑制都阻止不了其再度走向辉煌的步伐。

准确地说，明代书院的辉煌局面，是王、湛及其后学在正德、嘉靖、隆庆、万历年间（1506—1619），历时百余年，以联讲会、立书院的形式营造出来的。这个时期，创建兴复书院1108所，占全明已知建复年代书院总数的72.37%，其勃然兴起、浩然兴盛之势，由此了然可见。

---

① 沈德符. 野获编: 卷二十四[O]. 文渊阁四库全书本.

第四节　走向民众：书院的平民化

明代中期，书院生机盎然、充满自信地走向社会生活的各个方面，成为官绅士民，甚至下层百姓政治、文化、教育生活中不可或缺的一个重要组成部分。"六经注我"的学术热情，批判意识激荡的改革意愿，以及士人、市民阶层的政治自觉等，影响和引导着书院的发展方向与路径，形成了明代书院平民化、社团化、政治化的倾向性特征。

一、书院发展的平民化

沉寂近百年之后，明代书院重兴，面向平民成为其发展的一个重要特点。首先，城镇官府书院向平民百姓开放，山林布衣、乡村长者、普通百姓、佛教僧侣都可以进院听讲，甚至登堂讲说。这是宋元时期所罕见的现象。

作为府、州、县各级政府之教育中心与学术中心，官府书院建于各级官衙驻地，出入其间者，非官师缙绅，即士夫儒生，一般皆属中上层人士，是为当时通例。及至明代中期，随着平民儒者的出现和平民教育的开展，下层民众的身影出现于书院讲堂，森森学府之门得向市井布衣开放，书院的发展史上出现了值得引起注意的满足平民教育需求的积极倾向。兹以浙江嘉兴府仁文书院、江苏常熟虞山书院为例，来说明这种倾向。

仁文书院采取"广与进"的态度，欢迎一切求学、听讲之人。其《讲规·广与进》称：

　　　真修实践之士，往往出于布素，如吴聘君、王心斋其人者，故不尽由黉序中出。若必择其方类而取之，恐长林丰草间不免有遗贤，而亦何以风励庶人之以修身为本者。是故，会讲之日，如或山林布衣，力行好修，但愿听讲，不妨与进。其怀私负戾，藉名干进者，一切摈斥之，无取焉。①

虞山书院向民众开放的力度比仁文书院更大，兹将《虞山书院会约》②有关条文抄录如下：

一、每月初九日讲书于学道堂，本县辍政半日往听焉。佐领、儒学各官，乡荐绅、孝廉、生童、孝子、善人悉会听讲。讲时不挈签，不命书，不拘生童，随有志有见者讲论三五章，以发其端。本县知识庸下，无足商确，随时聘请教主阐发精义。

二、孝子、顺孙、义夫、善士、寿官人等曾经表扬者，及山林隐逸，众所推服者，俱许依诸生列坐而听讲，俱登名宾簿。其有真正孝义高品逸民，仍当推至上首，以示激劝。然不许好名无耻之徒乘机溷进溷坐，致辱堂规。查实究处。

三、百姓无论远近，其年高者，或年虽少而颇知义理者，如有志听讲，俱先一日，或本日早报名会簿，吏书领至站台上，望圣叩头，就台上东西相向坐于地。人众，则后至者坐于庭前地。俱要静默，不许喧哗。候堂上行四拜礼时，各向圣叩四头。讲毕，叩头先散。若百姓来会者众，即先讲《乡约》，讲毕先散。

四、释子、羽流虽非吾类，然中间不无悔悟而来归者，此入笠之一机也。即使自负自高，亦不妨姑令听讲，许坐于百姓之列。若有所讲说，许上

---

① 邓洪波. 中国书院学规 [M]. 长沙: 湖南大学出版社, 2000: 38.
② 耿橘. 虞山书院会约 [O] // 虞山书院志: 卷四. 明万历间刻本.

堂立论。若果有见，许坐于诸生之后。

五、高皇帝《乡约》，就是一个好方子，莫说专教小人，吾辈终日所言，何尝出于六谕之外。

由以上条文可知，书院向平民开放是有制度保障的，而且平民也分层次，高者如孝子、善人、山林隐逸可列诸生座，登名宾簿，低者如老少百姓，席地而坐，列名会簿。会簿前有知县耿橘所作引言，对平民百姓进入书院听讲、讲学及其缘由都有交代。兹将全文抄录如下，以见其详：

虞山会讲，来者不拒。人皆可以为尧舜，何论其类哉！凡我百姓，年齿高者，与年少而知义理者，无分乡约、公正、粮里、市井、农夫，无分僧、道、游人，无分本境他方，但愿听讲，许先一日或本日早报名会簿，俟堂上宾主齐，该吏书领入，照规矩行礼。果胸中有见者，许自己上堂讲说。昔王心斋不过泰州一盐灶，寒山、拾得俱为乞儿，张平叔乃一皂隶，本县何敢以皮目待天下士哉？但不许不通名姓，乘机溷入，不守规矩，紊乱喧哗，致失会礼，本县亦不能尔贷也。①

非常明显，让下层平民百姓进入书院，登堂听讲，甚至上堂讲说，是有理论依据的，那就是"人皆可以为尧舜"的儒家古训，而且也有当时以王心斋为代表的泰州一派学者的佐证。盐灶、乞儿、皂隶皆能讲学，又何论我百姓之市井、农夫哉？书院开放的气度和对百姓皆可成尧舜的自信，由此可见一斑。此则正是明代书院平民化的理论依据和其从事平民教育的原因所在，于焉可见我们的先人致力于民众精神文明建设的可贵与崇高。

---

① 会簿引[O]//虞山书院志：卷四.明万历间刻本.

在城镇官府书院向下层民众开放的同时，本来就处乡村的家族、村社书院也开始了职能的转变，服务对象不再局限于子弟，而扩至族人乡党，即由童子而及其成年的父兄一辈，院中之事业不仅仅是读书识字，习礼成俗、讲学化民也成了日课常功。兹举安徽泾县为例来作说明。

安徽泾县"自姚江之学盛于水西（书院），而吾泾各乡慕而兴起，莫不各建书屋，以为延纳友朋、启迪族党之所，其在台泉则有云龙书屋，麻溪则有考溪书屋，赤山则有赤麓书院，蓝岭则有蓝山书院。一时讲学水西诸前辈会讲之暇，地主延之，更互往来，聚族开讲。故合则考德而问业，孜孜以性命为事，散则传语而述教，拳拳以善俗为心"。①这类书院，有"考德而问业，孜孜以性命为事"，即关注学术阐发、学派建设者；有"传语而述教，拳拳以善俗为心"，即传播推广学说，将其落实为民俗者。一般情况下，它们对以学术而化民成俗的关顾可能更多些。如赤麓书院的《赤山会约》，开列遵谕、四礼、营葬、睦族、节俭、正分、广仁、积德、慎言、忍气、崇宽、勤业、止讼、禁赌、备赈、防盗、举行、黜邪、戒党、置产、恤下、闲家、端本等23条，皆"吾儒实学"之事，要求赤山一乡与会诸友"以此意劝勉各家"，以期达到"维风范俗"的目的，②从而提升地方文明水平。

综上所述，我们认为明代书院已经具有平民化倾向，开始成为实施平民教育的场所。这是书院历史上前所未有的现象，也是本书所要强调的观点。

---

① 赵绍祖. 赤山会约跋［M］// 邓洪波. 中国书院学规集成：第1卷. 上海：中西书局. 2011：503–504.

② 萧雍. 赤山会约［M］// 邓洪波. 中国书院学规集成：第1卷. 上海：中西书局. 2011：497.

二、书院讲学的平民化

儒学诠释的平民化，是明代书院讲学的新特点。之所以出现儒学的平民化诠释，大致有三个原因。首先，王湛之学尤其是王学，是在平定叛乱和镇压农民起义之中，以及之后的社会秩序重建的工作中发展、兴盛起来的，即由所谓"破山中贼"而"破心中贼"，解决民众问题是其重要的诉求，面向民众讲学是一种现实要求。第二，"六经注我"的学术热情，可以充分发挥人的主观能动性，使得向不懂高深理论甚至不识字的民众讲学，也即王湛学说的平民化诠释成为可能。第三，平民书院的出现，提供了理想的平台，可以使儒家经典的平民化诠释得以实现。

应该说，无论是平民书院还是平民教育，其所讲之学仍然是儒学，只是它的重点不是高深的理论，而是"百姓日用之道"，亦即"百姓日用之学"，侧重点在日用伦常与民俗风情的培植，在平民百姓中建立合乎儒家理论体系的价值理念是其主要的任务，其教育对象不同于经生文士，往往是山林布衣、田夫野老，甚至是一字不识的"愚夫愚妇"。因此，讲学必须用浅显易懂的语言来进行，不能满堂皆是之乎也者，而要尽量口语化，使人易记易行，是之谓儒学诠释的平民化。在当时，操平民化语言为百姓讲授儒学的人较多，它与面向平民的书院的发展相适应，成为一种新的时尚的讲学特点。

明代平民化儒学诠释的工作，考其原始，则由王守仁、湛若水等大师开其先机，这从他们的书院教育实践中可以得到验证。以王守仁为例，还在贵州龙冈书院期间，他向"夷人"讲学，就有平民化诠释之端倪。正德十三年（1518），平赣州之"寇乱"，即所谓破"山中贼"之后，又接连发布《兴举社学牌》《社学教条》《南赣乡约》，创建义泉、正蒙、富安、镇宁、龙池等五所社学性质的书院，修复赣州濂溪书院讲学，其意皆在破除民众的"心中贼"。《乡约》共 15 条，涉及生老疾病、礼仪习俗、亲族乡邻、收租放债、约期约仪等，其化民成俗之意甚明。

谈到儒学诠释的平民化，我们不能不提到高扬平民儒学旗帜的泰州学派及其据以讲学的书院，这是一支对儒学进行平民化诠释的主力军。其实，书院的平民化就多少受到过泰州学派的启导。泰州学派的开山祖师王艮，字汝止，号心斋，泰州安丰场（今江苏东台）人。他出生于一个世代营盐的灶户人家，因为经商、行医而致富，并在这个过程中奋然兴任道之志，日诵《孝经》《论语》《大学》，通过 10 年自学，粗识儒家经典。后师从王守仁八年（1520—1528），接受良知之学，终成大有名于时的平民儒学家。他思想最富特色的部分是"百姓日用之学"，其核心有三：一是以"愚夫愚妇"、士农工商等"百姓"为本，认为只有合乎平民百姓日常生活的思想学说，才是真正的"圣道"；二是"百姓日用之道"既有道德精神的内涵，也包括最起码的物质生活要求；三是提倡平民教育，认为"愚夫愚妇皆知所以为学"，不论老幼贵贱贤愚，凡有志愿学者，皆传之教之。王艮以一介平民奋然崛起于草莽鱼盐之中，以道统自任，开创了影响甚大的泰州学派，不仅当时风动宇内，而且绵延数百年不绝。其学五传而有弟子 487 人，以下层民众为主，分布则遍及今江西、安徽、湖北、浙江、福建、湖南、山东、四川、河北、河南、陕西、广东等地，而以江苏尤其是泰州为多。他们大多能继承平民教育的传统，注意向下层民众传授知识与学问。如布政使徐樾收不很识字的颜钧为弟子，状元焦竑向田夫夏廷美授学，樵夫朱恕、陶匠韩贞则毕生从事乡间教育等，皆有名于时者。

第五节 禁毁笼罩下的明季书院

明代书院因为讲学而成辉煌盛大之势，也因为讲学而招致了嘉靖、万历、天启朝三次禁毁，并由此走向衰落。真可谓成也讲学，败也讲学。以下我们将具体讨论嘉靖、万历、天启三毁书院的情况，以及在禁毁笼罩下明季书院的生存状态。

一、明季三毁书院

嘉靖之毁，矛头直指王、湛讲学。王守仁和湛若水，自弘治末年于北京定交，"共以倡明圣学为事"，即以斯道为己任，到处讲学，动摇了宋元以来官府所确立的程朱理学在思想界的统治地位。尤其是王守仁，奋不顾身，以当天下之大难，平定宁藩朱宸濠叛乱，建立盖世奇功。然而，功愈高而招致当权者忌恨愈深。于是，反对派以捍卫程朱理学为借口，对王、湛及其心学展开了攻击：诬其学为伪学、邪学，指其人为邪党、无赖，必欲置之死地而后快，并由人而学，由学而书院，最终酿成明代书院的第一次劫难，朝廷在嘉靖十六、十七年间（1537—1538）下令禁毁书院。

从整个事件的逻辑走向分析，可以清楚地看到，书院讲学才是招致禁毁的真正原因所在。当时朝廷的执政大臣们，有许多是反对王、湛之学的，他们对于王、湛的广建书院，聚徒讲学，妄加罪名，实是为了在政治上和学术上进行压制。嘉靖禁毁对书院的危害，因有"虽世宗力禁而终不能止"（沈德符：《野获编》卷二十四）的记录，一般皆认为不是很大，仅限于湛若水活动的南京地区，也仅针对湛若水所建的书院。其实不然。湛若水只是突破口，打击的对象还有王阳明及其讲学门人，由南京而及于全国。

万历之毁，实乃张居正痛恨讲学。万历禁毁书院，由内阁首辅张居正一手策划。当张居正设法取代徐阶、李春芳、高拱而成为内阁首辅之后，乘其改革雄风，禁讲学而废书院。张居正的书院政策经历了一个从开始反对空谈废业，不许别创书院，希望重振官学教育，到最后为保护自己的政治利益而不惜禁学毁院的这样一个历程，而禁毁的矛头主要是指向讲学。万历三年（1575）五月初三日，在《请申旧章饬学政以振兴人才疏》中，他首提"不许别创书院"的主张，或许还有国家的利益考量。其后多次推行，变成长期的禁毁政策，则更多的是出于个人私心，对对手实行政治打击。

虽然张居正痛恨讲学，"言之切齿"，是有历史原因的，可谓事出有因，但从本质上看，它和嘉靖、天启之毁书院是没有区别的，皆在禁锢学术自由。遭禁毁的书院分布于今冀、鲁、晋、豫、苏、浙、闽、赣、皖、湘、粤、桂、川、陕等14个省区，范围较广，但主要集中在江右王门的活动场所江西、湛若水的家乡广东，实际受害的书院要超过史志所记的64所。

天启之毁，则为魏忠贤残害东林。天启初年，宦官魏忠贤与熹宗乳母客氏勾结成更为黑暗的阉党集团，他们控制特务机关东厂、锦衣卫，荼毒人民，擅权乱政，引起东林党人的愤慨。于是，两者的对立就不可避免，终于酿成惨烈的东林党案，并由东林党而殃及天下东林讲学书院，明代书院遭遇了第三次禁毁的劫难。

天启五年（1625）正月，阉党"十孩儿"之一的兵科给事中李鲁生，建议将京城首善书院匾额联对全部撤去，改为"忠臣祠"，奉祀辽阳阵亡将士。京城首善书院的被毁，可以视作阉党禁毁书院的全面开始。同年八月，素有"魏忠贤鹰犬"之称的御史张讷，奏请毁拆全国书院，重点指向东林、关中、江右、徽州四处。得到张讷奏疏后，魏忠贤即下矫旨，拆毁书院，惩处于书院讲学之人。东林书院之毁是和与东林党人有关的诸多政治事件相联系的，阉党将东林书院和东林党捆绑在一起，必欲置之死地而后快。天启之毁书院，以政治上迫害东林党人为主要目标，遭到毁拆的书院，相比万历时期要少，今能辑录得到的，有 28 所。

明代中后期近百年时间内，书院连遭嘉靖、万历、天启三次禁毁，其所受到的打击非常严重，这对书院的发展产生了很大的影响。嘉靖初禁，抑制了书院的强劲发展势头；万历再禁，终结了书院的兴盛局面；天启三禁，书院几乎气绝。好不容易由王、湛两位大师讲学而带来的明代书院的辉煌，就这样一步一步地被断送，这就是三毁书院所带来的最直接的后果。这是一方面，它从总体上完结了书院蓬勃发展的强势，而另一方面，又强化了书院的社团性质，并引生出其政治性特色。

二、天下东林讲学书院

明代禁毁书院，既缘于书院的讲学，更隐含大量的政治因素。明末流行的"天下东林讲学书院"，就是一个由讲学而泛化为政治派别的典型。自万历后期而历泰昌、天启、崇祯，甚至清代初年，在相当长的一段时间内，人们都在讨论它，它也实实在在地影响和制约着当年书院的生存状态和发展方向，是为明末书院的一大特色，也在某种程度上决定了清初书院的走向。

"天下东林讲学书院"，是以东林书院为代表的一个有着鲜明学术特色和政治倾向的书院群体，其范围也大致不外乎阉党魏忠贤所要拆毁的东林书院、关中书院、仁文书院、紫阳书院、首善书院。

东林书院在江苏无锡。北宋政和元年（1111），理学家杨时创建东林书院于城东，居院讲学 18 年，成就众多人才。杨时是理学大师程颢、程颐的高足，在中国思想史上，以南传其师说而著称。其学三传至朱熹，终于集大成而成为影响古代中国社会数百年的官方哲学。如此承接程朱，东林书院也就有"洛闽中枢"之称，备受人们的关注。南宋初年，金兵南掠，杨时遂南归故里福建将乐，书院渐至废毁。南宋中期，理学大盛，无锡士人建祠堂祀杨时，并称龟山书院。元全止十年（1350），僧人将其改为东林庵。自此，遂为佛教传道之所达二百余年。

万历三十二年（1604），顾宪成、高攀龙以系道脉、树风声为己任，率顾允成、安希范、刘元珍等倡导捐资，得到常州府、无锡县以及相邻的苏州、松州、嘉兴三府在职官员资助，重建东林书院于城东故址，奉孔子，祀杨时，置田200亩、地16亩，以为院中经费。常州府知府欧阳东凤作《重修东林书院记》、无锡知县林宰作《重修道南祠记》、邹元标作《依庸堂记》，以揭书院历史沿革、学术追求。

重建后的东林书院，不同于一般书院，没有属于弟子之列的诸生常年在院学习，而是同志诸君子的讲会场所，每年大会十日，每月小会三日，是一所典型的社团性书院。顾宪成制订的《东林会约》，是院中同志必须共同遵守的会章，它首列孔子、颜子（渊）、曾子（参）、子思、孟子为学要旨，次揭朱子（熹）《白鹿洞书院学规》，复次引申朱熹学规而开列其饬四要、破二惑、崇九益、屏九损。其意在阐明东林书院继承杨时精神，上承周程，下接朱熹，以程朱理学反对王学陋习的学术主张。其中的《会约仪式》则就会中组织、会期等具体问题作出规定。

东林书院一堂师友，冷风热血，洗涤乾坤，从一个明代中期既有的社团性传统出发，在官方的禁毁中，顽强地坚持20余年，开创出了书院扭转学术风气，关心天下时政的新传统。

东林书院的社团性是显而易见的。它首先来自于当年聚会诸友的共识。东林首创同人中，大多都有在地方讲学的经历。他们迫切希望将吴地同人君子结为会社，将原来分散的讲学活动"联属"成统一的组织。东林书院的重建，就是这种结社意愿得以完成的表现。

其次，《东林会约》作为书院的规章，标示东林的学术主张，甚至政治倾向，规定以会籍登记书院讲会同人，会中称"同志友""同志""吾党""各郡各县同志""同志会集"等，都显示出书院操作程序的社团特性，宜乎其将东林书院称作"东林社"。

扭转学术风气，是东林书院讲学的首要任务，因而学术史上有"东林学派"之称。诸君子直接开展对王学的批评，在批判的过程中，将学术由心学扭而转向理学。辟王崇朱，转移学风，是明末的一个特点。"风声雨声读书声，声声入耳；家事国事天下事，事事关心"，这是顾宪成高扬的一面讲学大旗，也是东林书院在万历、天启年间讲学的一大特色。以讲学议政而得民心、士心，正是东林获幸之所在，亦是其招祸之所在。

俱往矣，其功过是非，历史已有公正评价，可以置之不论。这里我们所要强调的是，东林"一堂师友，冷风热血，洗涤乾坤"，在明末的危局中，开创了一个书院议政的传统。这种传统，受到稍后因崇祯十一年（1638）就学长沙岳麓书院而成名于天下的王夫之的欢呼，更受到 20 世纪新文化运动著名人物胡适的欢呼，称其虽"赴汤蹈火，尚仗义执言"，"前者死，后者继"，"制造舆论"，使书院成为"代表民意的机关"，因而"亦可代表古时候议政的精神"。①

---

① 胡适. 书院制史略［J］. 东方杂志, 1924, 21（3）.

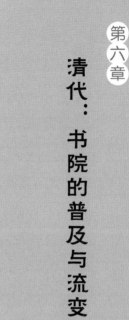

第六章

清代：书院的普及与流变

　　普及和流变是清代书院的最大特点。由于官民两种力量的共同努力，书院进入前所未有的繁荣时期，创建兴复书院5836所，基本普及城乡。从雍正年间省会书院的建立开始，官方强力介入书院建设，各级官办书院成为全国各地大小不等的学术教育中心。民间则主要致力于乡村、家族书院的建设，承担着普及文化知识的基础教育任务。道光以降，面对随大炮战舰冲入国门的西方文化，书院努力应对，在经过内容和形式的改造后，将西学、新学引入其中，终于形成了新式书院，是为积极的变革。而另一方面，科举的诱惑力太大，书院不分官办、民办，大多陷入其中而难以自拔，这是消极的流变，它影响并最终断送了书院的改革。其间新出现的教会书院、华侨书院，因交融中西、联系中外，而应受到特别的注意。当然，书院继续输出，由东洋而西洋而南洋，走向世界，更是清代书院发展引人注意的亮点。

第一节　清代书院发展概况

　　清代自入关后，历世祖、圣祖、世宗、高宗、仁宗、宣宗、文宗、穆宗、德宗及末代皇帝溥仪，凡十帝，其年号分别是顺治、康熙、雍正、乾隆、嘉庆、道光、咸丰、同治、光绪、宣统，共 268 年（1644—1911），有书院 5836 所，其数是唐、五代、辽、宋、金、元、明各朝书院总和的 1.96 倍。其时，十八行省的通都大邑无不皆设书院，即便是山村水寨，也可寻觅到书院的踪影。这说明，经过千年发展之后，到清代，书院已成遍布天下的普及之势。

一、清代书院的区域分布

据笔者主持的《清史·书院学校表》统计，清代有 5836 所书院，分布在直隶、奉天、吉林、黑龙江、江苏、安徽、山西、山东、河南、陕西、甘肃、浙江、江西、湖北、湖南、四川、福建、台湾、广东、广西、云南、贵州、新疆 23 行省，以及内蒙古地区，算作 24 个省级区域，每省区平均有书院 243.167 所，大大高于明代的 103.263 所，书院普及的情况于此可见一斑。

依据每省 243.167 所的平均数值，我们可以将清代各地书院的分布情况划作三个级区。

一级：书院低于平均数，有内蒙古、奉天、吉林、黑龙江、山西、山东、陕西、甘肃、安徽、湖北、台湾、广西、贵州、新疆 14 个省区，属于清代书院的不发达省区，其中黑龙江、内蒙古、吉林、奉天、新疆、台湾六地书院皆在 100 所以下，属于最不发达地区。

二级：高于平均数，但低于 400 所，有直隶、江苏、河南、湖南、云南 5 个省区，属于清代书院的发达地区。

三级：400 所以上，有浙江、江西、福建、广东、四川 5 个省区，是清代书院最发达地区，其中广东、四川分别以 659、602 所名列第一、二名。

考察清代书院的区域分布情况，有以下几个特点值得我们注意。

第一，书院的分布仍然呈现地区的不平衡性。首先，书院最多的广东省有 659 所，最少的新疆、内蒙古、黑龙江、吉林、奉天 5 省区总计只有 50 所，两者相差 13 倍以上，虽然与明代相比差距缩小了很多，但两者之间仍数量悬殊。其次，北方书院比南方少，东部书院比西部多，东北、西北地区的书院数量，不能和江南、东南沿海地区相比，这和明代基本一样。再次，西南地区发展很快，云南已进入发达省区，四川以排名第二进入最发达者行列，总体超越中原，这又是明代所不曾有的现象。同样值得注意的是，直隶作为北方的代表第一次进入发达省区行列。这些从一个侧面反映了书院的普及与繁荣。

第二，广东保持明代以来快速发展的态势，第一次超过江西，而且是以超过 92 所的优势，成为书院最多的省区，引领清代书院的向前发展。广东的超越，使江西自五代以来五连冠的地位丢失，由榜首而屈居第三。头把交椅的轮替，体现出书院发展的活力。

第三，书院最发达区域扩大，由明代的江西、广东二省，增为广东、四川、江西、福建、浙江五省。更可喜的是，由五个最发达省区辐射直隶、江苏、河南、湖南、云南五个发达省区，形成十省相连的大面积书院密集区，尽显清代书院普及、辉煌的气派。

二、清代书院的时间分布

清代 5836 所书院，能够确考其创建或修复年代的有 5227 所，占总数的 89.56%，分布在顺治以下 10 个朝代，清代各朝中，书院最多的是乾隆朝，有 1396 所，其次是康熙朝，为 937 所，第三是光绪朝，为 820 所，三朝合计 3153 所，占已知年代书院总数的 60.321%。以下依次是道光、同治、嘉庆、雍正、咸丰、顺治、宣统朝，分别是 586、468、346、362、184、125、3 所。兹据各朝书院数量，制作图 6.1。

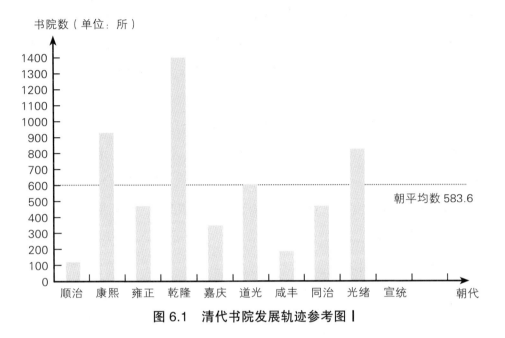

图 6.1　清代书院发展轨迹参考图丨

如图 6.1 所示，清代书院的发展比以前各代的起伏都要大，在 583.6 所的每朝平均数以上，出现了康熙、乾隆、光绪三个高峰，这是清代以前所不曾有的现象，也从一个侧面反映出书院的发展与普及。三峰中，乾隆居中，前有康熙，后有光绪，恰成拱卫之势，表明书院在清代中期形成最高潮，总体呈现一个爬升发展——形成高峰——逐渐下落的发展轨迹。

需要指出的是，光绪二十七年（1901）宣布改书院为学堂之后，仍有少量书院创建，尤其是宣统年间全国创建 3 所书院这一事实，既可解释为书院千余年发展惯性使然，也可以认为书院仍然能满足少部分人士文化教育需求。究竟该如何解读，值得引起注意。

清代自顺治至宣统有 268 年，每年平均建复书院数为 21.776 所。各朝的年平均数，以同治朝最高，为 36 所，第二是雍正朝，为 27.846 所，第三为光绪朝，为 24.118 所，第四为乾隆朝，为 23.267 所，皆在平均数值以上。以下依次是道光、咸丰、康熙、嘉庆、顺治、宣统朝，分别是 19.533、16.727、15.361、13.84、6.944、1 所。兹以各朝年平均数为依据，绘制成图 6.2。

书院数（单位：所）

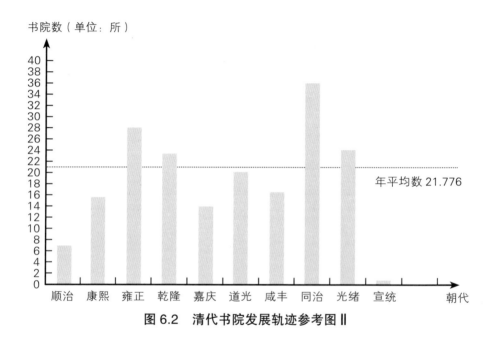

图 6.2　清代书院发展轨迹参考图 II

如图 6.2 所示，年平均数以上也有雍正、乾隆、同治、光绪四个阵点，但只能算作前后两个高峰，雍正、乾隆为第一梯级，同治、光绪则联合形成最高峰。与图 6.1 比较，康熙朝书院地位跌落，其数量已在平均线以下，而且比道光、咸丰朝还低。从总体上看，书院在清代中期和晚期形成两个发展高潮，而且晚期的发展速度还要远远高于中期，这是历朝所不曾有的特殊现象。它表明，清代书院是在高速前进中突然被终止其发展历程的。

还要特别指出的是，清代创建兴复书院的年平均数 21.776 所，和明代的年平均数 7.083 所相比，增长率为 307%。如此大幅度的增长，从一个侧面反映出清代书院普及后的繁荣盛况，也更能表明清代书院极盛而亡的事实。也就是说，存在了近 1300 年的书院制度，是在清末被人活生生地结束其生命历程的。千年书院戛然而亡于兴盛之时，实在是一个值得深思的问题。

三、清代书院建设力量的对比分析

在清代书院建设中，官民两种力量所起的作用，基本依循明代形成的格局，民力下降，官方成为推动书院发展的主要力量。

关于清代书院创建兴复的人物，曹松叶先生于 20 世纪 30 年代初作过统计与分析，兹据以制作成表 6.1。

表 6.1　清代书院创建、兴复、改造人物统计表

统计	类别						其他	合计
	民	不明	地方官	督抚	京官	敕奏		
书院数（所）	182	210	1088	186	6	101	27	1800
	392		1381					
百分比（%）	10.11	11.67	60.44	10.33	0.33	5.61	1.5	
	21.78		76.71					

其结论是，地方官所建书院，"居特异的地位，其它各项，都没有同它并立的资格，力量之大，可想而知"。"督抚多过人民"，而敕奏的 101 所书院中，有 92 所"是奉文立的"，可知皇帝之力不小。因此，"清代书院，为官力最盛的时期，民力已在无足轻重的地位了"。

曹先生的清代民力在书院建设中已无足轻重的结论，是我们不敢赞同的。原因有二：一是他的统计数据不全，其各省都全的材料只截止于康熙朝，康

熙以后，各省下限，或乾隆、或嘉庆、或道光，以至咸丰、同治、光绪，皆不一样。数据残缺，总计只有 1800 所书院，自然影响其准确性。二是我们于 1997 年对清代新创建的 3868 所书院也作了一个统计，但统计数据不支持这个结论。兹列作表 6.2。

表 6.2　清代书院创建情况统计表

统计	类别				
	民办	不明	官办	其他	合计
书院数（所）	935	721	2200	22	3878
	1656				
百分比（%）	24.11	18.59	56.67	0.63	
	42.7				

从表 6.2 中，我们可以看到，官办书院占 56.67%，表明官力已经继明代以后稳固地成为影响书院发展的最主要的力量，此其一。其二，如果考虑到官本位社会中创办者不明即表明不会与官府有关的基本事实，那么民办书院的比例就会从 24.11% 上升到 42.7%。如果再去掉官办书院中的水分，那么在清代官民两种力量对比中，实际上会维持在大体平衡的状态。事实上，与表 5.2 对比，清代官办书院的数量比明代还下降了差不多 1 个百分点。因此，最激进的表述，也只能说民力地位下降，官力超过民力成为影响清代书院的主要力量。民力已经无足轻重这一个结论完全不能成立。

另外，皇帝直接加入到书院建设之中，以及外国人、华侨成为书院建设的生力军，也成为继少数民族成员成为主要力量之后的三个亮点，造就了皇家书院、教会书院、华侨书院这三个新的书院类别，是为清代书院建设的特色，值得注意。

第二节　清代书院发展的四个阶段

　　清代书院的发展，大体可以分为四个阶段。自顺治至康熙为第一阶段，是书院的恢复发展期。雍正、乾隆年间，为第二阶段，是书院的全面大发展期。嘉庆、道光、咸丰年间，为第三阶段，是相对低落期。同治、光绪年间，为第四阶段，是书院高速发展，快速变化，并最终改制期。各个时期都有其阶段性特征。

一、顺治、康熙年间的书院政策

　　清初书院政策的走向，有一个由防患到疏引，由抑制到开放的总趋势，意在因应"遗民"问题，以化"遗民"为"臣民"为目的，而其最终的目标则是将书院由"外在"变为"内在"，纳入国家的整个文化教育体系之中。

　　顺治年间（1644—1661），明福王、韩王、唐王、桂王等相继建立政权，开展有组织的武装斗争，以图复国。李自成、张献忠等农民军亦转战南北，并有联明抗清之势，清政权的统治极不稳固，于是清廷采取了"高压"和"柔化"并用的方针。政治上实行强化统治，驻军各地，实行圈地，强令剃发，肆意屠杀；文化教育方面，则推崇理学，大兴科举，创办学校以图笼络人心，消除反抗。于是在顺治"帝王敷治，教化为先"的诏令下，各级官学迅速恢复，中央设国子监，分六堂教习，地方除了府、州、县学之外，还设有社学、义学等。

　　应该说，清政权建立之初，唯恐明末民族主义思想及自由讲学、清议朝政、裁量人物之风复活，更怕书院聚众成势，举旗反抗，因而百般抑制。顺治九年（1652），诏令"各提学官督率教官、生儒，务将平日所习经书义理，着实讲求，躬行实践。不许别创书院，群聚徒党，及号召地方游食无行之徒，空谈废业"。[1]又因沿明代《学校禁例十八条》，而订立八条《训士卧碑文》予以钳制。卧碑规定："军民一切利病，不许生员上书陈言，如有一言建白，以违制论，黜革治罪"，"生员不许纠党多人，立盟结社，把持官府，武断乡曲；所作文字，不许妄行刊刻，违者听提调官治罪"。实际上是以高压政策压灭书院精神，以防危及其统治，其用意与诏令相同，即不许书院发展。

然而，已经实行几百年的书院制度，具有深刻的社会影响，修复书院，时有要求，政府强行禁止，颇感困难，且有违其"推广圣教"的旨意。因此，到顺治十四年（1657），当抚臣袁廓宇请求修复著名的衡阳石鼓书院时，朝廷准其所请。由此，禁抑的政策，稍许松动，各地书院渐次有些恢复。据统计，顺治年间，恢复旧有书院 64 所，新建书院也有 61 所，全国合计已有书院 125 所。

康熙二年（1663），随着南明韩王政权的覆灭，朝代更替的问题基本解决，社会趋于稳定。康熙皇帝逞其文治武功，东灭台湾郑氏割据政权，西南平定吴三桂三藩之乱，西北镇压准噶尔叛变，东北二战雅克萨，迫使沙俄签订《尼布楚条约》，巩固了国家的统一，反映出清政权的强大。与此同时，清廷极力提倡程朱理学，开博学鸿词科，设馆编修《明史》，纂成《古今图书集成》《全唐诗》《佩文韵府》《康熙字典》等，凡此种种，几乎网尽天下士人。是时，清政府采取了适当放宽的书院政策，但同时又不解除禁令，意在笼络人心，而又防止书院走向明末清议朝政之路，从源头上阻断明遗民利用书院反清的一切可能，将书院疏引导入其所设计的发展轨道。

因地方政府大员之请，给书院赐书赐额，是康熙年间朝廷支持书院建设

---

① 《古今图书集成·选举典·学校部》卷三百八十三。

的一大特点。以天下名院岳麓书院为例，康熙二十四年（1685），湖南巡抚丁思孔率官绅大规模重建被吴三桂叛军所毁坏的院舍，聘请山长，招收生徒肄业其中。当时，丁提出"不重以朝廷之明命，虞其久而或替也"，于是两具疏章，请求御书匾额及赐经史诸书，借以巩固书院的地位，同时也得以肯定其修复的业绩。据赵宁《岳麓书院志》卷首所载，其疏云：

> 伏念必蒙御书赐额并颁给解义诸经书，使士子恭睹宸章，仰窥圣学，益深忠爱之思，更明理学之统，不惟增光旧制，而于治化实有裨焉。

康熙二十五年（1686），部议准其所请。二十六年（1687）春，御书"学达性天"匾额，并十三经、二十一史、经书讲义遣送到山。从此岳麓书院办学重又兴盛起来。

与岳麓书院同时得到"学达性天"匾额的，还有白鹿洞书院及周敦颐、张载、程颢、程颐、邵雍、朱熹祠七处。赐国子监所刊经史图书给各书院，实有将国家定本送致地方学术中心，明确理学之统，借以统一思想之意，而赐额在"恭睹宸章，仰窥圣学"之外，更形成一批身份特殊的赐额书院。据不完全统计，仅康熙年间获赐额书院就有23所。

从赐额书院的学术背景及赐额内容中，我们可以明显地感受到康熙皇帝对程朱理学的提倡。事实上，"钦定紫阳全书，以教天下万世"，使"学者之所以为学，与教者之所以为教"，皆"以紫阳为宗"，"其论遂归于一"，"而俗学、异学者有不得参焉者矣"，[1]正是当年的重大决策。它的直接结果是，程朱理学成为书院讲学正宗，盛行讲会的明代东林讲学传统受到批评。如理学名臣熊赐履在为重修东林书院作记时，就从"晚近以来，往往以讲学之

---

[1] 《清史稿》卷三〇七，《陈宏谋传》。

故，致干时君时相之怒"出发，来总结东林书院的历史教训，要求"吾党有志之士，以默识为真修，以笃行为至教，勿口舌轧击以矜能，勿意见纷拏以长傲，尊贤容众，嘉善矜愚，偕游于大道为公之世，而绝无所为怙己凌人之弊"。①意在渐行废止有碍于集权统治的东林讲会之制，将书院讲学引入有利于自己的一方面。

除了赐书赐额之外，康熙皇帝曾在康熙十五年（1676），应宁古塔将军哈达奏请，将吉林宁安（今属黑龙江）满洲学房赐名龙城书院，并赐御书"龙飞胜地"匾额。院中设满、汉教习，集满洲贵族子弟肄业其中，开创清代满族书院建设之先河。还要特别指出的是，康熙二十二年（1683）收复台湾之后，第一次将书院推广到了宝岛，开创了台湾书院建设的新纪元。康熙五十年（1711），为皇子胤禛（即后来的雍正皇帝）构建于热河避暑山庄的乐山书院御书院额，②又开创了一个皇家书院的先例。

凡此种种，都说明康熙皇帝对书院的重视。尽管当时还没有兴办书院的明令，③但皇帝的支持，表明了朝廷对书院的态度，因此，各地官府及民众也就开始争相兴复、创建书院了。据统计，康熙年间，新创建书院660所，兴复277所，两者合计937所，总数仅居乾隆朝之后，居清代的第二位。

二、雍正、乾隆时期的书院及其发展特点

雍正年间（1723—1735），清政府在经过一阵犹豫之后，书院政策才

---

① 熊赐履.重修东林书院记[M]//陈谷嘉,邓洪波.中国书院史资料.杭州:浙江教育出版社,1998:1345.
② 乾隆.乐山书院诗[O]//御制诗三集:卷六十八.文渊阁四库全书本.
③ 阿思哈:《河南通志》卷三十九,有平定三藩叛乱之后,朝廷"特命各省并建书院"的记载,但在《实录》、正史中还未找到相应的记录。

开始从消极的抑制转而为积极的支持。雍正元年（1723），有"命各省改生祠、书院为义学，延师教授以广文教"之令下达。①雍正二年（1724），两江总督查弼纳建立钟山书院于江宁，雍正皇帝手书"敦崇实学"以为匾额，用以规定其办学方向。雍正四年（1726），江西巡抚裴幰度奏请为白鹿洞书院选取掌教，部议不准。雍正皇帝为此发布上谕，"深嘉部议"。在他看来，各地书院林立，有可能"藏污纳垢"，形成反对派的联盟，危及其统治，因而对书院是存防患之心的。

雍正六年（1728），雍正皇帝发布正音诏令，福建省政府官员创造性地开始建设 112 所正音书院，在今闽台广大地区推广官话，"以成遵道之风"，以"着同文之治"，搞得有声有色。这样雍正对书院的看法有所改变，消除了一些对书院的疑虑。因此，在继续观望了几年之后，终于在雍正十一年（1733）发布了著名的创建省城书院的上谕。各地总督、巡抚，奉令动用公帑，或新建，或扩建，或改建，创建了保定莲池、济南泺源、太原晋阳、开封大梁、江宁钟山、苏州紫阳、安庆敬敷、杭州敷文、福州鳌峰、南昌豫章、武昌江汉、长沙岳麓、长沙城南、肇庆端溪、广州粤秀、桂林秀峰、桂林宣成、成都锦江、昆明五华、贵阳贵山、西安关中、兰州兰山、奉天沈阳等 23 所省会书院。省会书院的创建，使十八行省都有了各自的最高学府，这为官办书院教育体系的最终确立奠定了基础，是清代对书院发展所做的创造性贡献。

雍正王朝仅 13 年（1723—1735）时间，全国各地新创建书院 324 所，修复旧书院 38 所，共计 362 所，其总数虽名列清代第六位，但年平均数则以 27.846 所而位居第二，表现出快速发展的势头。这与今闽台两省奉命创

---

① 清朝文献通考: 卷七十 [M]. 杭州: 浙江古籍出版社, 1988.

建 112 所正音书院推广官话有关。①因此，步入快速发展轨道是雍正时期书院的最大特点之一。

乾隆年间（1736—1795），清政府的书院政策不再动摇，寓控制于支持，以创建上下一统、制度完善、定性明确的官办书院教育体系为主要目标。乾隆元年（1736）上谕称：

> 书院之制，所以导进人材，广学校所不及。我世宗宪皇帝命设之省会，发帑金以资膏火，恩意至渥也。古者乡学之秀，始升于国，然其时诸侯之国皆有学。今府、州、县学并建，而无递升之法，国子监虽设于京师，而道里辽远，四方之士不能胥会，则书院即古侯国之学也。居讲席者，固宜老成宿望，而从游之士，亦必立品勤学，争自濯磨，俾相观而善。庶人材成就，足备朝廷任使，不负教育之意。若仅攻举业，已为儒者末务，况藉为声气之资，游扬之具，内无益于身心，外无补于民物，即降而求文章成名，是希古之立言者，亦不多得，宁养士之初旨耶？该部即行文各省督抚学政，凡书院之长，必选经明行修、足为多士模范者，以礼聘请；负笈生徒，必择乡里秀异、沉潜学问者，肆业其中。其恃才放诞、佻达不羁之士，不得滥入书院中。酌仿朱子《白鹿洞规条》，立之仪节，以检束其身心；仿《分年读书法》，予之程课，使贯通乎经史。有不率教者，则摈斥勿留。学臣三年任满，诹访考核，如果教术可观，人材兴起，各加奖励。六年之后，著有成效，奏请酌量议叙。诸生中材器尤异者，准令荐举一二，以示鼓励。②

---

① 邓洪波. 正音书院与清代的官话运动［J］. 华东师范大学学报（教育科学版），1994，3：79-86.
② 陈谷嘉，邓洪波. 中国书院史资料［M］.杭州：浙江教育出版社，1998：857.

这是清代书院建设中最重要的一个政策性官方文件，其内容包括如下几点：第一，上谕认为书院是一种教育机构，"书院之制"定性为"导进人材"，以"广学校所不及"。第二，将省会书院定位于连接中央国子监与地方府州县学的学校，它以"古侯国之学"的身份列入整个国家教育体系之中，使得京师与地方官学之间可以形成"递升之法"。第三，确定书院的办学方针为"立品勤学"，内益身心，外补民物，成就人材，以"备朝廷任使"，指出仅攻举业为末务，借文章成名也不是教育本意。第四，提出以"经明行修、足为多士模范"的"老成宿望"之儒为聘请山长的条件。三年考核，六年议叙，"教术可观"者可以奖励。第五，以"乡里秀异、沉潜学问者"为选择生徒的条件，防止放诞不羁之士滥入书院，学业优秀的学生可以荐举入官。第六，以《白鹿洞规条》为学规，以《分年读书法》为课程，提倡立定仪节，检束身心，重视经史，严肃纪律，对凡不率教者则处以"摈斥勿留"。

其后，乾隆皇帝屡下谕旨，规范书院管理，聘请院长，选择生徒，皆有标准。如山长要改称院长，要"由督抚学臣不分本省邻省、已仕未仕，择经明行修，足为多士模范者，以礼聘请"；"书院生徒，由驻省道员专司稽察，各州县秉公选择，布政使会同该道再加考验，果系材堪造就者，方准留院肄业"。"其余各府州县书院，或绅士捐资倡立，或地方官拨公款经理，俱申报该管官查核，各处书院，不得久虚讲习"，"不得延请"丁忧在籍官员为院长，教官"不得兼充书院师长"等，①都形成了制度。尤其是随着各府州县官方书院的建立，它和原本已有的省会书院构成了上下一统的书院教育体系。

一般而言，官方书院的共同特点是官立，其创建、修复、经费、聘师、

① 钦定大清会典事例·礼部：卷三十三［0］.光绪二十五年御制本.

招生之权多操于各级行政首长，成为各级政区的最高学府。所不同的是各自的辖区范围大小不一，由县而州而府而道而省，甚至总督所辖之跨省，呈递增之势，辖区越大，其选择师生的余地就越大，其教学与学术水平也就越高。因为中国是一个官本位的社会，官府的级别越高，其权力就越大，就能支配更多的经费，聘请更好的山长主教，这是一方面。而另一方面，行政区越大，读书人就越多，书院招生时选择的余地也越大，能够做到优中选优。二者合一的结果，自然就会造成书院教学水平随行政区域的扩大而提高的局面，由州县而府道，由府道而省级，节节上升，构成一个由低而高的结构模式。

由于教学程度和学术研究水平的高低不同，书院形成了一种等级上的差异。就整体而言，最底层的是私立的家族书院和民办的乡村书院，中间层是县立书院，高层则是州、府、道、省、联省各级书院。底层书院数量大、分布广，起着普及文化知识和将儒家学术思想大众化，从而形成民间价值信仰的作用，它扎根乡村社会，是其他较高层书院的起点，构成中国书院等级之塔的底座。中间层县级书院，既拔乎家族、乡村书院之上，又是官立书院中最低的一等，一身二任，承担传播文化知识和将儒家理念政治化，从而以朝廷意志影响民间价值信仰的任务，是书院等级之塔的塔身。高层的各级书院一方面分担指导学术理念政治化的官方责任，另一方面也兼有研究学术，更新创造儒家精神，养育学派之责，可以视作高居于书院之塔的宝顶部分。应该指出的是，那些由学术大师主持或创建的书院，无论是官立还是民办，皆得视作当然的宝顶部分。中国书院的等级之塔，实际上已经构成了一个完整的书院教育体系。而这个体系的建立，则标志着书院已经进入普及、成熟的发展阶段。

乾隆王朝（1736—1795）历时 60 年，新建书院 1173 所，修复旧书院 223 所，合计 1396 所，以多出第二名 459 所的绝对优势，位居历朝之首。而且，年平均数为 23.267 所，名列清代第四位。这标志着，随着清王朝统治进入全盛时期，书院也呈现出最为兴旺发达的局面。乾隆 60 年就有 1396 所书院，它只比明代各朝 1962 所书院少 566 所，是元代 406 所书院的 3.438 倍，是宋代 515 所书院的 2.71 倍，比唐、五代、辽、宋、金、元书院之和的 1004 所还多出 392 所。以上这组对照数据，可以充分反映出书院大发展的空前盛况。就清代自身而言，1396 所也是一个不简单的数字，它占清代书院总数 5836 所的 23.92%，也就是说，乾隆一朝份额，已占清代历朝总数近 1/4。其勃然兴盛之势，于此可见一斑。

总之，自雍正到乾隆末年，全国除西藏、内蒙古等地区之外，十八行省已是书院林立。这是继南宋、明朝中叶之后中国古代书院发展史上的第三个发展高潮时期。和前两次高潮时期相比较，这一时期不但新建书院数量更多，持续时间更长，涉及区域更加广阔，而且大大推进了当时文化事业的发展，直接促成了康乾盛世的到来。

乾隆时期的书院有两个非常明显的发展特点。第一，书院讲学由程朱理学转为经史考据之学。清初顺、康之世，书院讲学承明代遗绪，辟王崇朱，并再次确立程朱理学为官方哲学。及至康乾之间，书院讲学之人，又有取法汉儒而注重考订名物训诂者，世称朴学，亦名汉学。于是清初的宋明之辨，转而成为汉宋之争，乾隆年间，学风为之丕变。书院与乾嘉汉学又一次以一体化形式而获得大发展，营造出共同的辉煌。有关书院与汉学的关系，以下将有专门讨论。这里我们所要强调的是，书院讲学之风在乾隆年间出现的变化。以书院而论，乾隆二年（1737），钟山书院山长杨绳武所订学规，以训诂、义理、文章三者释"穷经学"，更辅之以"通史学"，实开朴学之先机。其后，经卢文弨、钱大昕、姚鼐、孙星衍、朱珔、胡培翚、缪荃孙等历任山长发扬光大，钟山书院遂以总督所辖而成为两江（江、皖）地区影响最大的汉学中心。就政府而言，乾隆十年（1745）殿试策问中加入经史内容，一改心性天理一统天下的局面，也成为官方提倡博习经史词章之学的风向标志。

第二，书院与科举结合而趋于取代官学。清承明制，设计国子监和府、州、县学等各级学校以教育、培养士人，又以科举考试验收、选拔人才，此即所谓教之法与取之法并举，规制完略。乾隆元年（1736）上谕，将书院定性为"古侯国之学"，以求"导进人材"，而"广学校所不及"。也就是说，按当初的设想，是要在官学这一国家养士的正途之外，以书院为另一途径而培养人才。当时，很多地方大员像两江总督一样，"既下车，即诣书院，进诸生而面命之，一以崇实效，黜浮华为本，业必古今并肄，品必内外交修，每岁亲较其艺之甲乙，而进退之。又命监司方面驻节会城者，按月而分课之。至于爱护之课，体恤之至，则又有家人父子之所不能逾者"。并且，为防止重蹈官学沦为科举附庸的覆辙，大多又本"乐育之盛心，作人之雅化"，提出书院特色的"教士之法"，以求做到"上则开来继往，为圣贤不朽之业；次则砥节励行，为豪杰有用之才；即等而下之，而仅仅以科举之学自奋，亦必经明行修，文章尔雅，不愧为读书种子，而后可不愧为书院之士"。这是一个有着上、中、下三个层次的养士目标，求科举功名被有意置于继圣贤、为豪杰之后，真可谓苦心经营。努力的结果是"数年来，书院诸生或以乡会举，或以实学优行举，以及学使岁科，节使采风，大都得之书院者为多"。①于是，书院逐渐取代官学而成为国家养士的主要场所，诚如程廷祚所说："方今用与取之法，不可谓不详矣，而所谓教者，惟各省之书院。"这是乾隆年间国家文化教育事业的纪实性描写，反映书院大兴的基本事实。此所谓此消彼长，一方面是"通邑大都以及幽遐阻绝之区，莫不有学"，"而未闻其所以教"，另一方面是"书院之兴，于郡县诸学

---

① 杨绳武.钟山书院碑记[M]// 陈谷嘉，邓洪波.中国书院史资料.杭州：浙江教育出版社，1998：878.

为特隆"，^①且代行其教士之职。

　　当然，取代官学而为国家教士、选士的书院，在国家取士仍用科举制度的情况下，它也如同官学一样面临着沦为科举附庸的危险。于是，书院与科举的关系就成为一个不可避免的问题。对此，以下我们将作专门的论述，此不赘言。但要指出的是，书院的官学化使书院获得了大发展的良机，并且最终也促成了书院的大发展。

三、清代中期的书院及其发展特点

　　嘉庆（1796—1820）、道光（1821—1850）、咸丰（1851—1861）三朝，共 66 年。是期既居康乾盛世之后，又遭外国殖民侵略，更历太平天国起义，内忧外患，国势衰落。但受前期大发展的惯性推动，书院仍有较大规模的发展，共建复书院 1116 所，其数超过康熙王朝（937 所），仅次于书院最多的乾隆年间（1396 所），合计年平均数为 16.909 所，也高于康熙年间的 15.361 所。这表明，是期的书院尽管气势渐弱，但仍在以相当快的速度向前发展。这就是清代中期书院的大致生存状态。

　　纵观清代中期书院，有三个主要阶段性特征。第一，汉学旗帜高扬于书院，形成了以阮元创办的杭州诂经精舍、广州学海堂为代表的改造型书院，集结阮元、王引之、段玉裁、陈寿祺、胡培翚、朱珔、陈澧、钱仪吉等一大批汉学名师，以讲授汉学、博习经史词章为主要学术特征，带领院中生徒，完成并出版《经籍纂诂》、《十三经注疏》120 卷、《学海堂经解》（《皇清经解》）1412 卷、《大梁书院经解》（《经苑》）250 卷等标志性学术成果，

---

① 程廷祚. 与陈东皋论书院书[M]// 陈谷嘉, 邓洪波. 中国书院史资料. 杭州: 浙江教育出版社, 1998: 1431.

可以视作汉学的收获期，是为当时书院讲学的主流。而与此同时，讲授程朱理学、提倡"通经致用"的今文经学的书院，也日渐活跃，它们与汉学相颉颃，发展成三种类型的书院。其中桐城姚鼐、方东树为程朱派代表，以江宁钟山书院、徽州紫阳书院，以及庐州、亳州、宿松、廉州、韶州各地书院为据点；阳湖李兆洛为"通经致用"派代表，主讲江苏学政所辖的暨阳书院20年，刊书数十百种，受业者以千计。

第二，朝廷屡颁诏令，整顿书院，试图重振其势。兹将嘉庆以来有关谕旨摘引如下：

嘉庆二十二年（1817）上谕："各省教官废弃职业，懒于月课，书院、义学夤缘推荐，滥膺讲席，并有索取束修，身不到馆者，殊失慎选师资之意。着该督抚学政等，务延经明行修之士讲习讨论，如有学品庸陋之人、滥竽充数者，立即斥退，以励师儒而端教术。"

道光二年（1822）谕旨："各省府厅州县分设书院，原与学校相辅而行。近日废弛者多，整顿者少。如所称院长并不到馆及令教职兼充，且有并非科第出身之人腼居是席，流品更为冒滥，实去名存，于教化有何裨益。着通谕各直省督抚，于所属书院，务须认真稽查，延请品学兼优绅士，住院训课。其向不到馆支取干俸之弊，永行禁止。至各属教职，俱有本任课士之责，嗣后亦不得兼充，以责专成。"

道光十四年（1834），为解决各级官办书院的院长人选问题，再下谕旨，规定"嗣后各省会书院院长，令学政会同督抚司道公同举报。其各府州县院长，由地方官会同教官、绅耆公同举报。务择经明行修之人，认真训课。概不得由上司挟荐，亦不得虚列院长名目，并不亲赴各书院训课，仍令学政于案临时，就便稽查，以昭核实"。次年，又重申"延请院长，必须精择品学兼优之士，不得徇情滥荐"，①并对学行兼优、训诲不倦的长沙岳麓书院山长欧阳厚均提出了表扬。

道光三十年（1850），咸丰皇帝即位伊始，即下谕旨，要求地方各级官员，"于书院、家塾教授生徒，均令以《御纂性理精义》《圣谕广训》为课读讲习之要"，表明最高当局以"性理诸书"，为"导民正轨"的愿望。②也就是说，面临日益严重的社会问题，统治者已放弃对汉学的支持，重新回到了支持宋学的立场，希望以程朱理学挽回人心。

以上的谕旨表明，统治者试图以院长人选为核心，解决因师资质量下降而引起的书院办学中的各种问题，其间还涉及规章制度、教学内容等，意在重振衰落的书院。

第三，民间力量参与书院管理。与官府强调师资管理相配合，民间有许多书院改订章程，将山长的延聘权力、经费管理权等从官府转入士绅手中。如云南广南府培风书院，"山长向由府县两土司公捐银两以作束修，绅士自不应预议，在历任公祖延请，不过情面荐托，山长到馆亦不过因循于事，故百余年来科目寥寥"。嘉庆年间改革，"必择素悉品学兼优，勤于教诲，且非科甲出身者不得延请。"到道光年间，本地人才日多，又调整为"采访公论，即延本地科甲主讲，庶可长年驻院，不至半途而废。……若有品望不孚众论者，不得延请"。而且维持书院经费的房屋铺面亦"议定只准租给人民，不准租给绅士"，③而"书院皆绅士管事"。又如直隶定州（今河北定县）定武书院，咸丰七年（1857）新议章程载："书院连年废弛，皆因山长多来自权

① 以上嘉道各诏令，皆见光绪《大清会典事例》卷三百九十六，转引自白新良：《中国古代书院发展史》，天津：天津大学出版社，1995年，第210—211页。
② 《东华录》，道光三十年十二月己巳条。
③ 广南绅士公议书院条规［M］// 邓洪波.中国书院章程.长沙：湖南大学出版社，2000：256-257.

要。今书院一切事宜，既议归绅士经管，嗣后山长亦归绅士延聘，务期士林能收实益。倘仍有瞻徇情面，暗受请托，或山长受聘而不到馆，及到馆而不久于其事，所有一年修脯，着落监院与众绅士罚赔。如当道有情荐山长者，即抄呈条规，公同力辞，不得再蹈覆辙。""书院一切事宜，经官绅议定，俱由绅士经理。所有董事分监院、营造、催收、支发，各司其事。俱要实心经管，勿许推诿懈怠。"①

由此可见，聘任山长的权力有一个由上宪下移到州县长官，再由州县长官下移到主持地方公论的绅士（首士）这样一个过程。虽然地方长官凭借权力资源，仍然可以操控其事，但毕竟他们要受地方公论的约束，出现了一个打破官府一统天下，民间士论多少可以影响山长的选任和任期的趋势。这就是"若有品望不孚众论者，不得延请"的意义所在，它体现的是"公论"，即民间士绅力量参与书院管理的有限的自主权力，尤其是那些书院田产也归书院首士管理掌控的书院，这种权力已经达到了足以限制官势的地步。这是一种进步，是为封建专制制度下透出的一线民主之光。或许，此则正是书院在自身腐败日重，且受外国侵略与长期内战双重灾难的情况下，仍能延绵而保持一定发展速度的原因所在。

四、晚清书院的超高速发展

同治（1862—1874）13 年时间，在清代是有名的"中兴"时期。其时，扫荡东南的太平天国运动，在岳麓书院学生曾国藩、曾国荃、胡林翼、左宗棠、郭嵩焘、李元度、刘长佑等"中兴将相"所指挥的湘军镇压下最终

---

① 定武书院新议经理章程［M］// 邓洪波.中国书院章程. 长沙：湖南大学出版社，2000：18–19.

失败，长达 14 年的战争结束，社会恢复稳定，洋务运动渐兴，西学东渐速度加快。总之，久乱初平，国家"中兴"，书院在社会的巨大期望中也得到超乎寻常的大发展。

据统计，同治年间创建书院 440 所，恢复旧书院 28 所，合计 468 所，总数虽然居清代第五位，但年平均高达 36 所，远远超过雍正年间的 27.846 所，而名列清代第一。光绪年间（1875—1908），继续保持高速发展的态势，新建书院 793 所，修复旧书院 27 所，合计 820 所，总数仅次于乾隆、康熙而位居第三，年平均数为 24.118 所，[①]仅次于同治、雍正两朝，高于乾隆朝而名列第三。

以上的情况表明，同治、光绪约 40 年间，书院进入其近 1300 年历史上从来没有过的高速发展期。光绪二十七年（1901），诏令改全国书院为大、中、小三级学堂，犹如一把利刃，活活斩杀了大发展中的书院，人为地制造了中国制度史上罕见的落幕于辉煌的悲剧。虽然，书院改学堂接通了中国古代与近现代教育的血脉，我们可以说书院在改制中获得了永生，但毕竟杀身成仁、立地成佛的顷刻之变，实在有太多的问题可以讨论。此其一，晚清书院突然死亡于超高速发展之际。

其二，官方与民间两股力量的合一，是创造同治、光绪两朝奇迹的主要原因。就官方而言，同治二年（1863）刚镇压太平天国，就由朝廷下诏清理因战事而流失的书院财产，恢复办学，上谕称：

> 近来军务省分各府州县，竟将书院公项藉端挪移，以致肄业无人，月课废弛。嗣后，由各督抚严饬所属，于事平之后，将书院膏火一项，凡从前

---

① 光绪有34年，尽管光绪二十七年（1901）诏令改书院为学堂，但其后仍有创建书院者，且宣统年间亦新建书院3所，故光绪仍然作34年计算。

置有公项田亩者，作速清理。其有原存经费无存者，亦当设法办理，使士子等聚处观摩，庶举业不致久废，而人心可以底定。①

大乱初平，即将目光由军武迅速转移于文教，希望借书院来"底定"人心，中兴国家，这不能不说是一种政治远见。在这种思想指导下，地方军政大员如曾国藩、曾国荃、左宗棠、李鸿章、丁宝桢、刘坤一、张之洞等或亲自出面，或饬令下属创建、修复废坏于战乱之中的书院。其中的典型代表人物，前期有左宗棠，后期有张之洞。

左宗棠年轻时曾肄业于城南、岳麓这两所湖南省城书院，后又曾任教于醴陵渌江书院，深得书院之益，因而出仕之后对书院建设十分关心。在闽浙总督任上，创建正谊书院于福州，招举人、贡生，校补刊印理学名著《正谊堂全书》525 卷。在陕甘总督任上，他除经营兰山、关中等省城书院之外，还在西北地区新建修复书院 37 所，其中修复或修整书院有 19 所：瀛洲书院（泾阳）、仰止书院（东乐）、鹑觚书院（灵台）、银川书院（宁夏）、河阳书院（静宁）、崇山书院（大通）、洮阳书院（狄道）、蓼泉书院（抚彝）、育英书院（安定）、灵文书院（灵州）、又新书院（平罗）、凤鸣书院（崇信）、鸣沙书院（敦煌）、陇川书院（秦安）、正明书院（阶州）、五泉书院（兰州）、武阳书院（漳县）、洮滨书院（洮州）、榆阳书院（榆阳），新建书院则有 18 所以上：尊经书院（庄浪）、泾干学舍（泾阳）、文明书院（岷州）、襄武书院（陇西）、味经书院（泾阳）、钟灵书院（宁灵）、金山书院（洪水堡）、归儒书院（化平川）、河阴书院（贵德）、南华书院（甘州）、陇南书院（秦州）、庆兴书院（董志原）、五峰书院（西宁）、湟中书院（西宁）、文社书院（镇

① 昆冈. 光绪钦定大清会典事例 [M]. 上海：上海古籍出版社，2002.

番）、鹤峰学舍（三岔镇）、凤池书院（惠安堡）、柳湖书院（平凉）等。①在两江总督任上，他支持学政创建新生代省会书院江阴南菁书院，提倡经史实学，引天文、算学、舆地为教学内容。

张之洞身历书院的变革与改制，谱写了书院的辉煌，见证了书院的落幕。在湖北学政任上，他除努力经营省城江汉书院之外，又创建经心书院（同治八年），以经义、治事教士。在四川学政任上，创建尊经书院（同治十三年），聘王闿运主教，以"通经学古"课士，开尊经书局刻书，刊布《书目问答》指导诸生读书治学，卒成蜀省一代优良学风。在山西巡抚任上，建令德书院（光绪八年），取晋省高才生肄业，专课经史古学，晋省人才多出于此。又曾颁布《推广兴学办法》，其中有"筹经费以修书院"一条。在两广总督任上，创建广雅书院（光绪十三年）于广州，取代肇庆的端溪书院，在广西、广东各招 100 人肄业。广雅的最大特点是，院长之下设经学、史学、理学、文学四分校，分经、史、理学、经济四门课士。又建有广雅书局刻书，立菊坡精舍课士。难能可贵的是，派员游历南洋，建议在东南亚凡设立领事之地筹建书院，以教华侨子弟。在湖广总督任上，创建两湖书院（光绪十六年），招湖南、湖北学生各 100 人肄业，并设商籍 40 名，设六分教，以经学、史学、理学、文学、算学、经济六门教学，没有山长，由提调官及监院掌理院务。后又改课程为经学、史学、地理、数学、博物、化学及兵操等科，使书院走上近代化道路。发表《劝学篇》，提出著名的"中学为体，西学为用"思想。书院之外，他又建方言商务学堂、自强学堂、陆军学堂、武备学堂、农务学堂、工艺学堂、师范学堂、小学堂、中学堂、大学堂等学堂系列的教育机构，直接参与了中国教育的近代化实践活动。其间，曾署理两江总

---

① 王兴国. 左宗棠与西北书院［M］// 朱汉民，李弘祺. 中国书院：第四辑. 长沙：湖南教育出版社，1997：135.

督，创建三江师范学堂（光绪二十八年）于江宁（今南京）。光绪三十一年（1905），又与袁世凯一同奏废科举，彻底终结了中国古代教育体制。①

除了官府力量之外，同治光绪年间书院的火爆，更得力于民间力量。如果说，官府主导晚清书院的发展方向，把握了书院的"质"的话，那么，民间力量则以数量取胜，维持着书院的"量"。以江西为例，同治年间，全省新建书院118所，其中乐安县有43所，永新县有12所，合计55所，将近一半，都是乡村集资或地方大族所建。光绪年间，赣省新建书院74所，万载一县就有23所，占全省总数的31.08%，而且全是四乡民众所建。又如广东省，东莞县在光绪年间新建书院13所，全部在乡村，皆由民间所建。②四川统计遂宁、三台、达县书院也有类似的情况，③三县分别有90%、93%、92%的书院为民间所建。所有这些都表明，民间力量成了支撑晚清书院大厦重要的梁柱，亦是推动晚清书院超高速发展的另一个动力系统。

第三节 省会书院：遍布全国的教育学术中心

为了适应书院普及的形势，打破宋元以来所谓天下四大书院的局限，朝廷诏令建立省会书院，颁布优惠政策，集中地方人力、财力与学术人才资源等优势，在各省建设好一到二所重点书院，使其成为风范一省的文化、学术、教育中心，引领各地书院的发展，这是清代对于书院发展事业所做的建

① 周汉光. 张之洞与广雅书院 [M]. 广州：广东人民出版社，2012.
② 白新良. 中国古代书院发展史 [M]. 天津：天津大学出版社，1995：237-238，244，246.
③ 胡昭曦. 四川书院史 [M]. 成都：巴蜀书社，2000：164，166，168-170，184-185.

设性贡献。总结其经验教训，对于我们今天建设重点高校及学术研究基地都有借鉴意义。

一、省会书院的建立

明代始有省级书院的出现。明初先改元行省为中书省，旋又改中书省为布政使司，划全国为十三个布政司，外加南北二京师。各省以布政使、都指挥使、按察使分立为长官。此外，提学使、巡盐使、盐运使、参政等皆可视作省级部门长官。这些官吏在各地都有创建书院之举，但所有这些书院，我们还没有找到在全省范围之内选择诸生讲学、肄业的记载，还不能当作省级书院，而只能视其为省级书院的萌芽。真正意义上的省级书院出现于嘉靖、万历年间，试以宣成、历山书院为例而予叙述。

宣成书院在广西布政司首府桂林，创建于南宋，纪念理学家张栻（宣公）、吕祖谦（成公），取两人谥号而名其院，理宗皇帝曾亲书院额。该书院在元代继续办学，于明代得到进一步发展。嘉靖年间，监察御史林富、提学金事姚镆等集全省学租为"佐读之资"，延聘五位经师，招诸府州县成才生员三百人入院，讲论五经异同，此为桂省学术盛事，而被记录于《明史》《明儒学案》之中，此时的宣成书院是一所名副其实的省级书院。

历山书院在山东布政司所在地济南府城趵突泉东，万历四十二年（1614）由巡盐御史毕懋康创建，院舍规模较大，"六郡士子读书其中者以百计。天启初，为邮亭，士人不敢过而问矣"。①查山东布政司领济南、兖州、东昌、青州、莱州、登州六府，上文"六郡"即明代山东所领六府，既然"六郡士子读书其中"，那么历山之为山东全省最高级书院的地位就非常

---

① 乾隆历城县志: 卷十二 [O]. 清乾隆年间刊本.

明确了。只可惜这一省级书院维持的时间不长，至天启初年魏忠贤禁毁书院时，前后不到十年就被迫改为邮亭了。

清代改明布政司为省，全国先后被划为十五、十八、二十二个省。雍正十一年（1733），诏令各总督、巡抚于其驻节之地建立省会书院，这是清代正式建立省级书院的标志。不过，我们要指出的是，在此之前的90年时间内，省级书院承明代之余绪，仍然存在，并得到继续发展。仍以山东省为例，上述明建历山书院，在康熙初年由布政使张缙彦重修，增建白雪楼，改名为白雪书院。康熙二十五年（1686），巡抚张鹏扩建学舍数十间，复名历山书院。二十七年（1688），布政使卫既齐再次增建学舍十余间。三十九年（1700），学政徐炯"拔六郡之士百二十人肄业其中，复广斋舍庖溷"。[①]按，在雍正十二、十三年（1734、1735）间将武定、泰安、沂州、曹州四州升格为府以前，山东辖区仍然只是六个府的建制，因此，"六郡之士"即指山东全省之士。以上山东政要不断关顾历山的建设，历山的规模不断扩大，肄业历山之士要从全省各府选拔而来的这些事实，使我们完全有理由认为，历山书院承明代之绪，作为山东省级书院，在清代前期几十年中，获得了继续发展，进而我们也可以说，正是这种继续发展，促成了正式建立省会书院的诏令的下达。诏令称：

> 谕内阁：各省学政之外，地方大吏每有设立书院聚集生徒讲诵肄业者。朕临御以来，时时以教育人材为念，但稔闻书院之设，实有裨益者少，慕虚名者多，是以未尝敕令各省通行，盖欲徐徐有待而后颁降谕旨也。近见各省大吏，渐知崇尚实政，不事沽名邀誉之为，而读书应举者，亦颇能屏去浮嚣奔竞之习。则建立书院，择一省文行兼优之士读书其中，使之朝夕讲

---

① 道光济南府志卷十七［M］// 中国地方志集成·山东府县志辑. 南京: 凤凰出版社, 2004.

诵，整躬励行，有所成就，俾远近士子观感奋发，亦兴贤育才之一道也。督抚驻扎之所，为省会之地，著该督抚商酌奉行，各赐帑金一千两。将来士子群聚读书，须预为筹划，资其膏火，以垂永久。其不足者，在于存公银内支用。封疆大臣等并有化导士子之职，各宜殚心奉行，黜浮崇实，以广国家菁莪棫朴之化。则书院之设，于士习文风有裨益而无流弊，乃朕之所厚望也。①

于是，总督、巡抚奉诏在各省省会相继建立了置于其直接控制之下的23所省级书院，它们是：保定莲池书院、济南泺源书院、太原晋阳书院、开封大梁书院、江宁钟山书院（在江苏、安徽两省招生）、苏州紫阳书院、安庆敬敷书院、南昌豫章书院、杭州敷文书院、福州鳌峰书院、武昌江汉书院、长沙岳麓书院与城南书院、西安关中书院、兰州兰山书院、成都锦江书院、肇庆端溪书院（在广东、广西两省招生）、广州粤秀书院、桂林秀峰书院与宣成书院、昆明五华书院、贵阳贵山书院、奉天沈阳书院。

清代的省级书院除了上述总督、巡抚驻节之地的省会书院之外，还有由学政创建、主持的书院。按照清制，主管一省教育行政和科举考试的学政，与总督、巡抚平行，知府以下皆为其属官，因此，学政也是一省长官。清于全国设学政20人，计顺天、奉天、山东、山西、河南、江苏、安徽、江西、福建、台湾、浙江、湖北、湖南、陕西、甘肃、四川、广东、广西、云南、贵州各一人，一般皆驻于各省省会，唯江苏驻江阴县，安徽驻太平府（今当涂），陕西驻三原县，广东先驻肇庆，后移广州。另外，台湾学政没有专人，建省之前由台厦道、巡台御史、台湾道、福建巡抚等兼任，建省后由台湾巡

---

① 清朝文献通考: 卷七十 [M] // 陈谷嘉, 邓洪波. 中国书院史资料. 杭州: 浙江教育出版社, 1998: 855.

抚兼任。由于这些不同，衍生了学政主持的省级书院，其著名者有江苏学政所属的江阴县暨阳书院、南菁书院，陕西学政所属的三原县宏道书院和泾阳县味经书院、崇实书院。

在学政主持的省级书院中，以福建台湾府的海东书院为比较特殊。海东书院在台湾府城（今台南市），康熙五十九年（1720）由台厦道梁文煊创建，不久改为岁科考试之所。乾隆五年（1740），新建试院落成。台湾道刘良璧捐俸倡修原海东院舍，贡生施士安又捐稻谷千斛、水田千亩充为膏火之资，使其规模和经费都达到了一定的高度。其时巡台御史兼学政杨二酉遂奏请朝廷，议准海东书院"照省会书院之制，每学各保数人送院肄业，令该府教授兼司训课"。①从此，海东书院即以府级书院之实而侧身于省级书院之列，并受到历任台湾学政的重视，发展成为台湾和澎湖列岛的最高学府，人称"全台文教领袖"。②

二、省会书院的特点

以上这些省会书院，又叫会城书院、省城书院，它们构成清代省级书院的主体，自雍正以来，一直受到中央政府和各直省政要的关顾，因而得到了长足的发展，成为各省的文化教育中心。通观这些书院，有如下一些特点应予注意。

一是经费充足。各省城书院在雍正十一年（1733）正式确认之时，就获得了皇帝恩赐的帑金，其数一般是每院一千两白银，最少的也是两院共一千两。这些银两或委员经理，或置产收租，或筹备赏供，所获赢利皆用来

---

① 《钦定大清会典事例》卷三九五。
② 王启宗. 台湾的书院［M］. 台北：艺术家出版社，1999.

作为书院师生膏火。如果收入不够开支，则准许在"存公项下拨补，每年造册报销"。在《清会典》中，我们还可见到各省城书院报销的清单。这就使得省城书院与官府银库联系在一起，从而获得了充分的经济保障。

二是频频受到皇帝的关顾。自雍正皇帝下诏建省城书院并赐给帑金以来，历代皇帝皆以各种方式关顾其建设与发展。乾隆皇帝曾数度下诏就山长的选择与待遇、生徒的招取与奖罚以及负责人的称谓等作出规定，此外还为岳麓、紫阳等很多书院赐书、赐额，予以表彰。乾隆十一年（1746）、十三年（1748）、十五年（1750）、十六年（1751）、二十二年（1757）、二十七年（1762）、三十年（1765）、四十五年（1780）、四十九年（1784），乾隆皇帝还先后到保定莲池、江宁钟山、苏州紫阳、杭州敷文、曲阜洙泗、登封嵩阳等书院视察，与院中师生论学作诗，仅王昶的《天下书院总志》中就记录了视察书院的御制诗十八首。[1]这在清代是绝无仅有的。皇帝亲临书院接见师生，这不仅是所到之院的荣耀，对其他省会书院的一种鼓舞，而且对天下所有书院的发展亦起到了极大的推动作用。乾隆以后，嘉庆、道光、同治诸帝对省会书院的建设皆作过指示。在封建社会，至高无上的皇帝的关顾，使省会书院在获得实际发展的同时，也获取了巨大的社会影响力，形成了领袖当地道、府、州、县、乡村各书院的声望。

三是师资水平高。为了保证省会书院的学术权威性，"直省书院隶会垣者，凡山长充补必请朝廷，特重其事"。[2]至于省会书院的院长应由什么人出任，诏令和礼部都曾提出过要求，"居讲习者，固宜老成宿望"；"凡书院之长，必选经明行、修足为多士模范者，以礼聘请"；"书院讲席，令督抚学臣

---

① 清·王昶：《天下书院总志》卷首，清抄本。按：以上除洙泗、嵩阳之外，都是省会书院。乾隆帝到莲池三次，到敷文、紫阳六次，其余皆为一次。
② 王琎. 紫阳书院课艺序［M］// 柳诒徵. 柳诒徵文集. 北京：商务印书馆，2018：105–216.

悉心采访，不拘本省邻省，亦不论已仕未仕，但择品行方正，学问博通，素为士林所推重者，以礼延请，厚给廪饩，俾得安心训导"等，都是被一再强调的。而且还规定，凡掌教六年，教术可观，人才奋起，卓有成效者，可以"请旨议叙"，给予嘉奖。①因此，各省会书院所聘院长多为一代名流。高水平学者主掌书院是省城书院维持其高踞本省教学和学术研究中心地位的可靠保证。

四是肄业诸生须在全省范围之内经过严格筛选方可入院。"书院生徒，由驻省道员专司稽察，各州县秉公选择，布政使会同该道再加考验，果系材堪造就者，方准留院肄业"，这是部颁并一再强调的招生标准。入院之后，又曾令各总督、巡抚会同学政，"将现在书院细加甄别，务使肄业者皆有学有品之人，不得莠良混杂，即令驻省道员专司稽查"。经过如此层层筛选，有如此众多官员把关，而且设置专司道员稽查，这中间虽有严加控制之意，但也反映了政府对省级书院生徒的重视，这是同期各道、府、州、县级书院做不到的，也是唐宋元明各朝所未曾有过的。

五是规模大，招生多。省会书院的规模都比较大，不仅院舍宏大，全省首屈一指，而且招生人数也是最多的，雄踞各道、府、县、厅书院之首。

六是课程设置由朝廷议准通行。各地省会书院的教学内容、程序等，乾隆九年（1744）也曾由部议准通行。对于经史之学的提倡和重视，通过书院的管线由省及府及州及县而贯通于全国，我们认为这对于乾嘉朴学之盛的形成起了极大的推动作用。关于这一点，以往的学术界注意不够，在这里有必要予以提出，以引起必要的重视。至于将治术之书和八股文定为省级书院的必修课程，在当时实乃培养人才的需要，因为八股为科举考试

---

① 云南五华的张甄陶，贵州贵山的孙见龙，湖南岳麓书院的罗典、欧阳厚均等人曾得此殊荣。

之具，科举为国家选拔人才的主途，而所谓治术即治理国家的方法与艺术。两者的同时讲求，使书院肄业诸生既有入仕之具，又有治国之术，从设计上讲是无可挑剔的，只可惜在日后的执行过程中，出现了重八股、轻治术的偏差，其尤甚者使书院变成了科举的附庸，这是始料未及的，也是极不可取的。

总之，省会书院是中国书院历经千年发展积累之后，由中央政府主管并交由地方最高一级政区分头建设的国家重点教育学术工程，它散布于全国各个省区，成为各省的教育、文化与学术中心，其有关经费筹措、师资建设、学生管理等方面的做法，皆有值得今天的教育主管部门借鉴之处。

三、省会书院的新生代

清代中后期，为了适应变化了的学术形势与教育需求，省级书院又有新的发展，除原来省会书院之外，在很多省会城市又增设了一些在全省或两省范围之内招生的新生代省级书院，它们是：京师金台书院，江宁惜阴书院与文正书院，苏州正谊书院，江阴南菁书院，杭州诂经精舍、求是书院，福州凤池书院、正谊书院，南昌友教书院、经训书院，开封明道书院，武昌经心书院、两湖书院（在湖南、湖北两省招生），长沙求忠书院、校经书院、时务学堂（后改为求实书院），广州广雅书院（在广东、广西两省招生）、越华书院、学海堂、菊坡精舍、应元书院，桂林榕湖经舍（又名经古书院）、桂山书院，成都尊经书院，贵阳正习书院（后改名学古书院）、正本书院，泾县味经书院（在陕西、甘肃两省招生）、崇实书院（在陕西、甘肃两省招生），兰州求古书院，迪化博大书院，太原令德书院，奉天萃升书院。

这批新兴的省级书院和雍乾时期的省城书院相比，有自己的特色。

第一，它们的主流或如诂经精舍、味经书院，其创建的目的是以经史实学去救书院堕落为科举附庸的流弊，意在返回传统，推古求新，重振书院事业；或如校经书院、两湖书院，其创建的目的是讲求中学，引入西学，试图以中西结合之方，为传统的书院事业注入新的活力；或如求是书院、崇实书院，以讲求新学、西学为主，尝试将中国古老的书院制度和西方近代教育制度接轨沟通，皆是书院改革的产物，记录着书院制度由古代走向近代，不断向前发展的步伐。

第二，这批书院和老的省会书院一样，同是一省文化、学术、教育中心，但其影响力要来得快捷得多，而且也要强大得多，无论是诂经精舍、学海堂等在嘉庆、道光年间卷起的朴学之风，还是校经书院、时务学堂等在光绪年间掀起的三湘新政大潮，来势之快，冲击力之大，影响之深远等都是老的省会书院所难以比拟的，而且像莲池、钟山、岳麓、秀峰等这些大佬级书院还受其影响，相继出台了一些改章改课的措施，以顺应时代的发展变化。

第三，其发展或如应元书院专课举人，或如求忠书院专课湘军阵亡将领子弟，有类贵胄学校，或如经训书院、菊坡精舍等重经史而不习举业，或如崇实书院讲求"格致"，设置制造课程，开中国近代机械工业教育之先河，凡此等等，呈现出一种多样化、专门化的趋势，改变了过去旧的省会书院的单一性、重复性分布的状况，从一个侧面反映了书院进步发展，开始近代化进程的情况。

第四节　清代书院与学术的共鸣

清初顺康之世，书院讲学承明代遗绪，辟王崇朱，并再次确立程朱理学为官方哲学，书院是宋学的一统天下。及至康乾之间，书院讲学之人，又有取法汉儒而注重考订名物训诂者，世称朴学，亦名汉学。于是清初的宋明之辨，转而成为汉宋之争。乾隆年间，学风为之丕变。书院与乾嘉汉学又一次以一体化形式而获得大发展，营造出共同的辉煌。

一、书院与乾嘉汉学的兴起

乾嘉"汉学"，和重视阐发儒家经典中义理的"宋学"不同，它主要注重对经史的考据、训诂。皮锡瑞在《经学历史》中说："乾隆以后，许郑之学大明，治宋学者已鲜，说经皆主实证，不空谈义理，是为专门汉学。"这种重证据、重事实、说理论证的专门汉学，又被称为朴学。

一般认为，乾嘉汉学导源于明末清初之际的思想启蒙学者黄宗羲、顾炎武。二人的学术宗旨和研究方法直接影响了雍乾时期的学者，成为乾嘉汉学的先导。若论其兴起，则又有它的特殊历史原因和政治原因。清政府实行文化专制政策，大兴文字狱，一大批学者不得不把自己的精力才智耗费在故纸堆里，专门在古书中寻章摘句，考据训诂。在这种条件下，重考据的专门汉学就兴盛起来了。应该说，汉学发展既是清廷在思想意识形态领域推行高压政策的结果，又得到官方的扶植，其影响很快就波及全国。

以书院而论，乾隆二年（1737），钟山书院山长杨绳武所订学规，以训诂、义理、文章三者释"穷经学"，更辅之以"通史学"，实开朴学之先机。其后，经卢文弨、钱大昕、姚鼐、孙星衍、朱珔、胡培翚、缪荃孙等历任山长发扬光大，钟山书院遂以总督所辖而成为两江（江、皖）地区影响最大的汉学中心。就政府而言，乾隆十年（1745）殿试策问中加入经史内容，一改心性天理一统天下的局面，也成为官方提倡博习经史词章之学的风向标志。

杨绳武的《钟山书院规约》分先励志、务立品、慎交游、勤学业、穷经学、通史学、论古文源流、论诗赋派别、论制义得失、戒抄袭倩代、戒矜夸忌毁等共十一条。兹引"穷经学""通史学"二条如下：

一、穷经学：经之名起于《礼记·经解》，《易》《诗》《书》《春秋》《礼》《乐》所谓"六经"也，亦曰"六艺"。《史记》载籍极博，必考信于六艺。"五经"之名则自汉武置五经博士始，合《易》《诗》《书》《三礼》《三春秋》为九经，益以《尔雅》《论语》《孝经》《孟子》为"十三经"。唐开成中有"九经"之刻，宋李至、刘敞各有"七经"之说，其后或为"十经"，或为"十一经"，至"十三经"而大备。说经者或为传，或为学，或为笺注，或为疏解，或为章句。"十三经"有注疏，"五经"有大全，而注疏、大全而外又有历代经解。其书具在，都未失传，真理学之渊海也。大抵汉儒之学主训诂，宋儒之学主义理，晋、唐以来都承汉学，元、明以后尤尊宋学，博综历代诸家之说，而以宋程、朱诸大儒所尝论定者折衷之，庶不囿乎一隅，亦无疑于歧路。古人穷经，不专为文章，而文章之道，亦非经不可。韩子曰："上规姚姒，浑浑无涯，《周诰》《殷盘》，诘屈聱牙，《春秋》谨严，《左氏》浮夸，《易》奇而法，《诗》正而葩。"柳子曰："本之《书》以求其质，本之《诗》以求其变，本之《礼》以求其宜，本之《春秋》以求其断，本之《易》以求其动。"合二子之论文，可以知文章之道非原本于《经》不可矣。

一、通史学：史之体有二：一曰纪事，一曰编年。《史记》以后，"二十一史"皆纪事也。司马氏《通鉴》，朱子《纲目》，皆编年也。纪事之体又有二：一曰纪传，一曰表志。纪传之学，《通鉴》《纲目》集其成；表志之学，杜佑《通典》、郑樵《通志》、马端临《文献通考》汇其萃。正史而外，又有旁史、旧史，如荀悦《汉纪》、刘昫《旧唐书》之属。《通典》《通考》《通鉴》《纲目》俱有续者，而前如刘知幾《史通》，后如胡寅《读史管见》，皆史学之科律也。要而论之，文笔之高莫过于《史》《汉》，学问之博莫过于郑渔仲、马贵与，而褒贬是非之正莫过于朱子《纲目》。师子长、孟坚之笔，综渔仲、贵与之学，而折衷于朱子之论，则史家才、学、识三长，无以复易矣。①

殿试策问以科举考试"指挥棒"而导引士气学风之功，是不言自明的。兹引有关经史试题如下：

乾隆十年（1745）殿试题云："五、六、七、九、十一、十三之经，其名何昉？其分何代？其藏何人？其出何地？其献何时？传之者有几家？用以取士者有几代？得缕晰而历数欤？"②

乾隆二十八年（1763）殿试策问："史有二体，纪传法《尚书》，编年法《春秋》。朱子本司马光《资治通鉴》之旧，大书分注，约为纲目，囊括一千三百余年史事，为编年正轨，足便览观。厥后，薛应旂有《续通鉴》，商辂有《宋元续纲目》，能不失二书初指否。《明通鉴纂要》本出自官辑，与顾锡畴、王世贞、陈仁锡辈取备兔园册子不同，而隶事详略亦未完善。已命馆臣厘次分进，几假手评骘。凡前史义例未安，必往复刊定，勒为辑览一编，嘉惠来许。有志三长之学者，夙习发明书法，考异集览诸家之言，能研核折衷而切指其利病否？"③

非常明显，殿试有关经史内容的二道策问，几乎就是从《钟山书院规约》中摘引而成。这种巧合，似乎可以说明书院讲学转移学风的功力甚巨。当然，钟山书院影响之大，由此亦可概见。

---

① 杨绳武. 钟山书院规约［M］// 邓洪波. 中国书院学规. 长沙: 湖南大学出版社, 2000: 25-26.

② 清高宗实录: 卷二百三十九［M］. 北京: 中华书局, 1985.

③ 清高宗实录: 卷六百八十五［M］. 北京: 中华书局, 1985.

乾隆、嘉庆年间，经由创建兴复者的提倡，山长的学术示范，诸生的相互影响与传播，蔚然成为风尚，形成了以苏州紫阳、徽州紫阳、扬州安定与梅花等书院为大本营的吴、皖、扬州三大考据学派，各自集结了一大批汉学家，进行汉学研究与传播。

"吴派"以惠栋为代表，率先以古文经形式进行纯汉学研究。它以苏州紫阳书院、南京钟山书院这两所省会书院为主要学术基地，主要有王鸣盛、钱大昕、汪中、江藩等学术大师。比吴派稍后崛起的"皖派"，以徽州紫阳书院为主要基地，以戴震为学术代表，著名学者有段玉裁、王念孙、王引之、任大椿、卢文弨、胡培翚等。皖派在学术造诣上要高于吴派，"皖派的出现，是清代学术发展的高峰"。①继吴派、皖派之后，扬州学派也从事汉学研究，其研究内容最为广博，它的主要学术基地是扬州的安定书院和梅花书院。张舜徽先生在比较三派特点以后，认为"清代学术，以为吴学最专，徽学最精，扬州之学最通。无吴、皖之专精，则清学不能盛；无扬州之通学，则清学不能大"。②

吴派、皖派和扬州学派的产生、发展都与书院有着不可割舍的联系，各派的领袖人物和中坚学者或肄业、或执掌、或任教于书院，在乾嘉汉学的形成和发展过程中发挥了不可替代的作用。不少书院由于讲求乾嘉汉学而恢复了自由讲学、教学与研究相结合的特点，使书院存在的合法性在清代又获得了新的内涵，这是宋代以来书院与学术一体化在清代的延续。但是在科举几乎是士人仕进唯一途径的清代，要传授与科举考试内容基本不相关的乾嘉汉学是相当难让士人接受的，而且乾嘉汉学大师一般也是通过科举之学获得功名以后才专于汉学的，因此，无论是吴派的大本营苏州紫阳书院、皖派

---

① 戴逸.戴逸文集：清前期史［M］.北京：中国人民大学出版社，2018：172–212.
② 张舜徽.清代扬州学记［M］.上海：上海人民出版社，1962：2.

的徽州紫阳书院，还是扬州学派的安定、梅花书院，都在讲求汉学的同时讲授科举之学，考课也是科举之学和汉学并举，甚至有的书院在某些时段还以科举之学为主。因书院的这种情形不能满足乾嘉学者的需要，乾嘉学者希望创办新型的专门讲求汉学的书院，作为乾嘉汉学中坚的阮元承担起了这一历史使命。

二、诂经精舍、学海堂与乾嘉汉学的鼎盛

而及至阮元的时代，配合乾嘉汉学的集大成步伐，改良型书院杭州诂经精舍、广州学海堂横空出世，以专尚汉儒训诂，不习时文帖括，教学与研究达致一体而成为典范，号为学术型书院。

阮元（1764—1849），字伯元，号芸台，江苏仪征人。乾隆五十四年（1789）中进士，曾任山东、浙江学政，内阁学士、礼部侍郎，嘉庆四年（1799）会试的主考官，浙江、江西、河南三省巡抚，湖广、两广、云贵总督，号为乾、嘉、道"三朝阁老""九省疆臣"。他不仅在仕途上为自己赢得了显赫的地位，而且在和扬州学派的汪中、焦循，以及皖派大佬王念孙、任大椿等人交往中，逐渐将自己锻炼成一位经学大师。

诂经精舍在杭州。清嘉庆五年（1800），浙江巡抚阮元等创建于西湖孤山。原为嘉庆二年（1797）阮为浙江学政时遴选浙士编纂《经籍籑诂》之地。"诂经者，不忘旧业，且勖新知也"。祀东汉许慎、郑玄，立教以穷经致用、实事求是为旨。精舍楹帖云："公羊传经，司马著史。白虎德论，雕龙文心。"舍内设掌教，亦称主讲、山长或院长，由巡抚聘任。下设监院，职掌教课，亦称学长，由巡抚委任。肄业生徒，初定32人，遴选浙江全省11郡诸生中经学修明，通于一艺者充之。后不断扩充学额，曾增至60名。课程以经史、小学、天文、地理、算法、词章为内容，一变自宋以来专习理学

之风。每月课试不用扃试糊名法，任生徒搜讨书传条对，以观其学识。李元度《阮文达公事略》称："不十年，上舍士致身通显及撰述成一家言者，不可殚述。东南人才，称极盛矣。"历任掌教者皆一代名流，自阮元后，有王昶、孙星衍、俞樾等，以俞为时最久，蝉联 31 年。最具代表性的学术成就为《经籍籑诂》《十三经注疏校勘记》等书，又选诸生课艺精华，刻《诂经精舍文集》8 集 2000 余篇。

学海堂在广州。清道光四年（1824），两广总督阮元为课全省举、贡、生、监经解诗赋，创建于粤秀山。此地枕城面海，林峦叠翠，地极幽胜。依据诂经精舍遗规，订立《学海堂章程》。不设山长，选举学长 8 人，同理课事，各用所长，协力启导，但以拟题评卷为要。初时，生徒无定额，十四年（1834）总督卢坤设立学额生童 10 名。教学重视个人志趣、特长。诸生于《十三经注疏》《史记》《汉书》《后汉书》《三国志》《文选》《杜诗》《韩昌黎集》《朱子大全》诸书中，各因资性所近，自选一书肄习，择师而从，谒见请业，以充其善，养其所长。重在自学，颁发课程簿，簿首注明习某书，内分句读、评校、抄录、著述 4 栏，诸生按日填入簿内。各生可依个人程度各取 1 项或兼 3 项，不教制艺，"专勉实学"，以考据训诂之方法治经史，求经文史学切实学问之研究。提倡"事必求其概柢，言必求其依据"，"无征不信"之学风，成为当时考据学之最高学府。清代广东朴学风气，自学海堂而大兴。著名学长有钱仪吉、张维屏、陈澧、金锡龄等人，皆全国一流学者。最有代表性的学术成就为《皇清经解》《学海堂集》《学海堂丛刻》等，共 1254 册 3334 卷，号为乾嘉经学渊海。

诂经精舍和学海堂是改良书院的典型代表，它们通过卓有成效的汉学研究、人才培养和刊刻学术著作等方式，直接扩大了乾嘉汉学的影响，对乾嘉汉学的传播有巨大的推动作用，是清代乾嘉汉学发展步入成熟期的重要标志，同时也是清代书院发展的转折点和里程碑。

诂经精舍和学海堂不但是研究、传播乾嘉汉学的大本营，而且成为全国各地改革书院过程中仿效的榜样。不少地方大员将仿效诂经精舍和学海堂作为革除书院弊端的突破口，纷纷创建专门研习经史考据之学的书院。这不但表明乾嘉汉学影响的扩大，而且在一定程度上说明乾嘉汉学成为改革旧有书院的动力所在。

　　需要指出的是，经由鸦片战争以来内忧外患的激荡，在复古、求实、求真、致用的旗号之下，这些书院转而倡导经世致用的学术风尚，汉宋之间、理学与经史考据之间、经今古文之间渐趋于融合。融合的结果是形成以经古为核心的广义的中学，以与强势东渐的西学相抗衡。于是新学与旧学、西学与中学又变成书院无法避免的教学与学术话题。

第五节　西学东渐：教会书院

　　书院是中国士人的文化教育组织，在长期的发展过程中，它不仅为中国文化的积累和传播做出了贡献，而且也有功于中西文化交流。西学东渐之时，来华的外国人将其创立的 School、College、Institute、University、Academy 等文化教育机构都叫作书院，而且走向世界的中国士人也将他们在西方见到的近代学堂、学校、图书馆、实验室甚至科学博物馆、展览馆等都称作"书院"，而介绍给国人。这表明，当时的中西人士对书院有着一种文化交流的认同感。以下我们就教会书院这一具体的载体来讨论书院所具有的这种文化教育功能。

　　教会书院是在中国的外国教会及其传教士们取用书院这一中国教学组织的形式，加以西方宗教思想理念以及科学技术、语言文字等内容，在西学东

渐大潮中新创造的一种书院类型。它是中西文化交流、交融的结果，为中西文化交流事业、为中国书院的近代化做出了自己的贡献。

一、中国教会书院概况

西方传教士在明代后期进入中国。北京首善书院由东林讲学之士的讲会之所，变为汤若望等传教士主导的历局及至天主堂，成为第一个试验西学的标志性场所，而杭州由耶稣会士创建的虔诚书院，也成了明代传播西学的第一所具有教会因素的书院。但总体而言，西学东渐，明代仅开其端而已，真正有影响的工作要由清代后期的教会书院来承担。

"教会书院"的发展有一个自中国外围向本土发展的过程。雍正十年（1732），马国贤（Matheo Ripa）创办意大利那不勒斯文华书院，首开传教士创办书院的记录。到清嘉庆十二年（1807），英国伦敦教会教士马礼逊（Robert Morrison）来华传教，是为基督教新教自西徂东之始。不到四年（1811），清政府重申禁止外国传教士传教令，马氏等只得移往南洋华侨聚居区图谋发展。1818年（嘉庆二十三年），马氏与伦敦教会的另一传教士米怜（William Milne）合作，在马六甲创建英华书院（Anglo–Chinese College）及印刷所，编发《中英杂志》，在华侨中传播《新约》。为了传教，马氏先后完成了《汉语语法》《华英字典》《广东省土话字汇》等著作，1823年（道光三年）又在院中刊印其中译本《圣经》二十一卷。1825年，始招女生入学。1839年汉学家理雅各（James Legge）继任书院院长凡34年，他曾将"四书""五经"译成英文，以"The Chinese Classics"为名，分28卷，于1861—1886年间出版。此外还著有《中国人关于神鬼的概念》《孔子的生平和学说》《孟子的生平和学说》《中国的宗教：儒教和道教评述及其同基督教的比较》等，是一位有极大影响的西方汉学家。儒家"四书"

"五经"和基督教《圣经》的互译与传播，对交流中西文化之功是不言自明的。

当马六甲英华书院正卓有成效地开展工作时，1823 年，新加坡传教士在当地建立了新加坡书院（Institute of Singapore），接收华侨子弟。至1837 年（道光十七年）特设一学部专招华童，时有中国学生 95 人肄业其中。1839 年传教士又在巴达维亚（Batavia）创立中国书院（The Chinese Seminary），作为传播交流中西文化之所。①

1840 年鸦片战争，殖民主义者用大炮战舰打开了中国的大门，传教士随之进入通商口岸及附近地区，教会书院遂出现于中国本土。马礼逊书院于道光二十二年（1842）在香港建立，上述马六甲英华书院也于次年（1843）迁往香港。其后，作为教会教育事业的一部分，教会书院由通商口岸推进，在中国本土开始了其发展历程。据统计，②到民国时期，全国至少有 97 所教会书院。这些教会书院广泛分布在中国 30 多个城市，而又以东南沿海的福州、澳门、香港、上海、宁波、广州等地较多。时间上多集中在同光年间。在教会书院的创建者中，美国、英国人分别占总数的 43.29%、23.71%，美国后来居上，超过老牌的英国成为中国教会书院的主要创建者。

---

① 王树槐. 基督教教育会及其出版事业 [M] // 陈学恂. 中国近代教育史教学参考资料: 下册. 北京: 人民教育出版社, 1987: 97.

② 参见《近代来华外国人名辞典》（北京: 中国社会科学出版社, 1981）；陈学恂:《中国近代教育史教学参考资料》（北京: 人民教育出版社, 1987）；[美] 杰西·格卢茨:《中国教会大学史》（杭州: 浙江教育出版社, 1987）；《香港教育手册》（北京: 商务印书馆, 1988）；《基督教教育与中国社会变迁》（福州: 福建教育出版社, 1996）；刘海峰等:《福建教育史》（福州: 福建人民出版社, 1996）；季啸风:《中国书院辞典》（杭州: 浙江教育出版社, 1996）。

二、教会书院的发展历程与阶段性特征

中国本土教会书院的发展，有 70 余年的历史，按照其阶段性特征，大致以第二次鸦片战争、书院改制为标志，可以划分为三个时期。

两次鸦片战争之间，即道光至咸丰年间（1842—1861）为第一个时期，约 20 年。《南京条约》签订后，传教士得以进入"国中之国"的通商口岸传教，但清政府禁止传教士传教的禁令仍然有效。由于禁令的威慑作用，传教士的活动不很活跃。这个时期只有 15 所教会书院建立，分散于香港、澳门、广州、厦门、福州、宁波、上海七个城市。这些书院发展程度较低，规模较小，因而影响也不大，故是期只能视为教会书院站稳脚跟的初始时期，或者称作下一个发展时期的准备阶段。

第二个时期，从第二次鸦片战争失败签订不平等条约开始，至 1900 年止，即同治至光绪二十六年（1900），约 40 年，是教会书院的兴盛时期。传教士利用外国侵略者强加给中国的不平等条约的保护，迅速从沿海少数几个口岸推进到内地，教会书院亦由原来的广州、厦门等地，发展到淡水、莆田、杭州、苏州、南京、九江、武昌、汉口、益阳、登州、青州、通州、北京、沈阳、开封、南宁、重庆等城市，新建的书院有 50 余所，比上一个时期增加了 3 倍多。

第二个时期教会书院的特征有三条值得注意。[①]第一，教会书院的招生对象从贫寒子弟转向精英阶层，反映了处在社会转型时期的教会书院，其教育对象的明显转移。另外，为适应洋务运动所带来的社会的急剧变化，

---

① 黄新宪：《教会书院演变的阶段性特征》，载《湘潭大学学报》，1996年第6期。又载其《基督教教育与中国社会变迁》，福州：福建教育出版社，1996年，第297—307页。以下三点皆从中摘引提炼。

以便能在中国真正立足，教会书院在培养目标上也进行了适时调整，强调以培养通晓西学、熟习洋务的人员为主，主张书院不再只是教牧人员的养成所。

第二，教学课程中西并重，在尊重中国传统的同时，又大力推销西学、西艺等西方文化科学知识。教会书院在课程设置上标榜中西学并重，有的要求学生熟读孔孟经书，了解中国传统文化；有的鼓励学生钻研八股试策，为参加科举考试作准备。教会书院的主持人为了吸引士绅，取得他们的好感，往往宣称其课程设置是中西结合的完满体系，而不仅仅是传授西学。实际上，无论从课程门类的比例上，抑或从课时上比较，中学均不及西学，但这种宣传也反映出教会书院对中国传统文化的迁就。

第三，教会书院的教学形式基本是沿用西方当代学校的形式。教会书院借鉴当时西方国家学校的授课形式，突出教学层次，使得教学能够循序渐进，由浅及深，由易及难。大多数教会书院实行班级授课制。这在国人的旧式书院中也是罕见的。这些无疑会对传统书院的教学模式形成冲击。

第三个时期，从光绪二十七年（1901）开始，直至民国初年，即20世纪初十余年时间，是教会书院的改革、改制期，大多数先前建立的书院，亦与全国书院同步进入了改革过程。如广州格致书院，于光绪二十九年（1903）改为岭南学堂，于1926年改名为岭南大学。在上海，光绪三十一年（1905）美国圣公会将所属的圣约翰、培雅、度恩三书院合并为圣约翰大学。在南京，光绪三十二年（1906）美国基督会的基督书院与长老会的益智书院合并为宏育书院，宣统二年（1910）宏育又与美以美会的汇文书院联合，改建为金陵大学。虽然有的书院晚至20世纪20—30年代还未改名，但统计表明，民国期间教会只创建了6所书院。这说明模仿中国书院（或者说为了迎合中国士人）而产生的教会书院，随着中国书院历史的完结，也走完了它自己的道路。

三、教会书院的影响

教会书院是教会为了在中国顺利传播福音而建立的教育机构，它取名不用西方当时通行的学校、学院、大学等，而采用当时中国通行的"书院"之名，是自明末以来西方传教士认识、了解、认同中国文化的结果。为了传播福音于中国这一同样的目的，传教士十分重视在书院中用中文与汉语传教、教学，对此山东登州书院的创始人、美国传教士狄考文在 1890 年的基督教在华传教士大会上曾作专门论述。[①]用中国语言与文字传教的要求，使得来华的传教士必须首先学习了解中国文化，而学习了解的过程，实际上即是一种文化的交流。待到传教士在书院用中文向中国教徒和学生传教、授课时，传教士就成了中西文化联系的纽带，因而教会书院也就成了名副其实的融通中西文化的实体。代表西方文明主要精神的基督教教义与反映东方文明主体精神的儒家思想在这里相聚、相撞、相融，使得教会书院成为近代中国吸收西学的重要园地，为中西文化交流尤其是西学东渐做出了重要贡献。

谈到了教会书院的文化功效，我们必须首先看到它是西方殖民主义者侵华的产物，为西方在华的侵略利益服务，亦得到侵略势力的保护，使中国基督化这一口号反映了文化侵略的面目，这一点我们从前述其发展历史中就可看出。这是传教士的主观愿望所在，亦是教会书院的宗旨，从文化交流的趋势上看它是反动和消极的。

当然，这只是事物的一方面，另一方面，从客观上看，教会书院又有有功于中国文化发展的一面，概括起来讲，至少有如下几点：

---

① 狄考文. 如何使教育工作最有效地在中国推进基督教事业 [M] // 陈学恂.中国近代教育史教学参考资料: 下册. 北京: 人民教育出版社, 1987: 12–15.

第一，它将近代西方科学知识列入课程，是近代中国传播科学技术的重要基地。如属于中等教育的福州鹤龄英华书院的课程，除中英文《圣经》与中西文史等内容外，还有数学、代数学、几何学、身体学、体操、格物学、电学等。[①]属于高等教育的上海中西书院，其监院林乐知所订的《课程规条》定有有关近代科学知识的数学启蒙、代数学、勾股法则、平三角、弧三角、化学、重学、微分、积分、航海测量、天文测量、地学、金石类考（地矿）等课程。

第二，与其他教会学校一起，它是在中国学校最早开展科学教育的单位之一，编写了比较完整的科学教育教材，建立了科学实验室和附属工厂等，为近代中国的科学教育工作提供了经验。如狄考文在山东登州书院就编有《代数备旨》《形学备旨》（几何）、《振兴实学记》《理化实验》《电学全书》《电气镀金》《测绘全书》《微积习题》等，并建有物理、化学两个实验室，机械、发电两个工厂及天文台等。

第三，传播西医知识，开设新式医院。如上海圣约翰书院于光绪六年（1880）即设医学，派教士文恒理（H.W.Boone）主持其事。英国伦敦布道会于光绪十三年（1887）在香港设有西医书院，光绪十八年（1892）孙中山先生毕业于此，成为第一届学生之一。

第四，招收女生，开中国女子教育之先河。咸丰元年（1851），北美长老会在广州建真光书院，专招女生，民国时改为真光女中。光绪七年（1881），上海建有圣玛利亚女书院。上海中西书院虽不专招女生，但设有"女师教授女生课程"。

第五，教会书院从本质上看是移植到中国的西式学校，西式的管理（如

---

① 有关福州鹤龄英华书院规章制度，载邓洪波《中国书院学规集成》，上海：中西书局，2011年，第556—566页。

分班教学）、西式的课程、西式的教学方法（如培养思维能力）以及由此而构成的西方学校的气氛，对它原来模仿的对象——传统的书院——形成了一种压力，使其变通、改革，反过来模仿模仿者，最后走上了从古代向近代的过渡之路。

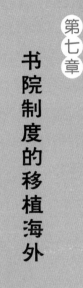

第七章

书院制度的移植海外

中国书院制度移植海外的历史始于明代，第一站是隔黄海、鸭绿江而与我国相邻的"东国"朝鲜。朝鲜书院最有力的倡导者，是有"东国朱子"之称的李滉，他提出了全面引进中国书院制度的建议。从此，中国书院走上了移植朝鲜之路，并由朝鲜而日本，而东南亚，甚至欧美地区，成为中外文化交流的纽带与桥梁。

走出国门的书院，从本质上讲，只是这一制度的输出或者说移植，它和中国本土的书院血脉相承，其基本的文化功效保持不变，但由于受移植时代、移植地区、移植人及其移植动机等诸多因素的影响，它和中国本土的书院又有着很多区别。一般来讲，这种区别依其大小可以划分为三类。第一类，在华侨聚居区，由华侨创建的书院，因为建院的主要目的是使侨胞及其子弟不忘根本，它和中国本土书院没有太多区别。第二类，在中国文化圈内的东亚地区，处在吸收中国文化的时期，其所创建的书院，从内容到形式都与中国本土看齐，但又不乏其自身的特点，如韩国书院注重祭祀，日本书院强调刻书出版等。而当这些地区转而学习西方时，它为中国留学生建立的书院就与当地受到西方教育制度影响的学校更接近了。第三类，在西方由西方人建立的书院，如意大利的圣家书院（文华书院），它的建立是为学习西方文化的中国人提供服务，其内容和形式离中国本土书院的距离相对来讲就要远一些。

第一节　走向"东国"：朝鲜的书院

在朝鲜历史上，"书院"二字连用始见于新罗末年，此时正当我国唐末五代之际。到李朝世宗元年（1419，明永乐十七年），颁布教令"其有儒士私置书院，教诲生徒者，启闻褒赏"时，[①] "书院"才成为一个独立的名词，并赋予教学功能。自此以后，朝鲜书院遂开始步入其 450 余年的发展历程。而这一段时间恰好在李朝（1392—1910），因此朝鲜书院的历史，实际上就是李氏朝鲜的书院史了。

一、朝鲜书院的三个发展时期

大致而言，朝鲜书院有祠庙和书斋两个源头。在援引中国书院制度，形成祭祀、讲学并重的"正轨书院"概念之后，才获得"比邑相望"的大发展。其发展进程，可以分为三个时期。[②]

第一个时期自世宗元年至明宗末年（1419—1567，明永乐十七年至隆

---

① 朝鲜《李朝世宗实录》卷二。
② 韩国•丁淳睦著《韩国书院教育制度研究》一书，虽为朝鲜文字，但知其书院总数为903所，历史也分作三期。唯第一期为16世纪，叫作"藏修优位时代"，含讲学、祀庙两个"胎动"时期；第二期为17—18世纪，叫"享祀优位时代"；第三期为19世纪，作"书院整备时代"。其划分时间和特点表述略有不同，可以参考。

庆元年），凡149年。是期又可分为两个阶段，第一阶段为中宗元年（1506）以前的87年。由于官学式微，朝廷转向支持和鼓励民间兴学，企望其能填补官学留下的空缺。这种情势，也就决定了朝鲜历史上最初的书院功能是纯教学的，而且是处于一种替补官学教育角色的地位。然而，在这一阶段，像我国明代初年那样，书院并没有大的发展，整个半岛上仅有9所书院。因此，这一阶段只能视作朝鲜书院的原初阶段。

第二阶段，自中宗元年至明宗末年（1506—1567，明正德元年至隆庆元年），凡62年，是朝鲜书院大发展之前的准备阶段。中宗（1506—1544）以降，官学进一步衰败，基本上已经丧失其培养人才的功用及其在公众中的声望。有识之士认为，"惟有书院之教盛兴于今日，则庶可以救学政之缺"。①另一方面，受宋明影响，形成了建立祠庙以崇儒尊贤的运动，各地纷纷为号称"东方理学之宗"的郑梦周、"远绍梦周之绪，深求濂洛之源"的金光弼、"东方文献之首"的崔致远等朝鲜儒家学者建祠，使"祠庙建立运动成为后世书院发展上有力的原动力"。正是在这种情形之下，才出现了教学与祭祀先贤两者兼具的第一所"正轨书院"——白云洞书院。于是，"负有教学与奉祀先贤的双重使命，而奉祀先贤尤为重要"的"正轨书院"的概念得以逐渐确立起来。②这种"正轨书院"，包括祠宇、祠、影堂、别祠、精舍、里社、里祠、影殿、庙、乡社、乡祠、堂宇、书院等14种名

---

① 李滉. 上沈方伯通源书 [M] // 退溪先生文集：卷九. 南京：凤凰出版社，2007.
② 金相根. 韩国书院制度之研究 [M]. 台湾：嘉新水泥公司文化基金会，1965：27.

目。据统计，朝鲜这种"正轨书院"计有 670 所。①"正轨书院"概念的确立，标志着朝鲜书院相对独立发展格局的改变，自此以后，中国书院对其发展及其制度的完善都表现出相当大的影响力。

白云洞书院创建于中宗三十六年（1541，明嘉靖二十年），祠祀安裕，集祠祀、教学、藏书于一体，被韩国学者视为朝鲜书院的源头、"嚆矢"，究其原因有三，一是祭祀先贤与教授生徒二者合一，二是以安辅、安轴兄弟配祀院中，开书院主祀先师之外，配享从祀或追祀先贤之先例，三是明宗五年（1546，明嘉靖二十五年）李滉请得赐额"绍修书院"，而开朝廷赐额制度之始。此后，由于重要制度的确立，加之以李滉为代表的一大批儒家学者倡导于下，朝廷褒扬于上，第二阶段这 62 年的时间内，就新建了 22 所书院，比前一阶段增加 2.4 倍还多，显示出明显的上扬趋势，它预示着书院将在朝鲜走上蓬勃发展的道路。

第二个时期，自宣祖元年至景宗末年（1568—1724，明隆庆二年至清雍正二年），凡 157 年。这是朝鲜书院的大发展期，新建书院 582 所。书院之所以大盛，主要原因有两个。首先是由于官府的提倡，具体表现在如下几个方面：第一，朝廷大量赐额。这种"赐额书院"，也和我国的"赐额书院"一样，比一般书院多了一道"护身符"，其地位亦高出一般，而享有一种荣耀。官府充分利用它来鼓励、褒扬书院，大大刺激了书院的发展。第二，颁赐田土、布谷等，并免除所有学田的赋税。书院因此成为一个自给自足的经

---

① 书院总数，多少不一。韩国学者李春熙《李朝书院文库目录》（汉城：大韩民国国会图书馆，1969年，第17页）统计为650所；自丁淳睦《韩国书院教育制度研究》统计为903所之后，郑万祚《朝鲜时代书院研究》（集文堂，1997）、李树焕《朝鲜后期书院研究》（一潮阁，2001）、李海濬《朝鲜后期门中书院研究》（景仁文化社，2008）皆认同；李相海《书院》（悦话堂，1998、2002）作909所；而日本人渡部学统计又有680、674、650所等不同数字，谨此说明。为便于叙说，本文用金相根先生《韩国书院制度之研究》的统计，以下有关统计数字皆然，不再注释。

济实体，使得书院的发展获得了完全的经济保障。第三，允许书院拥有完全免役的院奴。院奴的设置及其免役的特权，是书院正常运行的有力保证。另外还有派遣官员主持祭祀，赐予祭品、繁文等。上有所好，下必行焉，因此形成了书院蓬勃发展的局面。

其次，地方儒林的热心创办，也是促成书院发达的重要原因。书院以教学与祭祀为两大事业，且尤重祭祀，各地士绅遂特别注意乡贤及先儒先哲的行踪，于其过化之地建院奉祀。这种热情受到政府的鼓励，遂使书院文化在朝鲜半岛盛行。

第三个时期，自英祖元年至高宗八年（1725—1871，清雍正三年至同治十年），凡147年，仅新建书院29所，是书院衰落并被裁撤的时期。书院兴盛之时，即隐藏没落之机，最大也最先出现的问题是"滥设""迭设"。同时，书院本身也出现了霸占土地，集敛院奴，勒索"祭需钱"，私征"院保"（一种税金），庇护罪犯，参与党争，以"儒通""清议"而干扰时政等种种弊端，对国家经济收入、兵役来源、社会安定都构成重大的威胁。书院既已步入没落之境，且无以为救，国家遂改变鼓励、扶持的政策，转而采取严厉的措施进行整顿。英祖十七年（1741，清乾隆六年），诏令"撤毁"书院300余所，[①]此为大规模撤废书院之始。高宗二年（1865，清同治四年），摄政的大院君力排众议，撤废素有"书院之魁首"的东万庙，开始了全面的撤裁行动。高宗八年（1871，清同治十年），终于发布"文庙从享人以外的书院及迭设书院，并为毁撤"的诏令。[②]令下，全国除保存47所书院外，各地书院均遭强行撤毁。至此，作为一种制度，书院在朝鲜已经基本完成其使命而开始淡出历史舞台。

---

① 朝鲜增补文献备考: 卷二百一十[O]. 朝鲜隆熙二年刊本.
② 朝鲜增补文献备考: 卷二百一十[O]. 朝鲜隆熙二年刊本.

二、朱熹及白鹿洞书院对朝鲜书院的影响

明宗五年（1550，明嘉靖二十九年），朝鲜理学大师李滉上书请求为白云洞书院赐书、赐额时称："惟我东国，迪教之方，一遵华制，内有成均、四学，外有乡校，可谓美矣。而独书院之设，前未有闻，此乃吾东方一大欠典也。"因此，"请依宋朝故事，颁降书籍，宣赐匾额"，倡建书院于"先正遗尘播馥之地"，"兴书院之教于东方，使可同于上国也"。①这无异于说，"东国"书院是模仿中国书院制度而形成、发展的。那么，朝鲜书院的发生、发展及其制度的完善是怎样的呢？又有哪些方面受到中国书院文化的深刻影响呢？这里我们以书院教育家朱熹及其经营的白鹿洞书院为例加以阐述。

在朝鲜，奉祀朱熹的书院至少有31所。而据金相根、丁淳睦等韩国学者统计，同时被10所以上书院奉祀的先贤中，朱熹排宋时烈、李滉之后，居第三位，其在朝鲜书院历史上的影响之大，由此可见一斑。具体而言，朱熹与白鹿洞书院对朝鲜书院的影响有如下几个方面：

第一，朱熹学说的传入、传播，继而成为指导李朝政治的哲学思想，为朝鲜书院的发展奠定了思想基础。李朝建立时，明太祖朱元璋立国才25年，正在大力提倡程朱理学，作为明朝属国的李氏朝鲜所接受的儒教思想，自然也就是集大成的程朱学说了。同时，李朝的统治者感到，新的官方思想的确立需要设立研究机构，而类似寺院式的儒教书院也就应运而生地取代了高丽寺院的地位。因此，我们可以说，朱子学说是这种"高扬招牌登场"的书院的思想先导。

第二，朱熹在白鹿洞书院的作为，尤其是他所作学规的传入，确立了朝

---

① 李滉. 退溪先生文集: 卷九 [M]. 南京: 凤凰出版社, 2007.

鲜教育史上兼具祭祀与教学两种功能的"正轨书院"的概念。不仅如此，由于李滉、黄仲举（俊良）等朱子学说学者的"考证"和"集解"，①《白鹿洞书院学规》的原则精神亦为大多数朝鲜书院所接受，成为指导其师生教学授受的普遍准则，从深层影响和规范着朝鲜书院的发展。在韩国 2019 年申报成世界文化遗产的九大书院的讲堂，我们还能看到嘉靖、万历年间朝鲜学者手书的《白鹿洞书院揭示》牌匾，其影响之深远，由此可见一斑。

第三，作为朝鲜书院嚆矢的白云洞书院，是仿朱熹的白鹿洞书院规制而建立的。朝鲜《明宗实录》卷十载："丰基白云洞书院，黄海道观察使周世鹏所创立，其基乃文成公安裕所居之洞，其制度规模，盖仿朱文公之白鹿洞也。凡所以立学令，置书籍田粮供给之具，无不该尽，可以成就人才也。"

第四，朝鲜书院的赐额制度，深受白鹿洞故事的影响。在朝鲜书院的发展史上，有一个重要的制度，那就是朝廷赐额。据统计，朝鲜有这种类型的书院 269 所，占总数的 40%，这种制度推动了书院在半岛上的蓬勃发展。而这种制度的形成也与朱熹有着渊源联系，《增补文献备考》卷二一〇《学校考九》载："明宗庚戌（1550，明嘉靖二十九年），文纯公李滉继莅本郡，以为教不由上，则必坠废，以书遗监司请转闻于上，而依宋朝白鹿洞故事，赐额颁书给土田臧获，俾学子修藏。监司沈通源从其言，启闻，赐额绍修书院，命大提学申光汉作记，仍颁'四书'、'五经'、《性理大全》等书。书院赐额始此。"

第五，朝鲜书院是儒家思想，特别是朱熹学说传入的产物，反过来，又为朱子学说的发扬光大做出了重大贡献。和中国书院一样，朝鲜书院既是

---

① 李滉与黄仲举曾多次通信讨论《白鹿洞书院学规》，松堂朴公曾刊印过《白鹿洞规集解》，这些还影响了日本学者。

教育场所，又是学术中心，培养了大批人才，使以朱子学说为主的儒学在朝鲜得到了长足的发展，出现了鼎盛之势。正如金相根所说："书院制度产生以前，儒学家们往往视政治与学术为一体而不分，自书院制度发达后，学者则以书院为乐园，舍政界而归书院，专心修治，使学术相当有限度地脱离政治而独立发展。结果，培育出徐敬德、李彦迪、金麟厚、李滉、曹植、奇大升、李珥、成浑、张显光等一批优秀的儒学家，而确立朝鲜儒学之体系。尤其他们受朱子的影响最大，对性理之论，树立空前绝后的成绩。故后人认为此期为朝鲜儒学之黄金时代。"①

三、中朝书院的异同

中朝两国的书院，因为渊源一脉和文化背景的区别，既有相同之处，显示其共性，又有不同之处，揭示其特性。首先，"韩国书院原系模仿中国书院制度"，故两者"类似或相同之点甚多"，主要表现在它们"同以儒家学说为中心，同以经典为教材，同为有组织之法团所设立的学校"等。

其次，两国的书院，因为存在着移植和被移植的关系，加之其所根植的文化土壤不同，它们又各有特点而存在着差异，其表现有六：第一，在中国，书院以教育为主，奉祀先贤为辅，在朝鲜则恰好相反。第二，中国书院所奉祀的先贤，"以德望崇高并于圣学有贡献为唯一或主要的标准"，而朝鲜则兼及事功有成就者。第三，两国书院虽均以儒家学说为中心，但在中国它不一定仅仅崇拜某一学派的学说，在学术上有着一定的开放性，如程朱理学、陆王心学、乾嘉汉学等都曾盛行于书院；而朝鲜则以朱子学派为宗主，对当时盛行于中国的阳明心学、乾嘉汉学基本上采取排斥的态度，有着相对

---

① 金相根. 韩国书院制度与儒家思想［J］. 孔孟月刊, 1965, 3（5）.

的学术保守性。第四，国家给予书院的特权与优待，朝鲜比之中国更多，如院田之免税、院奴之免役等，皆为中国书院所少有。第五，正因为国家对书院有一定的约束力，或者说书院对国家没有免税免役的特权，在中国它就不会发生广占田地、危害国家财政的弊端；朝鲜则产生了广收院奴而妨碍兵役的流弊。第六，由于学术的开放性等优势，中国书院大多接受新知，在清末改造成近代学堂，成为新旧教育的桥梁；而学术的保守性加以危及国家经济与安全的流弊和地处偏僻、规模较小等原因，导致了朝鲜书院几乎全部撤废的结局，在文化史上它不能像其母体的中国书院一样成为连接桥梁，承先启后，继续着历史的发展，而是基本上变成了一个句号，再加以日本帝国主义殖民侵略者的有意摧残，朝鲜书院的历史进程从此被打断，它本身也变成了过去那个时代文化制度的代名词。

第二节　走向东洋：日本的书院

清代开国，移植海外的书院就已经在朝鲜上演了一场持续近 80 年的大幕剧。顺治初年，东洋日本长崎、滋贺等地开始创建书院。雍正年间，书院又由外国传教士移植到西洋的意大利，由华侨移植到南洋的印度尼西亚等地。因此，中国书院在清代初年就形成了由东洋而西洋、而南洋这样一个移植海外的态势。

书院作为一种文化教育制度，也传到了一衣带水的近邻日本，但毕竟不同于"国家文物典章悉仿中朝"的朝鲜，日本并未全面推行书院制度。在室町时代（1338—1573）末期，日本出现了"书院"，当时它是指一种建筑样式，又叫作"书院造"，最初是作为武士的住宅设计的，室内全部铺上榻榻米，设有壁龛，日本现代住宅的形式即源于此。到江户时代，随着朱子学说、阳明心学的传入，中国"书院"的概念才在学者中流传。德川幕府第三代将军家光时代末（1640 年左右），有人开始把私塾称作书院，于是作为学校和作为出版机构的书院出现了。明治维新之后，随着日本的强大，留学东瀛的中国学生日多，书院又成为接纳中国留学生的教育机构。甲午战争中国失败之后，日本人把书院办到了中国本土，是为书院的回流。惜乎这一文化回流是伴随着日本殖民台湾地区并将台岛原有书院关停并改而进行的，它充满了痛苦。

一、作为日本学校的书院

日本江户时代的学校形态，大体上有寺子屋（初级教育）、私塾（初级教育和汉学教育）、乡学（初级教育和庶民的高等教育）、藩学（藩里武士子弟的教育）、官学（德川幕府直辖的最高学府昌平阪学问所）等几种，另外还有医学馆等专科教育机构。作为学校的书院，保守地估计，至少也有 81 所。这些书院作为江户时代的学校，以讲汉学为主，有些是阳明学派、朱子学派的基地，有些还教授医学知识（如顺正书院），兹择要介绍如下。

藤树书院　在近江国大沟藩高岛郡（今滋贺县高岛郡安昙川町上）小川村，原为讲学会所，宽永十六年（1639，明崇祯十二年），中江藤树（号顾轩，1606—1648）开始讲学其中，参照朱熹《白鹿洞书院揭示》制订《藤树规》，以为教学规章，从而问学者有 90 人，以至座不能容，乃新建院舍约 60 坪（198 平方米），分神儒合祀的祭坛、学舍等六间。新院舍于庆安元年（1648，清顺治五年）落成，命名为藤树书院，但就在这一年藤树逝世，书院的学术活动遭大沟藩藩主之禁而告停止。藤树先崇朱子学，后来转奉阳明之学并大加提倡，故有日本阳明学始祖之称。其学说由门人在止善书院传播。藤树书院是日本第一所冠以书院名称的私立学校，它作为阳明学派的基地而引人注目。

止善书院　又名止善书院明伦堂，在四国大洲藩大州（今爱媛县大洲市）城南，于延享四年（1747，清乾隆十二年）九月由大洲藩藩主加藤泰衒创建，属藩校性质的学问所，聘藤树的门人川田半大夫（1684—1760）传播阳明之学。书院后来传崇程朱之学。

鹤山书院　在佐贺藩多久邑（今佐贺县多久市），于元禄十二年（1699，清康熙三十八年）由邑主多久茂文创建，是属于乡学性质的学问所。其后书院又有东原精舍、东原庠舍之称。院中有圣堂奉祀孔子，有学田以供祭祀和教学经费，注意藏书，现在多久市乡土资料馆收藏的东原庠舍的教材上，就盖有鹤山书院的藏书印，院舍规模也比较大。到文化九年（1812，清嘉庆十七年），还增设上田町、笹原、志久等三所分校。院中设教授、助教、教谕兼学监各一人，指南员二至三人，稽古指南员八至九人，以及教导、宿舍监理等若干人，组织教学与管理。学生以家臣子弟为主，“农家商家的子弟有志者听任申请”入学。学生人数，明治初年达到270人。将朱熹的《白鹿洞书院揭示》和《敬斋箴》悬挂讲堂，用以训勉诸生。此外还制订了《教则》《东原精舍规则》《学科常规考试法及诸则》《内外生规约》等规章制度，以规范院中的教学。

引人注意的是，江户时代后期至明治年间，各书院的学术交流有加强之势，所讲之学由阳明而趋朱子，且有朱王合一的动向。四国林良斋的弘滨书院与兵库青溪书院的池田缉（草庵）来往甚密，往复问学；九州岛的楠本端山、楠本硕水在凤鸣、樱溪、犹兴等书院讲学，影响附近的西江、和合诸书院，且与兵库的青溪书院多有交流。这些都是值得关注的书院学术流变。

顺正书院　在京都洛东瑞龙山麓南禅寺旁，于天保十年（1839，清道光十九年）三月由著名兰医、儒者新宫凉庭创建。书院规模宏敞，规制完备，有大门、石门、正厅、学舍（生舍）、讲堂、祠堂、宣圣庙、燕居室、文库（藏书室）等建筑，房屋数十间，且辟有花圃、药圃。讲堂，又作讲习之堂、本馆，为院中最主要的建筑。玄关悬有新宫凉庭手书存养十五则、为医十五则横匾，实为教书育人的规章，有中国书院学规、条约之效。石门上刻大学头（祭酒）林柽宇所书"名教乐地"四字。学舍又叫诸生塾，与中国书院斋舍相似，为诸生自修之所。文库所藏或作"汉兰书籍"，或作"儒书医籍"，或称经史典籍，"经史百家，无一不备"，"可以使有志于学者入其院读其书"。①祠堂又作夫子庙、宣圣之庙，并祀宣圣、医祖，即孔子与炎帝，以彰示其儒学、医学并重的教学特点。除此之外，书院还置有学田若干顷，以作养士之资。其他还有越前侯、南部侯等赐赠年禄、年金、元金等各种资金六千七百余两，取其利息以作维持经费。②由此可知，顺正书院讲学有堂，祭祀有祠，研修有室，藏书有库，助学有田，其规模之大，讲学、藏书、祭祀、学田四大规制之完备，堪称日本书院之冠，而不逊让于中国一般书院。

顺正书院属新宫氏一家所有之私塾，组织结构比较简单，仅设山长、讲师。书院的教学与学术活动，大致分日常与临时两种。临时活动有名家访院讲学，因事聚会论学并以诗酒佐之，无规律可循。日常教学每月定期三次讲会，每次由山长、讲师分讲医书、经书。当时规定，每月三次升堂讲学，先医后儒，分开教授，且各有自己的专用教室，儒学教室张挂文宣王孔子之像，医学教室张挂医祖炎帝之像，营造教学氛围，颇具特色。至于儒学讲授的具体情况，限于资料，已难以详述。医学讲解汉医、兰医皆有，但以兰医

① 赖醇. 顺正书院记［O］// 新宫贞亮. 顺正书院记并诗·记. 日本明治二年刊本.
② 京都教育会编《京都教育史（上）》，东京第一书房，昭和五十八年（1983），第155页。

为主，课程分为生象、生理、病理、外科、内科、博物、化学、药物（性）入门，已是比较系统的西洋医学技术知识。

顺正书院虽然教授治人身病的医学知识与技术，但不能因此而将其仅仅看作是一所医学专科学校，因为"精于医而笃于儒"是新宫氏两代人坚守的传统，治人心病并进而治家国之病，上升到了作为终极追求的身后事业，故而顺正书院应该主要归列于儒家的"名教乐地"。明治维新后恪守儒家本位的顺正书院，面对泰西之学时，欲纳还拒，呈现出保守中的先进性与先进中的保守性。这说明，面对西方，同属东方的中日书院表现出一种文化的同一性；而此时此刻，善于吸收其他文化素养的日本顺正书院，相较于武昌两湖等中国书院而言，却有着先进半个世纪的时间差异性。

除此之外，我们在这里还要介绍一所具有典型意义的学校性质的日本书院——善邻书院，它建于明治学制实行之后，是中日书院文化交流的产物。

善邻书院　在东京，是一座历史悠久的中文学校，它是宫岛大八于明治二十七年（1894，清光绪二十年）从中国留学归国后创建的。宫岛大八自明治二十年开始到中国留学，一直师从名学者张裕钊。先是在直隶（今河北）保定莲池书院，后又辗转湖北武昌江汉书院、襄阳鹿门书院等，前后有八年之久，深得张裕钊学术与书法之道，回国之后创建书院，致力于中日友善事业和弘扬其师艺术技法，终成日本一大书法流派。20世纪80年代，善邻书院曾组团到北京、保定、武汉等地，进行张氏师生书法艺术品展览。1986年8月，日本的上条信山和中国书法家协会主席启功两位先生在莲池书院合作"张裕钊宫岛大八师生纪念碑"，1987年4月，张裕钊重孙张瑞娴女士从武汉到东京设立"张裕钊宫岛大八纪念室"，续写中日书院文化与书法艺术交流的新篇章。善邻书院办学至今，它是中日文化友好交流的历史见证。

二、作为出版机构的书院

中国书院有刻书的功能，"书院本"以精校、精刻、易行"三善"而闻名古今。在日本，则有专门从事图书出版的书院。这类书院不知起自何时，但至今仍在活动，成为日本出版队伍中的一员。据笔者从所见藏书目录中辑录所得，计有刀江书院、明治书院、开明书院、汲古书院、高桐书院、东方书院、日光书院等曾出版过图书。其中东京的明治书院比较典型，试介绍如下。

明治书院，从其院名我们就可以知道它创建于时当中国清代后期的日本明治时期（1868—1911），历史久远。昭和年间，它出版过不少文史著作，仅据笔者所见就有昭和四年（1929）出版的过岛地大等人的《天台教学史》，三十九年（1964）出版的川口久雄的《平安朝日本汉文学史研究》一书的增订本，四十六年（1971）出版的利光三津夫的《律的研究》。

以上书院的出现及其至今仍在出版图书的事实，似乎可以说明，中国书院的刻书功能在日本得到了强化，形成了专门从事图书出版的书院，或可视作书院制度于本土化过程中形成的日本书院的特点之一。

三、作为留学教育机构的书院

这类书院出现在明治维新之后，尤其是甲午战争激发中国青年东渡扶桑学习强国富民之术，留日学生日渐增多之时，富有代表性的有东京亦乐书院、东京同文书院等。

东京亦乐书院，是明治三十二年（1899，清光绪二十五年）日本教育家嘉纳治五郎创建，专门接纳中国留日学生的教育机构。①其时，日本已经完成学习西方的明治维新，迅速强大起来，并刚刚打败大清帝国（1895）。甲午战败，使中国士大夫阶层普遍感到非学习西方开始近代化进程不可，同文同种的日本自然成了中国人学习西方的榜样，他们纷纷渡海东瀛，开始了救亡图存的探索。亦乐书院正是在这种背景下应运而生的，它是中国士人学习日本的直接产物，是中日文化交流在新形势下的一种体现，也可以看作是中国人通过日本学习西方，亦即中西文化交流的机构。当时，留学东洋的中国青年很多，类似这样的书院在日本不少，兹以东京同文书院为例，介绍其运作情况。

东京同文书院，明治三十五年（1902，清光绪二十八年），日本东亚同文会创建。创建伊始，即制订了《东京同文书院章程》，②确定其办学方针与方法。该章程分名称、宗旨、体制、肄业年限及课程、学年及学期、入学退学之例、考试、学资、寄宿舍、补录等十章，共三十七条。书院以"专招清国留学生，授以各专门学校预备之课程"为宗旨，设院长、总教习、干事各一员，学监、书记若干员，共同管理院务。其中院长"总理院中诸务，外则为本院之代表"；"总教习承院长之命总辖教育之事，并指挥各教习定其分任之课程"；"院长或聘或辞，东亚同文会会长主之"，总教习以下各职的辞、聘，则"由院长申明东亚同文会会长另定"。可见东亚同文会在这里有绝对的权威。

---

① 黄新宪. 中国留学教育的历史反思 [M]. 成都: 四川教育出版社, 1990: 248.

② 陈谷嘉, 邓洪波. 中国书院史资料 [M]. 杭州: 浙江教育出版社, 1998: 2586–2587.

四、日本在中国创办的书院

日本在中国本土创办书院，始于甲午战争打败中国并签订不平等条约，其主角是东亚同文会和日本台湾总督府、关东军，时间持续到 20 世纪 30 年代末，其间中国已经完成了教育的现代化，书院已改制为现代学校。

日本割占台湾之后，实行殖民统治，在文化教育方面采用两手控制的方法，在关停并改台湾原有的数十所书院，推行日语教学的同时，又利用闽台血缘关系，在"书院"的招牌下，对流寓福建的台湾民众进行所谓"籍民教育"。在厦门创建了东亚书院（1899—1910）、旭瀛书院（1908—1932？），在石码创建了瀛夏书院（1903—？）。这些书院和其他一些以学堂、学校名称注册的机构一起，组成日本的"籍民教育"体系，在日本领事馆尤其是台湾总督府的领导下开展教学。书院设有日语、英语、汉语、理科、博物等课程，也请中国教师上课，客观上有益于中国教育的近代化和中日文化交流，但从本质上来讲，它仍是一种殖民教育。

1904 年 5 月，在日俄战争之后，日本关东军占领大连地区，原建于乾隆三十八年（1773）的金州南金书院，被其改建为南金书院民立小学堂，后扩建改名为关东公立学堂南金书院，设置堂长，推行殖民教育。直至1945 年 8 月日本投降，才停止办学。①

东亚同文会主导的书院，有一个演进过程。东亚同文会成立的次年，会长近卫笃麿访华，在南京拜会两江总督刘坤一，商讨在中国设置书院的事宜，得到刘的赞同。1900 年（即日本明治三十三年，清光绪二十六年）5

---

① 日本·嶋田道弥：《满洲教育史》（东京，青史社，1982），《旧殖民地教育资料集五》，第139—141页；葛坤等：《南金书院恢复成立》，载《兰台》，2000年第6期。

月，创办南京同文书院，聘请同属"兴亚论"者的根津一为院长，主持院中事务。次年五六月间，院方先后公布《创立南京同文书院要领》《南京同文书院课程表》《同文书院南京分院章程》《同文书院南京分院普通科功课表》《同文书院南京分院教授纲领》等文件，[①]书院建设步入正轨。不久，义和团事起，为避战火，书院迁至上海，改名为"东亚同文书院"，院长仍为根津一。1939 年，书院由专科学校升格为大学，再度更名为"东亚同文书院大学"。1945 年，日本战败投降，上海东亚同文书院大学关闭。1946 年，书院同仁在日本爱知县丰桥市组建爱知大学，仍以建设日本"中国学"为努力方向，此则是后话。

上海东亚同文书院是以研究中国现状为专务的学校，它以"论述中外实学，培育中日英才，建立中国富强之根基，加强中日友好互助"为办学宗旨。[②]学生从日本各府县招考，每府县分配 2 个名额，自创办至关闭，40 余年共招生 5000 余人。学制 3 年，学生享受公费待遇，主要教授汉语以及中国历史、政治、经济等课程，在日本青年中有较高声誉，号为"梦幻的名牌大学"。

上海东亚同文书院最大的办学特色是，组织历届学生对中国各地进行实地调查。这种考察活动从 1901 年开办的第一届开始，到 1945 年的第 45 届结束，长达 40 余年之久。每届学生用三个月至半年不等的时间，数人一组，获得中国政府的许可证，到各地踏查。45 年时间，书院全部 5000 余名学生参与该项活动，旅行路线 700 余条，遍及除西藏以外的中国所有省区，甚至还涉足东南亚和西伯利亚地区。调查内容包括地理、工业、商业、政治、

---

① 以上各南京同文书院文件，载邓洪波：《中国书院学规集成》，上海：中西书局，2011年，第201—206页。

② 日野晃. 上海东亚同文书院大旅行记录·解题［M］. 北京：商务印书馆，2000：20.

社会结构、地方行政、风俗民情、语言等各个方面，非常广泛。其成果除了学生个人整理旅行记录作为毕业论文的调查报告书之外，还有各旅行小组的纪行性质的《大旅行志》，数量巨大。20 世纪的前 50 年，中国社会发生了巨大的变化，书院近半个世纪不间断的实地调查，以第一手素材，提供了当时社会经济、政治、风俗、文化等各个领域的宝贵的实录性资料，对我们研究、了解这一段历史具有重要的参考价值。

应该指出的是，书院的调查在 1936 年以前以商事为主，之后以军政较多。书院还参与了日本对中国的侵略战争，如南京大屠杀期间，东亚同文书院的图书馆馆员、学生就参加了掠夺南京地区图书文献 88 万余册的行动。[①]这是时代的烙印，也是中日书院文化交流中应该吸取的历史教训。

日本东亚同文会在中国各地支部也有设置同文书院者，他们以"复维新，兴中国，保黄种"相号召，[②]以日本人主持院务，所招学生以中国人为主，这与上海的同文书院稍有不同，有关情况值得注意，兹以广东东亚同文书院为例，简略介绍。

广东东亚同文书院，在广州宝庆新街，于清光绪二十五年（1899）由日本东亚同文会广东支部创办，支部长高桥谦任院长、原口闻一为总教，邓逢清、田野橘次、熊泽纯任教习，另设评议员，由中国士绅邓家仁、梁肇敏、盛景熙、陈芝昌、陈连生、陈兆煌、罗维东、邓纯昌、邓紫垣、朱祖昌、陈栋元、冯绍基、黄汝驹、梁庆福、邝国元、莫伯伊、朱云表充任。首届定额招生 30 人，开馆日期定为十月初一日，学生年龄限于 15 至 30 岁，须略通中文。以后每年秋季招生，每届均为 30 人。学制定为 3 年，第

---

① 李彭元. 南京大屠杀期间日本对南京文献资料之掠夺［J］. 江苏图书馆学报. 1999, 4.

② 罗维东. 同文书院缘起［M］// 邓洪波. 中国书院学规集成. 上海：中西书局，2011：1329–1330.

一、二年为普通课，分中文、东文两类，前者包括《四书》《左传》《淮南子》《近思录》《尚书》《韩非子》《管子》《孙子》，以及策论、作文、书牍记事等，后者包括东语、东文翻译、万国地理、万国略史、算学、物理学、生理学、化学。第三年为高等课，东文类包括文明史、商业史、教育学、理财学、性理学、行政学、军制摘要、战时国际公法、社会学，中文类则有《易经》《荀子》《墨子》及作文、策论等，另外开列《通鉴辑览》《东华录》《皇朝史略》《续国史略》《朔方备乘》《天下郡国利病书》《通考详节》《皇朝通考》《经世文编》《经史百家杂钞》《大清会典》和《吏部则例》等为自学书目。学生毕业，发给文凭，并添注所学课程，以便荐往别处，充当教习及翻译。

第三节　走向西洋与南洋

一、朱熹《白鹿洞书院揭示》在日本的影响

朱熹及其《白鹿洞书院揭示》最能反映中国书院在日本的影响，于此可见中国书院制度移植东洋的大致情况。

《白鹿洞书院揭示》传到日本有不同的途径，通过朝鲜学者传输是其中的重要一途。日本庆安三年（1650，朝鲜孝宗庚寅年，清顺治七年），日本京二条通本屋町刊刻朱子学者山崎嘉（闇斋）的《白鹿洞学规集注》，前有山崎嘉的自序，其称：《白鹿洞书院学规》"明备如此，宜与《小（学）》《大（学）》之书并行。然隐于夫子文集之中，知者鲜矣。嘉尝表出揭诸斋，潜心玩索焉。近看李退溪（滉）《自省录》，论之详矣。得是论反复之，有以知此

规之所以为规者。然后集先儒之说，注逐条之下，与同志讲习之。且叹我国《小》《大》之书家传人诵，而能明之者盖未闻其人，是世远地去之由乎？虽然，若退溪生于朝鲜数百载之后，而无异于洞游面命，则我亦可感发而兴起云。"①享保十六年（1731，朝鲜英祖辛亥年，清雍正九年），日本刊印朱子学者安正的《白鹿洞书院揭示考证》，后附安正识语云："甲子之冬讲《揭示》，因考证事实如此，而附以正学之赞、退溪之书云。"②由此可见，"朝鲜朱子"李退溪在《自省录》中与学者反复讨论《白鹿洞书院学规》之事，对日本学者传播朱学和书院文化于日本，多有启导之功，而日本不同学人在不同时期都提到李退溪，也反映出他们通过朝鲜学者认识、了解白鹿洞学规精神的事实。

山崎嘉的《白鹿洞学规集注》以中文刊行，旁注日本假名。条文之下，用双行小字标明"孔子之语""董子之语""程子之语"等，以明其由来有自，并有"此所谓絜矩之道也"等按语，比较简单，全书只有11页。安正的《白鹿洞书院揭示考证》33页，也是以中文刊行，旁注假名，以利日本读者阅读。所谓"考证"，是将一些与朱熹修复白鹿洞书院相关的诗文碑记等历史文献按时间先后排比在一起，间有一些注释性文字，则用小字双行刊出。这些文献主要是朱熹的《申修白鹿洞书院状》《白鹿牒》《洞学榜》《白鹿洞赋》《白鹿洞成告先圣文》《白鹿讲会次卜文韵》，吕祖谦的《白鹿洞书院记》等，皆是朱熹修复白鹿书院讲学的原始记录，意在"考证其事实如此"，与制订《揭示》并无直接关系。所附方希直《白鹿洞规赞》，李景浩《答金而精书》，李滉《答黄仲举（俊良）论白鹿洞规集解》《重答黄仲举》等，当是李氏朝鲜学者对《揭示》本身的讨论和有关在朝鲜如何推广的

① 邓洪波.中国书院学规集成［M］.上海: 中西书局, 2011: 1910–1911.

② 日本·安正:《白鹿洞书院揭示考证》，第33页，藏华东师范大学图书馆。

见解。这本书是安正"甲子之冬"为日本朱子学者"讲《揭示》"的副产品，笔者所见为淳保十六年（1731）刊本，当年次岁辛亥。由此上溯的第一个甲子年，为日本灵元天皇贞享元年（1684，清康熙二十三年），第二个甲子年，为后水尾天皇宽永元年（1624，明天启四年），以日本最早的书院出现在1640年左右推断，安正讲解并考证《白鹿洞书院揭示》的时间当在贞享元年冬。自贞享元年至淳保十六年，其间近60年时间，日本学者还在刊印其书，传播着朱熹《白鹿洞书院揭示》的教育理念，可见其影响之深远与持久。

《白鹿洞书院揭示考证》刊印当年在京都、东京、大阪三地的12家"书林"同时发行，销量较大，流传亦广，以致256年之后的1987年10月，笔者尚能在长江口的上海华东师范大学图书馆古籍阅览室中翻检得到，同时看到的还有刊于337年前的《白鹿洞学规集注》。此所谓同文同种，无古今之分，无国界之限，同在朱子教育理念的观照之下，倍感亲切。尤其是看到山崎嘉"若退溪生于朝鲜数百载之后，而无异于洞游面命，则我亦感发而兴起云"的议论时，更是感慨万千！呜乎！若循此友好交流之途，何至有后来的中日交恶，生灵涂炭。以史为鉴，此一例也。

继山崎嘉之后，日本有很多学者注释《白鹿洞书院揭示》的著作出版，据平阪谦二先生统计，约有70种之多，实际上，应当还有更多流传下来的文献没有被发现。如本人2002年12月应日本国立福冈教育大学教授鹤成久章先生之邀访学日本一月，仅在九州大学图书馆就发现三种不同的版别：文久二年（1862，清同治元年）壬戌正月吉邨骏抄本《白鹿洞书院揭示》，广岛"读我书楼稿本"《白鹿洞书院揭示》，刻本《学规》，实即《白鹿洞书院揭示》，刊刻人及刊刻地不详。

以上是日本学者研究、传播《白鹿洞书院揭示》的一种情形。除此之外，就是上文提到的称作日本学校的一些书院直接使用朱熹的这一学规规范院中诸生。明确记载悬挂了《白鹿洞书院揭示》的就有鹤山书院、怀德书院。不仅如此，一些不称作书院的学校，也以朱熹的学规来教训生徒，如馆山藩藩校敬义馆，就出版过《白鹿洞书院揭示》；前桥藩藩校博喻堂条约，就是"扁朱子《白鹿洞书院揭示》，所以为学则也"；安中藩藩校造士馆，悬《白鹿洞书院揭示》；佐野藩藩观光馆，正月廿日午前九时开校，职员、诸生等礼服登场，教授《白鹿洞书院揭示》；吹上藩藩校学聚馆，以朱子《白鹿洞书院揭示》之目为准的；弘前藩藩校稽古馆，在开学仪式上朗读《白鹿洞书院揭示》；福井藩藩校明道馆，正月九日开讲仪式，由教官讲《白鹿洞书院揭示》；新发田藩校道学堂，讲堂悬《白鹿洞书院揭示》，每月八日午时前，讲释《白鹿洞书院揭示》；筱山藩校，以《白鹿洞书院揭示》为讲堂规则。①而且好多地方是数百年沿用不变，平坂谦二先生在读中学的五年间，就"每天齐颂《白鹿洞书院揭示》"②，正是在"揭示"的感召下，他在退休之后投入到了研究中日书院的行列。于此，可见朱熹及其学规深远影响之一斑。③

日本学者还创造性地运用《白鹿洞书院学规》的精神，结合日本的实际情况，推出了具有自身特色的新学规，藤树书院的《藤树规》就是典型的例证。此规制订于宽永己卯年（1629，明崇祯二年），谨引全文如下：

大学之道，在明明德，在亲民，在止于至善。

朱子曰："尧舜使契为司徒，敬敷五教者；父子有亲，君臣有义，夫妇

---

① 参见日本·文部省总务局《日本教育史资料》第一册、第二册相关页次［东京，昭和二十三年（1948）版］。

② 平坂谦二. 被称作书院的日本学校［M］// 朱汉民，李弘祺. 中国书院：第一辑. 长沙：湖南教育出版社，1997：260.

③ 日本九州大学中国哲学史讲座教授柴田笃先生《〈白鹿洞书院揭示〉与江户儒学》［载《中村璋八博士古稀纪念东洋学论集》，东京：汲古书院版，平成八年（1996）］，对此也作出了积极的评价。

有别，长幼有序，朋友有信也。"愚按：三纲之宗旨壹是，皆以五教为定本，而其所以学之术，存养以持敬为主，进修以致知力行而日新，其别如左：

畏天命，尊德性。

右持敬之要，进修之本也。

博学之，审问之，慎思之，明辨之，笃行之。

右进修之序。学问思辨四者，所以致知也。若夫笃行之事，则自修身以至于处事接物，亦各有要，其别如左：

言忠信，行笃敬；惩忿窒欲，迁善改过。

右修身之要。

正其义不谋其利，明其道不计其功。

右处事之要。

己所不欲，勿施于人；行有不得，反求诸己。

右接物之要。

原窃惟今之人为学者，惟记诵词章而已。是以吾道之所寄，不越乎言语文字之间。愚尝忧之也深，故推本圣人立教之宗旨，而参以《白鹿洞规》，条列如右，而揭之楣间。庶几与一二同志，固守力行之也。

宽永己卯四月二十一日。[①]

虽然，藤树先生在制订此规之后的第二年，看到王阳明高足王畿（龙溪）编定的《语录》，开始倾心于阳明学，并在此后的第六年得到《王阳明全集》之后，改换门庭，不再信奉朱子之学，并最终成为日本阳明学的始祖，但它作为其重要的思想历程轨迹，其"参以《白鹿洞规》"，"推本圣人立教之宗

---

① 中江藤树. 藤树先生全集：卷之三[M]. 京都：内外出版社，1928: 17–19.

旨"的努力，值得铭记，它是朱熹《白鹿洞书院揭示》影响日本的重要历史见证。

二、走向西洋：意大利与美国的书院

自雍正年间开始，中国书院由外国传教士移植到了西洋意大利，而到光绪年间，中国侨民又将书院办到了美国旧金山。因此，西洋书院实际因为举办者不同，而可分为两种类型。

1. 意大利那不勒斯文华书院

外国人移植中国书院的一个重要原因是，想将其作为中西文化交流的管线。外国传教士1818年在马六甲创建的英华书院、1823年在新加坡设立的新加坡书院、1839年在印度尼西亚巴达维亚设立的中国书院等都很有名，而这方面最典型的代表是意大利那不勒斯城的圣家书院。圣家书院亦名圣家修院，又名中国学院（Collegiodei Cinesi），中国人则称其为文华书院。

文华书院的创始人是马国贤（1632—1745）。马国贤原名Matteo Ripa，意大利天主教布教会（一作传信部）教士，清康熙四十八年底（1710年1月）抵达澳门，次年奉召北上，以画家身份进宫，成为中国皇宫画师，以长于雕琢绘塑而得康熙皇帝器重。他热心传教，并主张培养中国籍神职人员，于康熙六十一年（1722）在北京为罗马布教总会设立了第一个机关。次年，雍正皇帝登基，他请求辞职回国，得到批准之后，遂于十月（1723年11月）带着谷文耀等四名中国学生西行返国。回国八年之后，终于征得罗马教皇同意，在那不勒斯（Napoli）创建培养中国人的书院，自任总管，直至1745年（乾隆十年）逝世为止，可谓将毕生精力奉献于书院建设。书院最初以专收中国留学生为目的，后来兼收有志到远东传教的西方人、土耳其人。经费由教会负责，学生毕业后授予学位。书院自创办至 1868 年（清同治七年）被意大利政府没收，历时 137 年（1732—1868），前后总共招收中国学生 106 人，[1]其中还不包括 1868 年转学的 3 人。据记载，同治年以前中国赴欧洲留学的共有 113 人，其中 91 人（不包括同治之后去的 18 人）在该院肄业，占这一时期旅欧留学生总数的 81%，余下的 19% 则散居意大利罗马、葡萄牙里斯本、法国巴黎等地的学校。[2]从以上这些数据，我们可以看出文华书院在早期中国留学史、中西文化交流史上的重要地位。

　　关于文华书院的文化意义，1869 年（清同治八年）文华书院院长、湖北人郭栋臣在那不勒斯印行其所编纂的《中华进境》一书，可以具体说明。该书内容包括《三字经》《忠经》《四书》（但其中的《孟子》只有一句），以及《左传》的《郑伯克段于鄢》、王羲之的《兰亭序》、陶渊明的《桃花源记》、韩愈的《原道》等九篇古文。还附有中国历代帝王国号歌、三皇歌、五帝歌等。目录则为中意文对照。此书至今仍藏于意大利国家图书馆，于 2002 年被访学的周振鹤先生发现。且该书的存在，也可以证明同治七年（1868）文华书院被意大利政府没收的说法有误。应该说，由外国传教士移植于意大利的这所书院，经过百余年发展之后，到晚清时期在中国人的经营下，仍然活跃于意大利社会。光绪年间，岳麓书院山长王先谦作《五洲地理志略序》时，曾不无骄傲地提到这所书院。其称："本朝统一胡汉，地尽中区。康熙间，负版不增，域名无界，贸迁达于殊方，重译重于庭户，敕建文

---

[1] 一说该院有150年历史（1732—1882），培养了106位中国教士，即到光绪八年（1882）才结束。秋叶《英国离中国有多远？——漫谈访问英国的几位中国先驱》（载《中华读书报》，2003年6月18日第19版）就持此说。以下同治八年（1869）该院仍在出版图书的记录，也证明同治七年（1868）的没收说有问题。

[2] 周谷平. 明清之际来华耶稣会士与西方教育的传入 [J]. 华东师范大学学报（教育版），1989，3.

华书院于今之意大利。大圣人洞瞩几先，量包无外。自上古以来，未有规模宏远若此者也。"①

2. 美国旧金山大清书院

大清书院在美国西海岸的旧金山（San Francisco）。旧金山为在美华侨聚居之地，光绪年间，在清政府的支持下，华裔士绅公议创建书院于沙加缅度街 777 号阁楼上，以不忘故国，乃取当时中国国号"大清"为院名。

书院设正副教习主持教学，一般在国内聘请有功名的学者如举人、秀才等充任。日常经费主要由清政府津贴，肄业生徒每月另交纳五角钱学费以资补助。常年招生五十至六十名，分两班上课。教学内容与国内一般书院相同，以"四书""五经"等儒家经典为主，亦杂以科举时文，故未脱离传统文化的教育轨道。上课时间，因为华侨学生白天要到远东学校学习英文等课程，并规定每星期一至星期五下午四点半至九时为授课时间，因此只有把星期六远东学校整天无课这一天，定为书院的授课时间。从上午九时至下午九时进行授课，由此可见，大清书院的主要任务，就是为那些侨居海外的华裔子弟补习国学，使其身在异域而心怀故国。

兼习中西的书院生徒，多数仍像其父辈那样侨居或服务于海外，也有一些则返国归家，为交流中西文化做出了贡献。如张爱蕴，光绪十八年（1892）曾肄业于大清书院，后来回国，考入两广学堂，继续深造。

光绪三十二年（1906），旧金山大地震，原院舍毁坏，侨众利用清政府的救济款建中华总会馆大厦于士德顿街，遂将书院迁至大厦，重开课程。光绪三十四年（1908），清廷派内阁侍读梁庆桂偕举人曹勉到美考察，并留曹氏主讲于大清书院，鼓励兴学，推动全美华侨华文教育向前发展。此后，大

---

① 王先谦. 葵园四种：虚受堂文集：卷六［M］. 长沙：岳麓书社，1986：120.

清书院一直兴学不断，并成为美洲各地华文教育机关的一个典型。辛亥革命胜利后，大清书院改名为中华侨民公立学校，历经演变，现名中华中学。像国内大多数书院一样，它完成了新旧学制的过渡，汇中西学于一体，从古代走向了近现代。

三、走向南洋：东南亚的华侨书院

华人移居海外的历史很长，但华侨书院的出现则是清代才有的事情。最早的华侨书院是印度尼西亚巴达维亚的明诚书院，它创建于清雍正七年（1729），首开海外华人教育之先声。马来西亚华侨在光绪年间创建的槟城五福书院、吉隆坡陈氏书院，至今仍有活动，是马来华侨的精神家园与文化象征。[①]

在东南亚的华侨书院中，新加坡的萃英书院是最典型的例证。清咸丰四年（1854），著名闽籍侨领陈金声创办，以期萃集人才，广罗精英，故名"萃英"。咸丰十一年（1861），刊立院碑，对在"英酋"管辖之下创建、为我"唐人"服务的书院的缘由，以及院中设施等都有介绍，是迄今为止我们所辑录到的唯一一块华侨书院碑记，十分珍贵，兹将全文引录如下：

> 我国家治隆于古，以教化为先；设为庠序，其由来久矣！然地有宽严之异，才有上下之殊。立教虽属无方，而讲学尤宜得所。信乎士林之攸归，在乎黉宇之轮奂也！
>
> 新加坡自开创以来，士俗民风虽英酋之管辖，而懋迁之有无实唐人之

---

① 吉隆坡陈氏书院情况，参见《隆雪陈氏书院宗亲会创办一百周年纪念暨书院落成九十周年院庆纪念特刊》，1996，吉隆坡刊印。

寄旅。迄于今，越四十有年矣。山川钟灵，文物华美。我闽省之人，生于斯聚于斯，亦实繁有徒矣，苟不教之以学，则圣域贤关之正途，何由知所向往乎？于是，陈君巨川存兴贤劝学之盛心，捐金买地愿充为庠序之基，欲以造就诸俊秀，无论贫富家子弟咸使之入学。故复举十二同人共勷董建；且又继派诸君，以乐成其美，择日兴工，就地卜筑，中建一祠为书院，崇祀文昌帝君、紫阳夫子神位，东西前屋建为院中公业，经于咸丰甲寅年（1854）工成告竣，因颜其院曰"萃英"。

盖萃者聚也；英者英才也。谓乐得英才而教育之。每岁延师，设绛帐于左右，中堂讲授，植桃李于门墙。

夫莫为之前，虽美弗彰，莫为之后，虽盛弗传。今者陈君巨川能首行义举，倡建学宫，不惜重金买地为址，而十二君曾举荐、陈振生、杨佛生、林生财、许行云、陈俊睦、梁添发、薛荣樾、曾得璋、洪锦雀、陈明水、薛茂元又能同心好善，鸠工经始，以乐观厥成。且也都人士亦能接踵其美，输财以助讲贯之需。其好善之心，上行下效，若影之随形，如响之和谷，诚有不期然而然者，岂非一举而三善备哉！他日斯文蔚起，人人知周孔之道，使荒陬遐域，化为礼义之邦，是皆巨川君与十二君以及都人士之所贻也！后之问俗者，亦将有感于斯举之高风，故为之序，且复列买地筑舍并捐金诸芳名于贞石，以共垂于不朽云耳。[①]

书院创建之后，陈氏又会同公绅制订《义学规条略》，确定了书院的义学性质、办学方针、择师和招生的条件及办法等，其中规定：择师"必求品学兼优，凡有嗜酒洋烟及事繁者勿聘"。聘任之前，"例将条规送阅，能如约

---

① 萃英书院碑文［M］//梁元生.宜尼浮海到南洲——儒家思想与早期新加坡华人社会史资料汇编.香港：香港中文大学出版社，1995：26-27.

者方送关书"，聘请到院主讲。华侨"无论贫富子弟，咸使之入学"，对"极贫而天资颖异"的学生实行优待。教学内容为《孝经》、"四书"、"五经"、中国珠算、格致之学，及以洒扫进退应对为主的儒家礼仪等。教学授受以福建方言进行，诸生"来学，先读《孝经》，次读'四书'"，每月逢初一、十五日，掌教"须将（中国皇帝）圣谕及孝悌忠信诸政事明白宣讲，冀其心体力行"。这说明它和当时国内普遍存在的书院是基本一致的，没有脱离中国古代传统教育的轨道，而只是将它带到了异国他乡。至于将珠算课程立为必修课，也反映了以经商为主的华侨教育特色。

从某种意义上讲，清代出现的华侨书院是宋代侨民书院的延续，所不同的是"去乡"与"去国"其距离相差太大。去乡者虽不免孤单，但所处的文化环境则无任何改变，时时可以找到一种心灵的安慰。去国者则不然，在孤游海外的寂寞中，更时时有一种浮悬于异族文化氛围之中而不得着地的失落感，即一种心灵的孤寂。这种差别，决定了华侨书院的首要任务是传播其母体文化，发扬中华数千年文明于海外，使侨民获得一种心灵深处的抚慰，此其一。其二，现实生活的需要，又逼迫华侨适应当地文化，获取谋生的本领，这样，华侨书院又成了吸收海外文明的管线，成为联系中外文化的桥梁。于是，文化的双向传导，就成了华侨书院最明显的文化功效及其区别于侨民书院的显著标志。

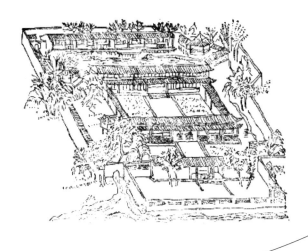

第八章

晚清：书院的改革与改制

19 世纪后期 40 年，即清代同治、光绪年间，以新增 1233 所书院的超高速发展，创造了书院 1300 多年历史上从未有过的辉煌。而且，它追随时代的步伐，努力适应社会日益增长并激剧变化的文化教育需求，引入"新学""西学"作为研究与教学的内容，快速改变、改造、改革自身，开始了其由古代走向近代、现代的历程。然而，正当改革推进之时，朝廷下达了更为激进的改制诏令，全国书院被强令在短期内改为大、中、小三级学堂，匆忙中，古老而悠久的书院走向现代，在改制中获得了新生。

第一节　传统书院的改革

同治、光绪年间的书院改革，实际上包含着改造传统的旧书院和创建新型书院这样两个层次。总的来讲，书院的改革既有西方列强瓜分中国而带来的国家、民族危亡的外部压力，也有积弊太深而不得不变的内在原因。当国家面临被西方列强瓜分，而有亡国灭种的危险时，书院还在津津于八股时文，还在衰败沉沦，不能满足国家培养救亡图存人才的急切需求。"乃观中国一乡一邑，书院林立，所工者惟文章也，所求者乃科举也，而此外则别无所事。……今日四邻日强，风气日变，泰西诸国各出奇技淫巧以赚我钱，而我之八股五言曾不足邀彼一盼，试问制艺能御彼之轮舰乎？曰不能也；能敌彼之枪炮乎？曰不能也。自知不能而尚不亟思变通，是犹讳病忌医，必至不可救药也。"①这是社会底层的议论，来自光绪十九年（1893）所刊《格致书院课艺》之中，书院生徒的见识，似乎更可以代表当时的舆论。

书院的改革，针对书院存在的弊端而来，究其内容，主要有二：一是将无裨实用的科举之业，一变为经世致用之学，二变为新学、西学；二是重订规章，削减、限制官府权力，引进士绅等民间力量加入管理队伍，从制度上保证所聘山长为学行兼优之人，可以师范诸生。

经世致用原本是一个古老的传统。从研经治史、博习词章出发，阮元在嘉庆、道光年间创立诂经精舍、学海堂，就是以此为旗帜而号召学林的。它以去科举化为目标，以研究经史实学、通经致用为特点，因而也就成了清代书院的优良传统。到同光时期，很多地方沿用而光大这一新传统，并由此出发，继续着改革的历程。最能说明问题的要算长沙的湘水校经堂——校经书院。

湘水校经堂，道光十一年（1831），由湖南巡抚吴荣光仿其师阮元学海堂之制建于岳麓书院内。由岳麓、城南二书院山长欧阳厚均、贺熙龄主持，分经义、治事、词章三科试士，"一岁四课，一季分课一经，因人而授之课程"，教学汉宋并重，"奥衍总期探许郑，精微应并守朱张"。时"多士景从，咸知讲求实学"。道光十六年（1836）吴离任，课业遂废。咸丰末年，巡抚

---

① 潘克先. 中西书院文艺兼肄论［M］// 陈谷嘉, 邓洪波. 中国书院史资料. 杭州: 浙江教育出版社, 1998: 1968–1969.

毛际可尝重开经史之课，不久即停。光绪五年（1879），湖南学政朱逌然将其迁建于城内天心阁城南书院旧址，正式设山长，下辖经、史、文、艺四学长及提调、监院各一人，定额招本省及商籍生徒 24 名肄业其中。校经首任山长成孺，刊《校经堂学议》，以经济之学训士，要诸生"寝馈于'四书''六经'，探治平之本，然后遍读经世之书，以研究乎农桑、钱币、仓储、漕运、盐课、榷酤、水利、屯垦、兵法、马政之属，以征诸实用"，"一时造就人材"，"号称最盛"。

非常明显，从阮元、吴荣光到朱逌然（肯夫）、成孺，校经堂在光大学海堂传统的同时，又开拓出"经济之学"的天地。等到光绪十六年（1890），在"通经致用"旗帜下，校经堂教学内容开始了质的变化，改革跃上新的台阶。这一年，学政张亨嘉到任，将院舍迁到湘春门，正式改定校经书院，生额扩到 44 名。书院学重通经致用，设经义、治事二斋，专课经史大义和当世之务，要求学生考究"古今天下治乱，中国强弱之故"，"举乎日所闻于经者，抒之为方略，成之为事功，一洗二百年穿凿之耻"，"养成有体有用之材"。这表明，通经致用的学术主张已经和治世救国的现实政治结合到了一起，它反映出书院因应社会变化而调适自己改革方向的基本情况。

光绪二十年（1894），甲午战争失败，新任学政江标痛定思痛，以"变风气，开辟新治为己任"，并"思以体用骏实之学导湘之士"。因此，加大改革力度，先是新建书楼，以藏中西学书籍，又改革课程，以经学、史学、掌故、舆地、算学、词章 6 科课士，添置"天文、舆地、测量诸仪，光化矿电试验各器，伸诸生于考古之外，兼可知今"；别创算学、舆地、方言等学会，制订《校经学会章程》，"为士子群聚讲习，以期开拓心胸、研究求学、造成远大之器用"；聘请唐才常为主笔，定期出版《湘学报》，分史学、掌故、交涉、商学、舆地、算学 6 个栏目，发表师生研究成果，宣传维新变法思想。

湘省风气为之巨变。①这表明，经过几个梯次的递进式改革，主题已经由经世致用、通经致用，转变为西学、西艺等自然科学知识，这标志着校经书院已经由古代迈向近现代，基本完成了自身的蜕变。

旧书院通过改订章程，规范管理，建立现代意义的教学制度，这也是晚清书院改革的重要内容。最初的设想是为了防止在聘请山长过程中出现弊端。其核心是将山长聘请之权分置于官、绅手中，"不由官荐，以致有名无实"，将"经明行修素有名望"者聘为山长的任务交由绅士来"秉公荐引"。②而为了防止绅士像官府一样出现弊端，又将山长的最后聘用权交由官府执掌。这样，官民互动互制，从制度上保证了程序的公正无私，可以从源头上防止弊端的产生。此则正是"不由地方官举者，以防徒资游士；必由地方官取裁者，恐绅士阿于所好，互为斟酌，庶免于私"③的意义所在，它蕴含着现代化管理制度的民主精神，值得标榜、称赞。因此，我们将这种制度改革视作书院走向近代化的重要标志，在这里提请读者予以特别的注意。需要指出的是，这种制度在新型书院中表现得更为突出，显示出改革在向纵深领域发展。

以上旧书院的改革表明，依凭传统的经世致用旗帜，适应时代前进的步伐，书院有一种调整自己教学内容、管理制度的能力，能够从古代走向近现代。

---

① 刘琪, 朱汉民. 湘水校经堂述评 [M] // 岳麓书院一千零一十周年纪念文集. 长沙: 湖南人民出版社, 1986: 26–34.

② 史朴. 相江书院规条 [M] // 邓洪波. 中国书院章程. 长沙: 湖南大学出版社, 2000: 231.

③ 胡玉章, 李光琛, 马锡侯, 等. 聚星书院条规 [M] // 邓洪波. 中国书院章程. 长沙: 湖南大学出版社, 2000: 39–40.

第二节　新型书院的创立

同治、光绪之际，号为"中兴"，在充满希望中，先辈们创造性地推出了很多新型书院。新型书院之新主要体现在其研究与教学的内容中出现了前所未有的"西学"成分。以创建者来分，新型书院有中国有识之士办的，有外国人办的，也有中外人士合办的，有关情况，我们将分述如下。

外国人中主要是外国传教士，他们创办了百余所教会书院，其基本情况已叙述如前，这里我们所要说明的是，同光时期，尤其是光绪年间，教会书院的宗教色彩有淡化倾向，声光化电等近现代科学技术知识的内容增加。如著名传教士林乐知就强调"意在中西并重，特为造就人才之举"，自称"中国各省各府各县均设书院，于劝学之心不可谓不切，兴学之法不可谓不勤，惜未有中西两学并行之耳"。因而创建中西书院，"栽培中国子弟"。设有数学启蒙、代数学、勾股法则、平三角、弧三角、化学、重学、航海测量、天文测量、地学、金石类考、琴韵、西语、万国公法等课程。为了迎合中国学生，甚至标榜："习西学以达时务，尤宜兼习中学以博科名，科名既成，西学因之出色"等。①需要指出的是，教会书院基本上是西式的学校，采用西式教学方法，教授西方文化与科技知识，它对改革中的中国书院而言是一种异质参照物，而对其发展方向更具有一定的榜样性引领作用。

中国人创办的新型书院，其始和旧书院的改革同步，同样是以经世致用、通经致用为旗帜，为旧的优良传统注入新鲜而有时代特色的内容，在发扬光大中前进。当时，这样的书院有很多。如上海方面，就有龙门、求

---

① 林乐知. 中西书院课程规条[M] // 邓洪波. 中国书院学规集成. 上海: 中西书局, 2011: 131.

志、正蒙诸书院。同治三年（1864），巡道丁日昌倡建龙门书院，顾广誉、刘熙载、孙锵鸣、吴大澂、汤寿潜等先后掌教，推行严格的行事、读书日记制度，课程以经史性理为主，旁通时务，辅以词章。[①]光绪二年（1876），由巡道冯焌光创建的求志书院落成，"分经学、史学、掌故、算学、舆地、词章六斋，按季命题课士"，士人不分年龄，不限地域，皆可备卷应考。[②]光绪四年（1878），上海邑绅张焕纶等推本古人小学遗意，略参泰西教育之法，创办正蒙书院，以国文、舆地、经史、时务、格致、数学、诗歌等为课程，请姚天来为校董事，时人目为洋学堂。光绪八年（1882），正蒙书院获兵备道邵友濂支持。光绪十一年（1885），其改名梅溪书院，扩建洋人书馆，添课英文、法文，"聘士之通西学者，官为饩廪而分肄之"，旁及洒扫应对进退礼仪，以及体育练身习武之术。以和厚、肃静、勤奋、精熟、敏捷、整洁为院训，"制歌四章，俾学生以时讽诵"，实为今日之校训与校歌。书院规制，效法宋儒胡安定经义、治事两斋办法，分学生为数班，班置班长，斋置斋长，督之以学长，统之以教习，而其最大的特点是张焕纶"举德、智、体三育而兼之，与东西洋教授之法意多暗合者"，已大不同于传统书院，人称中国最先改良之小学校。光绪二十八年（1902），其改为梅溪学堂。[③]

这类新型书院，以光绪二十年（1894）甲午中日战争为分隔点，前后有些区别。在此之前，与传统书院的联系较为紧密，大体上是在旧式书院中添加西学课程，以中学为主，西学为辅，但总的趋势是，与旧传统渐行渐远，旧面貌愈来愈少。在此之后，西学成分愈来愈重，尽管大倡"中学为

① 同治上海县志：卷九［O］．清同治年间刊本．

② 光绪松江府续志：卷十七［O］．清光绪年间刊本．

③ 陈谷嘉，邓洪波．中国书院史资料［M］．杭州：浙江教育出版社，1998：2150-2155．

体，西学为用"者如张之洞，也改变不了经史两门传统学科的地位在经心、两湖等书院中日益下降的事实。中学日少，西学日多，日益成为书院朝向近现代化迈进的大潮流。

中外人士合办的书院不是很多，著名的只有上海的格致书院、厦门的博闻书院。格致书院是同治十三年（1874）由英国驻上海领事麦华陀（Walter Henry Medhurst）倡议，英国传教士傅兰雅（John Fryer）、中国绅士徐寿等发起，禀准北洋大臣李鸿章，邀集中西绅商仕官捐建，并于光绪元年（1875）落成于英租界北海路。书院以"令中国人明晓西洋各种学问与工艺与造成之物"为目标。院内设讲堂、藏书楼及博物铁室，收藏西方各国生产的机器、日用生活品、地图等物。由中西董事各 4 人共同经理院事，实由徐寿主之。光绪二年六月廿二日（1876 年 8 月 12 日）正式开院。先后邀请中外人士如华蘅芳、狄考文等公开演讲电学、化学、解剖学等，并做实验，任人进院参观、听讲和讨论，不收分文。格致书院是一所以讲习西方自然科学技术为主、中西合办的新型书院，存在 40 余年（1874—1914），在徐寿、王韬、傅兰雅等人经营下，致力于中西文化的友好交流，成绩卓然。

博闻书院是厦门泰西各国仕商受上海格致书院的鼓舞而倡议成立的，意在"使厦地人士风气日开，西学日进"，使"中西仕商得以时相联络，永敦和好"。因为经费有限，实际上只有藏书楼收藏有关西学的书籍、报刊、机器样图，并有天球、地球、五金、矿石、气炉、电箱等器具实物陈列，向社会发行类似读者证的"博闻书院执照"，提供阅览服务。①

---

① 厦门泰西各国仕商创建博闻书院启事［M］// 陈谷嘉, 邓洪波. 中国书院史资料. 杭州: 浙江教育出版社, 1998: 2030–2033.

第三节 书院的改制

鸦片战争以来，西方列强以其坚船利炮步步进逼，清政府一败再败，国家主权日渐丧失，诚所谓"五十年来，创不谓不巨也，痛不谓不深也"①，但士林或许已经习惯、麻木，残喘于天朝大国之梦，还没有普遍感受到亡国灭种的危机。直到光绪二十年（1894），甲午海战，中国败于学习西方的东邻小国日本，人们才黄粱惊梦，在幻灭中开始面对残酷的现实，师法明治维新，急忙间推出了戊戌变法运动。于是，起始于同治年间的书院改革进入高潮。

一、甲午战争以后的书院改革高潮

甲午战争之后，人们普遍认为，"时局日急，只有兴学育才为救危之法"，而"整顿书院，尤刻不容缓，此省先变，则较他省先占便利，此府先变，则较他府先占便利"。②在这种心理指导下，书院改革在光绪二十二年至二十四年（1896—1898）形成了一个高潮。当时朝野齐动，提出了好几套改革方案，而且每套方案都指导书院进行了改革实践，使得全国新旧书院都加入到了改革的队伍中。从某种意义上说，正是改革的蓬勃生气，促成了晚清书院的高速发展。

甲午战争之后提出的书院改革方案，大体上可以归纳为三种，即变通

① 汤震. 书院［M］// 陈谷嘉, 邓洪波. 中国书院史资料. 杭州: 浙江教育出版社, 1998: 1962.
② 林增平, 周秋光. 熊希龄集: 上册［M］. 长沙: 岳麓书院, 2008: 49.

章程整顿书院、创建新型实学书院、改书院为学堂。兹按时间先后分述如下。

第一种方案是改书院为学堂。由顺天府尹胡燏棻提出，时在光绪二十一年（1895）闰五月，见其《变法自强疏》。他建议："特旨通饬各直省督抚，务必破除成见，设法变更，弃章句小儒之习，求经济匡世之材，应先举省会书院，归并裁改，创立各项学堂。……数年以后，民智渐开，然后由省而府而县，递为推广。将大小各书院，一律裁改，开设各项学堂。"①这是一个在省会先行试点，再由省而府而县，自上而下，渐次推广的方案。或许，朝廷忙于割地赔款，此议当时并没有引起重视。

光绪二十二年（1896）五月初二日，刑部左侍郎李端棻上奏《推广学校以励人才折》，重提改书院为学堂，其称："臣请推广此意，自京师以及各省府州县皆设学堂。府州县学，选民间俊秀子弟年十二至二十者入学，其诸生以上欲学者听之。……臣查各省及府州县率有书院，岁调生徒入院肄业，聘师讲授，意美法良。惟奉行既久，积习日深，多课帖括，难育异才。今可令每省每县各改其一院，增广功课，变通章程，以为学堂。书院旧有公款，其有不足，始拨官款补之。因旧增广，则事顺而易行；就近分筹，则需少而易集。"②为了保证改书院为学堂成功，他又提出了设藏书楼、创仪器院、开译书局、广立报馆、造派游历等五条"与学校之益相须而成"的办法。

这个方案实际上就是改制，改书院之制为学校之制，是三个方案中最激进的。上报当天，就由皇帝批给总理衙门处理。总理衙门虽然不支持这个方

---

① 胡燏棻. 变法自强疏［M］// 朱有瓛. 中国近代学制史料: 第一辑下册. 上海: 华东师范大学出版社, 1986: 473–485.

② 陈谷嘉, 邓洪波. 中国书院史资料［M］. 杭州: 浙江教育出版社, 1998: 1982.

案，但仍然通报各省讨论。在戊戌改制之前，除谭嗣同在家乡浏阳试行外，该方案基本处于无人问津的状况。

第二种方案是设置新型实学书院。光绪二十二年（1896）四月十二日，由陕西巡抚张汝梅、学政赵维熙共同提出，其称："关中、宏道、味经各书院肄业诸生，多能讲求实学，研精典籍。……惟其所服习者，经史之外，制艺、诗赋而已；明体或不能达用，考古或未必通今。迩来时局多艰，需材尤急，自非储其用于平日，万难收其效于临时。兹据书院肄业举人邢延英、成安，生员孙澄海、张象咏等联名呈恳自筹款项，创建格致实学书院，延聘名师，广购古今致用诸书，分门研习，按日程功，不必限定中学西学，但期有裨实用，如天文、地舆、吏治、兵法、格致、制造等类，互相讲求，久之自能洞彻源流，以上备国家之采择。……臣等商酌办理，敦请博通今古，体用兼备之儒主讲其中，分科学习，严订章程，总期不事空谈，专求实获，庶仰副圣主崇尚实学之至意。"①

与改学堂和变章程不同，这是一个比较稳妥的方案。次年七月，浙江杭州亦在敷文、崇文、紫阳、学海、诂经、东城六书院之外，另设求是书院，兼课中西实学，②成为一个成功的范例。历经演变，求是书院发展成今日之浙江大学。

第三种方案是变通章程，整顿书院。由山西巡抚胡聘之、翰林院侍讲学士秦绥章相继提出，时在光绪二十二年（1896）六至八月。胡聘之在六月上《请变通书院章程折》，明确反对裁改书院为学堂，认为此举，"眩于新法，标以西学之名，督以西士之教，势必举中国圣人数千年递传之道术而尽

---

① 张汝梅. 陕西创设格致实学书院折 [M] // 陈谷嘉, 邓洪波. 中国书院史资料. 杭州: 浙江教育出版社, 1998: 2249–2250.

② 廖寿丰. 请专设书院兼课中西实学折 [M] // 陈谷嘉, 邓洪波. 中国书院史资料. 杭州: 浙江教育出版社, 1998: 2157–2158.

弃之，变本加厉，流弊何所底止"。但书院不整顿也不能适应社会需要，因此，他提出了自己的方案，主张各书院"宜将原设之额，大加裁汰，每月诗文等课，酌量并减，然后综核经费，更定章程，延硕学通儒，为之教授。研究经义，以穷其理，博综史事，以观其变。由是参考时务，兼习算学，凡天文、地舆、农务、兵事，与夫一切有用之学，统归格致之中，分门探讨，务臻其奥。此外，水师、武备、船炮、器械，及工技制造等类，尽可另立学堂，交资互益。以儒学书院会众理以挈其纲维，而以各项学堂操众事以效其职业，必贯通有所宰属，然后本末不嫌于倒置，体用不至于乖违"。①他认为这种变通章程的做法，"不惟其名惟其实，不务其侈务其精，收礼失求野之近效，峻用夷变夏之大防，学术愈纯，人才日众，庶几自强之道，无在外求矣"，比胡燏棻等人的改制方案要好，请旨饬下各省详议推行。

同年八月二十四日，秦绶章所上整顿书院方案，包括课程、师资、经费等内容，更为详尽，兹引如下：

国势之强弱视乎人才，人才之盛衰系乎学校。欲补学校所不逮而切实可行者，莫如整顿书院之一法。各省书院之设，每府州县多或三四所，少亦一二所；其陶成后进为最多，其转移风气亦甚捷。整顿书院约有三端：

一曰定课程。宋胡瑗教授湖州，以经义、治事分为两斋，法最称善。宜仿其意，分类为六：曰经学，经说、讲义、训诂附焉；曰史学，时务附焉；曰掌故之学，洋务、条约、税则附焉；曰舆地之学，测量、图绘附焉；曰算学，格致、制造附焉；曰译学，各国语言文字附焉。士之肄业者，或专攻一艺，或兼习数艺，各从其便。制艺试帖未能尽革，每处留一书院课之已足。

---

① 胡聘之. 请变通书院章程折［M］// 陈谷嘉，邓洪波. 中国书院史资料. 杭州：浙江教育出版社, 1998: 1987-1989.

一曰重师道。书院山长必由公举，不论爵位年岁，惟取品行端方、学问渊博，为众望所推服者；其算学、译学，目前或非山长所能兼，则公举诸生中之通晓者各一人，立为斋长分课之，而仍秉成于山长。省会书院规模较广，山长而下兼设六斋之长，分厘列舍，与诸生讲习其中。

一曰核经费。各属书院，或田亩，或公款生息，或官长捐廉，或绅富乐助，皆有常年经费，即或僻陋之区容有不足，就本地公款酌拨，亦属为费无多。此整顿书院之大概章程也。

盖经学为纲常名教之防，史学为古今得失之鉴。掌故之学，自以本朝会典、律例为大宗，而附以各国条约等，则折冲樽俎亦于是储其选焉。舆地尤为今日之亟务，地球图说实综大要。其次各府州县，以土著之人随时考订其边界、要隘、水道、土宜，言之必能加详，再授以计里开方之法、绘图之说，选成善本，尤能补官书所未备。算学一门，凡天文、地理、格致、制造，无不以此为权舆。译学不独为通事传言，其平日并可翻译西学书籍，以资考证。若夫武备、水师、机器、矿务等学堂，则必于江海冲要之地，都会繁盛之区，统筹大局，以次振兴，固非书院之所能该，而其端实基于此。①

这个方案当天就经军机大臣交礼部复议。到九月，礼部认为所议各条"实事求是起见，应请一并通行各省督抚学政，参酌采取，以扩旧规而收实效"。

变通章程、整顿书院的方案下发各地后，各地纷纷响应，如光绪二十二年（1896）八月，江西巡抚德寿就依胡聘之制，裁减南昌友教书院童生课卷名额，移设算科，延请算学教习二人，招算学生徒18人肄

---

① 陈谷嘉, 邓洪波. 中国书院史资料 [M]. 杭州: 浙江教育出版社, 1998: 1989–1990.

业。①次年六月，长沙岳麓书院山长王先谦根据礼部议复的奏绥章方案，发布《月课改章手谕》，设立算学斋长、译学教习，定额招算学 50 名，译学40 名肄业，开展数学与外语教学。②其他如云南昆明经正书院设算学馆，云南各州县旧有书院添课算学；江苏金陵惜阴、文正两书院改考西学，议定课程条规；苏州正谊、平江两书院改订课章，添设西学一课；广西桂林经古书院添设算学一门，课以四季，每季由书院监院禀请抚宪命题考试，问以算数、算理、天文、时务四项。③凡此等等，都是各地书院响应改章之举。由此可见，其影响甚大。

以上三种方案，朝廷一并通行各省督抚学政，参酌办理。于是，各地根据自己的实际情况执行，在光绪二十三年（1897）掀起了一个改革高潮。

二、戊戌书院改制及其失败

各地书院改革进入高潮之时，朝廷推出了戊戌维新运动，而实施书院改制是运动的主要内容之一。光绪二十四年（1898）五月二十二日，光绪皇帝完全采用康有为七天前在《请饬各省改书院淫祠为学堂折》中提出的激进办法，发布上谕，限令两个月之内，将全国大小书院改为兼习中学、西学之学校，上谕称：

> 前经降旨开办京师大学堂，入学肄业者由中学、小学以次而升，必有成

---

① 德寿. 奏酌裁友教书院童卷移设算科折 [M] // 陈谷嘉, 邓洪波. 中国书院史资料. 杭州: 浙江教育出版社, 1998: 1992–1993.
② 王先谦. 月课改章手谕 [M] // 陈谷嘉, 邓洪波. 中国书院史资料. 杭州: 浙江教育出版社, 1998: 2014–2016.
③ 陈谷嘉, 邓洪波. 中国书院史资料 [M]. 杭州: 浙江教育出版社, 1998: 2016–2019.

效可睹。惟各省中学、小学尚未一律开办，总计各直省省会及府厅州县无不各有书院，着各该督抚督饬地方官各将所属书院处所、经费数目，限两个月详复具奏，即将各省府厅州县现有之大小书院，一律改为兼习中学、西学之学校。至于学校阶级，自应以省会之大书院为高等学，郡城之书院为中等学，州县之书院为小学，皆颁给京师大学堂章程，令其仿照办理。①

改制令下，各地奉旨执行，如山西通令将全省 109 所书院一律改为学堂，湖北也曾议将全省 11 府 67 州县各书院通令改为学堂，是为戊戌书院改制。唯其时维新政令日出，应接不暇，地方或以书院为不急之务而多有视为具文者，而朝廷也似乎忘记限令二月之约，再加改制不及百日，即随西太后政变（八月初六日）而告停止，改制成效甚微，全国各省书院改为学堂者仅能辑录 20 余所。

戊戌维新失败之后，反对之声日高，八月二十九日，黄仁济就提出"即京师新建大学堂亦宜改为京都大书院以为倡，率凡各省府厅州县已有书院训课者，扩充而推广之，未有书院训课者，速筹赀增设之"。其意在"不必再立学堂名目"，而要将已有学堂一律改为书院。②到九月份，礼部奏请恢复八股取士旧制的同时，又"另片奏各省书院请照旧办理，停罢学堂"。九月三十日，西太后准其所奏，下达《申明旧制懿旨》，其称：

> 书院之设，原以讲求实学，并非专尚训诂词章，凡天文、舆地、兵法、算学等经世之务，皆儒生分内之事，学堂所学亦不外乎此，是书院之与学

① 陈谷嘉, 邓洪波. 中国书院史资料 [M]. 杭州: 浙江教育出版社, 1998: 2470.
② 黄仁济. 拟治平万言奏 [M] // 陈谷嘉, 邓洪波. 中国书院史资料. 杭州: 浙江教育出版社, 1998: 2485-2486.

堂，名异实同，本不必定须更改。现在时势艰难，尤应切实讲求，不得谓
一切有用之学非书院所当有事也。将此通谕知之。①

至此，戊戌书院改制之举被宣布彻底否定。值得注意的是，否定的理由
锁定在书院与学堂的名实之间，以其"名异实同，本不必定须更改"。如此
从技术层面解说，似乎过于牵强，它既掩盖了代表圣人之道的"正学"与
乱圣人之道的"西学"之间的学术矛盾与斗争，更淡化了政治权力争斗的残
酷与血腥。实际上，我们从曾廉的反对声中就明显地感知到，书院改制已经
由文化教育改革脱轨变成了政治斗争，其称："书院不废，学堂不行，不足
以标异新政，且非移易耳目，恐不能以西学鼓簧天下也。臣愚以为今天下之
患，莫大于以西学乱圣人之道，隳忠孝之常经，趋功利之小得，骎骎乎为西
人导其先路，而率中国以迎之，此臣所尤夙夜怵心者也。"而所谓"君子不
齿""此辈辄敢大言"，"杂取老、墨、释、耶之支说，非尧舜，薄汤武，陋
周孔，肆其雄谈以惊庸众"等，充满了火药味，已然尽是斗争哲学的政治语
言。可以说，戊戌书院改制算是在一个表示"政治正确"的节点画上了失败
的句号。

三、20世纪初的书院改制

20世纪的开年，即光绪二十六年（1900），义和团兴，英、法、德、
俄、美、意、日、奥八国联军入侵，占领北京，朝廷逃迁西安。为了自保，
十二月初十日（1901年1月29日），慈禧太后被迫宣布变法，要求文武百
官、驻外使臣各提建议，再行"新政"。

---

① 陈谷嘉，邓洪波. 中国书院史资料［M］. 杭州: 浙江教育出版社，1998: 2486.

光绪二十七年（1901）五月，权重一时的湖广总督张之洞、两江总督刘坤一，联名上奏"江楚会奏变法三折"中的第一折《变通政治人才为先遵旨筹议折》，"参酌中外情形，酌以今日设学堂办法"，主张建立包括文武农工商矿各类各级学堂的近代学制体系。考其设计方案，分为"明宗旨、标门类、分等级、计年限、筹出路、除妨碍"六个方面，主旨有四：一是取法日本学校章程，迅速建立西式的大、中、小三级学校制度。二是"参酌东西学制"，强调教学内容"经史词章仍设专门"，经学与史学、格致、政治、兵学、农学、工学并列为七门之学，而且经学冠于七门之首。三是用"层递考取录用"之法，将学堂和科举合一，各学堂学生修学期满，考试毕业，可以分别给予附生、廪生、举人、进士出身。生员、举人、进士录取名额，则以原有岁科、乡试、会试名额为准，从科举递减给学堂，"十年三科之后，旧额减尽，生员、举人、进士皆出于学堂矣"。四是改书院为学堂，以期快速实现学制从古代到近现代的转型。值得指出的是，这次与申明旧制不同，不再主张书院与学堂名异而实同，而认为名实皆殊，书院"必须正其名曰学"，才能"名实相符"。时间相距不到三年，评价相差悬殊，几乎完全倒置，这表明庚子巨变的当时，迫于亡国之虞的真切，人们对此"救时首务"已经不再质疑，而是期望朝廷"乾断施行，收人心以固国基"。①

　　于是，清政府采用张、刘二人建议，在光绪二十七年八月初二日（1901年9月14日）正式下达书院改制上谕，其称：

　　　　人才为政事之本，作育人才，端在修明学术。历代以来学校之隆，皆以躬行道艺为重，故其时体用兼备，人才众多。近日士子，或空疏无用，或浮

---

① 朱有瓛. 中国近代学制史料: 第一辑下册 [M]. 上海: 华东师范大学出版社, 1986: 775–776.

薄不实，如欲革除此弊，自非敬教劝学，无由感发兴起。除京师已设大学堂，应行切实整顿外，着各省所有书院，于省城均改设大学堂，各府及直隶州均改设中学堂，各州县均改设小学堂，并多设蒙养学堂。其教法当以四书五经纲常大义为主，以历代史鉴及中外政治艺学为辅，务使心术纯正，文行交修，博通时务，讲求实学，庶几植基立本，成德达材，用副朕图治作人之至意。着各该督抚学政，切实通饬，认真兴办。所有礼延师长，妥定教规，及学生毕业，应如何选举鼓励，一切详细章程，着政务处咨行各省悉心酌议，会同礼部复核具奏。将此通谕知之。[①]

新世纪的书院改制诏令，其前既有名正言顺的借口和台阶，其后又有壬寅学制（1902）、癸卯学制（1903）相配套，因而推行较为顺利，到清末，各省书院基本改制成学堂，古老而传统的书院跨向近现代，接通中国文化教育发展的血脉，在改制中获得了新生。据笔者近年主持《清史·书院学校表》不完全统计，当其时全国至少有 1606 所书院改为各级各类学堂。

统计数据表明，改书院为学堂的工作在清代已经基本结束，但有少数书院要延至民国初年才被改作各级各类学校。因此，改书院为学堂，还可表述为改书院为学校。这种状况的存在，说明晚清最后十年是书院与学堂并存杂处的时期，也即一个从书院到学堂的时期，古代书院已经基本转制成近代学堂，但又尚未全部完成，要跨越清民的代际边界才能完整解读书院改制的全部意义。此其一。其二，1606 所书院改制成学堂、学校，揭示出古代书院借近代学堂、学校得以新生的事实。同时也说明，中国古代与近现代学制之间并无不可逾越的鸿沟，两者因书院改制而血脉贯通，实现成功对接。尤其从湖南、四川等省统计资料来看，晚清所存书院几乎全部转型为学堂、学

---

① 陈谷嘉, 邓洪波. 中国书院史资料 [M]. 杭州: 浙江教育出版社, 1998: 2489.

校，古代与近代的对接是整体性的，书院既是中国近现代教育的起点，也是其基点，从书院到学堂，实则成了近代学制最坚实的基础，中国教育正是在这个基础之上逐步发展完善，从而形成今日这样的样式。

四、书院改制的评价

书院改革是历史发展的必然，而改书院为学堂和改造传统书院、创建新型书院并列为晚清书院改革的三个方案。传统书院改造、新型书院创建的成功实践表明，书院有实现自身从形式到内容的实质性转变的能力，也即书院依靠自己的力量，可以在名称不变的情况下，实现从古代到近现代的转型。虽然历史的现实并非三个方案齐头并进，最终是改制取代改造、新创，书院被强令改为学堂乃至学校，但我们主张要慎言书院改制是历史发展的必然，认为它更多的是晚清社会这一特殊背景下的一种无可奈何的政治选择，属于救亡图存的非常之举，未必定然符合教育发展的规律。考其理由，大致有如下三点。

第一，书院是在超高速的发展之中，被强令改制的，属于非正常死亡，与惯常的衰败而亡的想象截然不同。统计数据显示，同治、光绪两朝50年时间（1862—1911），书院以新增1233所的神速发展，约占清代新建书院总数的1/4强；而建复书院数分别为468所、820所，位居清代第五、第三名，年平均数分别是36所、24.118所，分居清代第一、第三名。这在清代书院260余年历史中属于奇迹，更是中国书院1300多年历史上从未有过的辉煌，呈现的是浩然盛大之势，并无半点衰竭濒死之迹。光绪二十七年（1901）的书院改制令，犹如一把利刃，活活斩杀了生龙活虎的大发展中的书院，人为地制造了中国制度史上罕见的落幕于辉煌的悲剧。如此被改制，被死亡，实属非常之举，难称历史发展的必然规律。

　　第二，追随时代步伐，努力适应社会日益增长并急剧变化的文化教育需求，引入新学、西学作为研究与教学的内容，快速改变、改造、改革自身，是晚清 40 年书院发展的主旋律，也是其超高速发展最主要的原因之一。改革既有西方列强瓜分中国所带来的国家、民族危亡的外部压力，也有积弊太深而不得不变的内在原因。改革是多层次、多方位的，既源于对内部积弊的革除，也受外国教会书院的影响；既有涉及管理的改组，也有涉及制度的创新；既有教学方法的改章，也有教学内容的更新。改革最核心的内容有二：一是将无裨实用的科举之业，一变为经世致用之学，二变为新学、西学；二是重订规章，削减、限制官府权力，引进士绅等民间力量加入管理队伍，从制度上保证所聘山长为学行兼优之人，可以师范诸生。书院改革的实践表明，依凭传统的经世致用旗帜，适应时代前进的步伐，书院完全有能力调整自己的教学内容、管理制度，能够从古代走向近现代。

　　第三，改书院为学堂并不是书院改革的唯一选择。其他改造旧书院、创建新型书院等两种选择，如前所述，都有达成防止变为科举附庸，引入西学、新学为代表的科学技术知识，甚至实施民主管理机制等成功的范例。由此可知，书院并不是天生与新学、西学为敌，凡一切有用之学皆书院分内之事，书院与学堂之间的关系也并非你死我活、不共戴天、非此即彼，两者在传授新知以满足人们日益增长的文化教育需求上有很多共同点，殊途同归，完全可以并行共存。从这种意义上讲，我们就不得不承认慈禧太后以下的说法基本能够成立，其称："书院之设，原以讲求实学，并非专尚训诂词章，凡天文、舆地、兵法、算学等经世之务，皆儒生分内之事，学堂所学亦不外乎此，是书院之与学堂，名异实同，本不必定须更改。现在时势艰难，尤应切实讲求，不得谓一切有用之学非书院所当有事也。"事实上，书院改革的代表人物张之洞在《劝学篇·设学第三》中就有"书院即学堂也"的说法，胡聘之也主张："学堂之与书院，名异而实同，均为造就人才之地，但期实力振兴，不在更新营建。"①刘坤一也说："书院与学堂，诚如懿旨，名异实同"，"书院不必改，学堂不必停，兼收并蓄，以广造就，而育其才。"②既然如此，那么我们就有理由认为，书院与学堂的差异、差别并非不可逾越，通过人为的干预与调节，能够实现两者之间的彼此变通与切换，也就是说，书院可以在名称不变的情况下，实现其实质内容从古代到近现代的转变，书院改学堂并非不可避免，也即书院改制并非历史发展的必然。③

20世纪初，张之洞等设计书院改制方案，其立意是改书院为学堂，以中体西用的原则处理传统与近现代、中学与西学之间的关系。在当时的历史条件下，走向近现代，引入西学知识体系与西方学校制度是大势所趋，是必须实行而又不言自明的事情，几近于常识，除特别保守者之外都会这样做。难能可贵的是，他在拥抱西学奔向近现代的时候，并没有抛弃中学，没有在近现代与古代之间挖掘不可逾越的鸿沟，而是以清醒的文化自觉、自信与担当，主张以我为主，以中为体，在努力吸取西方知识与学制长处的同时，又以学堂与科举合一、经学与其他学科并列且冠于其首这两条，保证传统与近现代的联系，使得古代与近现代之间气血可以贯通，没有断裂。壬寅、癸卯（1902—1903）学制的设计与其书院改制的思路基本一致，两者相得益彰，原本是可以达至预定目标的。但随着光绪三十一年（1905）科举制度的废除，使得学堂与科举合一基本落空，改书院为学堂就开始滑向废书院、兴学堂了。因此，张之洞推动清廷于宣统元年（1909）颁令建存古学堂，以挽其势，但其时已晚。而当强调革命的民国政府颁行壬子、癸丑（1912—1913）学制，废除读经，大学只设文、理、法、商、医、农、工七科，将

① 陈谷嘉，邓洪波. 中国书院史资料［M］. 杭州：浙江教育出版社，1998：2474.
② 刘坤一. 书院学堂并行以广造就折［M］// 高时良. 洋务运动时期教育. 上海：上海教育出版社，1992：702.
③ 刘少雪. 书院改制与中国高等教育近代化［M］. 上海：上海交通大学出版社，2004：9-11.

经学完全排挤出学校教育体系之外，改书院为学校，实际上就变成毁书院为学校了，此即青年毛泽东所谓"书院废而为学校，世人便争毁书院，争誉学校"。①因此，我们认为，20世纪前20年，当科举被废、经学被排斥出学校教学科目之时，改书院为学堂也就失去了赓续传统的两大支柱，于是，改书院就变成废书院，甚至是毁书院了。

改与废、毁之间，虽是一字之差，但其文化内涵、对传统的态度却有天壤之别。当改书院变成废书院或者毁书院之后，对传统守护的蔑视渐成历史虚无主义的气候，而投奔西方的急切也化作趋新、西化、崇洋的强大势力。于是，一方面，1600余所书院从此被人间蒸发，中国教育断了来路，只能去，不能回，古代与近现代之间的联系被人为斩断，气血不通，形成难以逾越的鸿沟与断层。这就是为什么有着五千年历史的中国不能有几百年历史的大学、百余年历史的中学这种臆说变得天经地义的理论依据。反之，仅有两百余年历史的美国可以有300余年历史的大学就变得理所当然，哪怕中间隔着黑暗的中世纪，巴黎、牛津、剑桥等欧洲大学的历史也能跨越古史与近史的代沟，写成八九百年连续不断的辉煌。另一方面，中国近现代学校制度从此就沿着不断与传统决裂、不断西化的方向奔跑，强烈的反传统意识与几乎连续不断的否定和革命也就成了中国近现代教育鲜明印记之一。但是，中国毕竟不同于西方，有自己的根基和自己的问题，必须独自面对，而且，再怎么西化你也成不了西方。这就是中国现代教育在取得辉煌的同时，沦陷于"既隔绝于中国文化历史传统，也隔绝于西方文化历史传统"这一困境的原因所在，也是自废武功、抄袭别人制度所必须付出的代价。而要摆脱困境，

---

① 毛泽东. 湖南自修大学创立宣言［M］// 陈谷嘉, 邓洪波. 中国书院史资料. 杭州: 浙江教育出版社, 1998: 2590.

只能将希望寄托于长期被虚化的书院制度及其精神的回归。①

书院精神，除了学术独立、自动研究、人性修养、学行并重、尊严师道、师生情笃等之外，我们还要特别强调两点：一是文化的自觉、自信与担当。我们要有传斯道以济斯民的襟怀，以发扬光大民族优秀文化为己任，在新的形势下，再次践行宋儒的伟大抱负：为天地立心，为生民立命，为往圣继绝学，为万世开太平。二是保持开放之势的同时，善待传统，既吐故纳新，又温故知新。我们应坚持传统与现代并重，既取欧美西学之长处，又重视传统经典，善用中学之精华。与时俱进，由古开新，此则正是书院弦歌千年的精神所在。如此，始能传承书院积累、研究、创新与传播文化的永续活力，建立起新的文化自信，屹立于世界民族文化之林。

书院是读书人的精神家园。只要书和有理想的读书人还在，书院就有存在的可能，就有生长的空间，就有重回社会再创辉煌的无限希望。我们憧憬与期待，书院必将随着中华民族文化的伟大复兴而复兴。

---

① 朱小蔓. 对策与建议：2006—2007年度教育热点、难点问题分析［M］. 北京：教育科学出版社，2009.

附录：历代书院统计表

单位：所

省区	唐	五代	宋	辽	金	元	明	清	小计	合计
直隶	2/	1/	3/		/1	20/2	88/9	214/73	328/85	413
奉天								25/1	25/1	26
吉林								10/	10/	10
黑龙江								1/	1/	1
辽东							6/		6/	6
内蒙古								2/	2/	2
河南	2/	2/	5/1		1/1	16/2	89/10	293/90	408/104	512
山西	1/		1/	1/	4/	14/1	59/7	159/44	236/52	291
陕西	8/		1/			8/	42/6	139/27	198/33	231
甘肃							17/	109/8	126/8	134
山东	1/		4/		2/	22/1	87/9	194/36	310/46	356
江苏			25/2			18/7	103/16	240/37	386/62	448
安徽			18/2			27/5	131/13	147/57	323/77	400
浙江	5/		86/			36/22	139/31	359/77	625/130	755
江西	8/	7/1	163/7			53/38	210/60	467/100	908/206	1114
福建	6/	1/	59/1			15/16	136/44	389/56	606/117	723
湖北			12/		1/	20/3	104/8	136/37	273/48	321
湖南	8/		48/4			22/9	78/22	298/62	454/97	551
广东	2/	1/	36/3			3/15	195/12	607/52	844/82	926
台湾								70/	70/	70
广西			11/			2/2	50/5	177/18	240/25	265
云南							79/	218/37	297/37	334
贵州	1/		1/				28/	139/18	169/18	187
四川	6/		22/			6/1	66/3	557/45	657/49	706
新疆								11/	11/	11
未详	9/								9/	9
小计	59/	12/1	495/20	1/	8/2	282/124	1707/255	4961/875	7525/1277	(8802)
合计	59	13	515	1	10	406	1962	5836	(8802)	(8802)

说明：表中斜线前为历代新建书院数，斜线后为修复书院数。如湖南长沙岳麓书院，创建于宋代，元、明、清皆曾重建办学，统计时则作宋代为创建，其他各朝为修复。是故斜线前后数字不能简单合计，但修复书院数在千所以上，则显示单个书院跨越两朝以上者众多，其生命力强盛由此可见一斑，也从一个侧面反映出书院历史之悠久绵长。